Food-Fotografie

MATTHIAS HOFFMANN, Jahrgang 1957, gehört zu den renommiertesten und erfahrensten Food-Fotografen in Deutschland. Er fotografiert in seinem großzügigen Studio im denkmalgeschützten Delmenhorster Wollelager und bundesweit on location für zahlreiche namhafte Verlage und Markenartikler Food-Projekte jeder Größenordnung. Matthias Hoffmann spürt mit Herz und Hand, Auge und Verstand leidenschaftlich der Seele des Futters nach und schafft es, sie mit feinstem fotografischen Handwerk und moderner Digitaltechnik bildlich einzufangen.

People-Fotografie

HANSI HECKMAIR hat seit über zehn Jahren die Fotografie in seinem Fokus. Sie ist für ihn Handwerk und Herzensangelegenheit, Reflexion und Vision. Inspiriert durch den Sport in der Natur, Kultur, Musik und Food, erschafft der Lifestyle-Werbefotograf aus flüchtigen Augenblicken etwas, das den Moment überdauert, indem er das Besondere festhält und so Bilder kreiert, die gleichzeitig zeitlos und zeitgemäß sind. Sein Stil ist direkt, lebendig und kraftvoll. Fokussiert aufs Detail und inspiriert von Vielfalt. Und jedes Motiv ist immer eine beeindruckende Komposition aus Charakter und Ästhetik.

VEGAN
LOW BUDGET

GROSSER GESCHMACK
ZUM KLEINEN PREIS

ERNÄHRUNGSTHEORIE: NIKO RITTENAU
REZEPTE: SEBASTIAN COPIEN

NIKO RITTENAU

SEBASTIAN COPIEN

www.instagram.com/niko_rittenau

www.youtube.com/nikorittenau

www.facebook.com/niko.rittenau

www.instagram.com/sebastiancopien

www.youtube.com/sebastiancopienchefkoch

www.facebook.com/sebastiancopien

Vorbemerkung

Bezüglich des Gleichstellungsgedankens mögen Personalbezeichnungen wie Veganer im weiteren Verlauf des Buches bitte im Sinne von Veganer(innen) verstanden werden, um neben dem weiblichen und männlichen Geschlecht alle Menschen zu inkludieren, die sich nicht einem der beiden Geschlechter zugehörig fühlen.

WWW.MENGENRECHNER.DE
kcal
UNSER KOSTENLOSER SERVICE

DER EINKAUFS- UND ERNÄHRUNGSASSISTENT FÜR UNSERE KOCHBÜCHER

Abschreiben oder Abfotografieren war gestern

Die Rezepte aus unseren Kochbüchern lassen sich kostenlos auf **www.mengenrechner.de** an die Personenzahl und individuelle Portionsgrößen anpassen und als E-Mail auf das Smartphone schicken oder gleich dort aufrufen. Zutaten lassen sich streichen, neue Zutaten ergänzen.

Rezept- und Zutatenfilter

Man kann zum Beispiel nach veganen, vegetarischen, glutenfreien, laktosefreien oder nach Rezepten mit noch vorrätigen Zutaten suchen. Plus: Lieblingsrezepte und Einkaufslisten speichern.

Persönlicher Ernährungsassistent

Die Rezepte lassen sich nach Kalorien, Kohlenhydraten, Fett- oder Eiweißgehalt sortieren. Außerdem kann man den täglichen Kalorienbedarf und -verbrauch berechnen, Maximalwerte für Kalorien- oder Kohlenhydrataufnahme festlegen und Tagesprotokolle mit Nährwertbilanz führen.

INHALT

ERNÄHRUNGSTHEORIE

REZEPTE

Ricottabällchen in Sugo auf Blumenkohlsteak

Kartoffelcreme mit gebratenen Zucchini, Pfirsich und Kräuterdressing

Minestrone mit Tofuspeck und Vollkorn-Croûtonsticks

Gefüllte Pancakes mit Bohnencreme, Bratgemüse und Dillsalat

Blumenkohl im Blätterteigmantel mit Kürbiskern-Senf-Sauce

Süßer Couscous-Auflauf mit Orange und Kürb

Lauch-Hack-Eintopf auf Pellkartoffeln

Rote Bete mit Kerndlreis und Gemüse-Bohnen-Püree

Tacos mit Sellerie-Linsen-Creme, Röstkohl, Pfirsich und Salsa verde

bratene Kartoffel-Gnocchi mit Brokkoli,
maten und Linsen

Quinoasalat mit rustikalen grünen
Bohnen und Ponzu-Spinat

Gulasch mit böhmischen Knödeln

itan-Schaschlik mit Ofen-Letscho und
stbrot

Feta-Melonen-Salat mit Knoblauch-Pita

Vegane Kaspressknödel mit
Kartoffel-Vogerl-Salat

gane Tiroler Kasspatzln mit grünem Salat

Sellerie-Kartoffel-Rösti mit Spinat und
Joghurt-Sellerie-Creme

Flatbreads mit Linsensalat, Blumenkohl und
Tikka-Joghurt

LIEBE LESERINNEN UND LESER,

eine vegane Ernährung kann entgegen weitverbreiteter Vorurteile **auch mit kleinem Budget schmackhaft** und **nährstoffbedarfsdeckend** umgesetzt werden. In diesem Buch bieten wir nicht nur zahlreiche Rezepte, die genau das unterstreichen, sondern auch die **Theorie,** wie man die vegane Ernährung **unkompliziert** und **nährstoffoptimiert** im Alltag umsetzen kann und dabei den eigenen Geldbeutel schont.

Uns ist es wichtig, mit diesem Buch zu zeigen, dass vegane Low-Budget-Gerichte nicht mit Kompromissen in Sachen Qualität und Geschmack einhergehen müssen, sondern dass es bereits genügt, wenn man etwas preissensibler einkauft, also auf pflanzliche Grundnahrungsmittel mit einem guten Preis-Leistungs-Verhältnis setzt, und Lebensmittelabfälle reduziert. Unser gemeinsames Kochbuch ist dabei aber keineswegs ein Plädoyer für übertriebene Sparsamkeit oder für Billigprodukte zu Dumpingpreisen. Wir möchten stattdessen ein **gesundes Preisbewusstsein** und die Nachfrage nach preiswerten anstatt billigen Lebensmitteln fördern und zeigen, dass man weder eine

Kochlehre noch ein Studium der Ernährungswissenschaften absolvieren muss, um sich **ausgewogen** und **lecker vegan** zu ernähren. Gleichzeitig wollen wir das Thema der Nahrungsmittelverschwendung hinterfragen und Wege aufzeigen, wie man zugunsten unseres Planeten und der eigenen Brieftasche diesem Problem entgegensteuern kann.

Wir verzichten in den Rezepten in diesem Buch auf kostspielige, ausgefallene und exotische Lebensmittel und erklären, wie man einige teurere Produkte wie Seitan einfach selbst machen kann. Die Lebensmittel für unsere Rezepte findet man, von wenigen Ausnahmen abgesehen, sowohl im konventionellen Supermarkt als auch beim Discounter. Man muss dafür also nicht unbedingt in den Bioladen – auch wenn wir das natürlich gern empfehlen, wenn es das Budget zulässt. Wichtig anzumerken ist in diesem Kontext, dass das vorliegende Buch kein „Quick and easy"-Kochbuch für die vegane Blitzküche ist. **Vollwertig, lecker** und gleichzeitig **günstig** zu kochen geht nicht in 10 Minuten. Das vorweggenommen, sei aber gesagt, dass sich unter den Rezepten viele alltagstaugliche und schnellere Gerichte im Bereich von 20 bis 30 Minuten Zubereitungszeit befinden. Es gibt aber ebenso auch welche, die längere Schmor- oder Backzeiten haben. Die Portionen in den Rezepten sind dabei großzügig bemessen – denn was ist schlimmer als hungrige Esser nach einer Mahlzeit? Da lohnt es, lieber großzügiger zu kalkulieren und notfalls bei kleineren Essern die Reste am nächsten Tag zu genießen.

Im ersten Teil des Buches schreiben wir einleitend über das Vorurteil, dass vegane Ernährung nur etwas für Besserverdiener oder gar ein Luxusproblem unserer Wohlstandsgesellschaft ist. Er zeigt auf, welche versteckten Kosten sich jeweils in Lebensmitteln befinden und dass die vorherrschende Geiz-ist-geil-Mentalität in Bezug auf Nahrungsmittel unsere Gesellschaft zukünftig noch teuer zu stehen kommen wird. Darüber hinaus behandeln wir die Frage, ob der Aufpreis bei Biolebensmitteln wirklich gerechtfertigt ist oder ob man auch mit gutem Gewissen konventionell vegan essen kann. Zusätzlich gibt es unsere **Top-3-Spartipps.** Im Anschluss daran wird anhand eines beispielhaften **Tagesplans** mit Gerichten aus diesem Kochbuch veranschaulicht, dass man durchschnittlich für weniger als **5 Euro pro Tag** hochwertig und lecker vegan frühstücken, zu Mittag und zu Abend essen kann – Nahrungsergänzungsmittel für sämtliche potenziell kritischen Mikronährstoffe der veganen Ernährung bereits inklusive.

Für den zweiten Teil des Buches haben wir eine Vielzahl preiswerter und schmackhafter veganer Gerichte für jede Tageszeit kreiert. Viele der Gerichte bedienen sich einer der **Zauberwürze-Mischungen** (siehe Seite 66 ff.), die auf schnelle und günstige Weise einen deftigen Geschmack ermöglichen. Egal, ob Umamipaste, Cajun-Gewürz oder käsige Cheeze-Sauce – durch solche Alleskönner gelingen die folgenden Rezepte immer. Die Rezepte orientieren sich dabei stets an der ernährungswissenschaftlichen Datenlage. So entstehen **wohlschmeckende** vegane Gerichte, die auch **gesundheitsförderlich** sind und zeigen, wie vielfältig die vegane Ernährung sein kann.

Viel Freude beim Nachkochen und herzlichste Grüße, Niko Rittenau und Sebastian Copien

VEGANE ERNÄHRUNG MUSS NICHT TEUER SEIN

Die vegane Ernährungsweise ist doch nur ein Auswuchs unserer Wohlstandsgesellschaft und ein Luxuslebensstil für Besserverdienende ohne echte Sorgen. So oder so ähnlich hat sich eine vorherrschende Meinung etabliert, die ungeprüft, aber hundertfach wiederholt immer wieder in den Medien verbreitet wird. Genährt wird dieser Eindruck einerseits durch saftige Preise bei „Ersatzprodukten", aber eben auch von klischeebehafteten Veröffentlichungen in Zeitungen und auf Internetplattformen, die oft genug noch genau dieses Zerrbild der veganen Ernährung zeichnen. Ein Musterbeispiel dafür ist eine „Untersuchung" aus dem Jahr 2015, betitelt mit „Vegan – die neue Marketing-Lüge", die ohne weitere Datenerhebung zum Thema zu folgendem Fazit gelangt: „Vegan ist zu teuer: Für einen durchschnittlichen Wocheneinkauf zahlt ein Veganer bis zu 50 % mehr als ein Non-Veganer [...]. Ein veganer Lebensstil scheint nur für Großverdiener erschwinglich."[1] Es verwundert daher nicht, dass eine Umfrage an über 1.000 Fleischessern aus England unlängst ergab, dass zwar ein Großteil der Befragten mit den ethischen und ökologischen Beweggründen des Veganismus übereinstimmt, allerdings eine vegane Ernährung für viele von ihnen aus Gründen des Geschmacks, der Unbequemlichkeit und der Kosten nicht infrage kommt.[2]

VEGANE KÜCHE MUSS NICHT LANGWEILIG SEIN

Die Rezepte in diesem Buch zeigen, dass man mit ein paar Grundkenntnissen zu den richtigen Kochtechniken und zur Geschmackslehre unzählige vegane Gerichte kreieren kann, die so schmackhaft wie Gerichte mit Fleisch und Käse sein können. Das angebotene vegane Ersatzproduktsortiment in den Supermärkten, das sich von Jahr zu Jahr verbessert und immer weniger Wünsche offenlässt, schafft ebenfalls mehr Abwechslung, überzeugt aber leider bisher nicht bei allen veganen Alternativen. Wie stark das Angebot an neuen veganen Produkten wächst, illustriert Abbildung 1. Die Abbildung

Anteil veganer Produkt-Neueinführungen 2012–2018 (Lebensmittel exklusive Getränken)

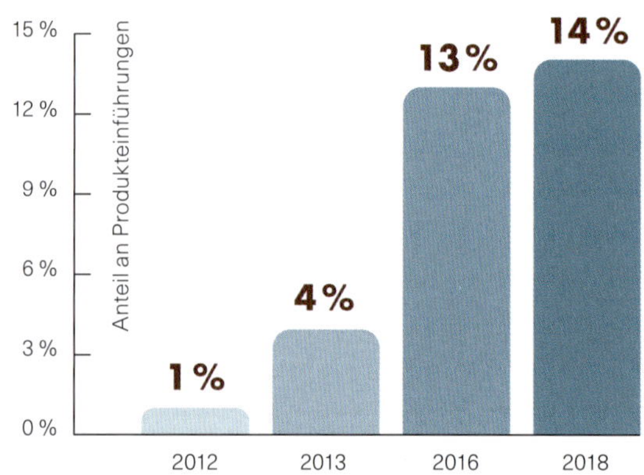

Abb. 1: Anteil veganer Produkt-Neueinführungen in Relation zur Gesamtheit an Neueinführungen pro Jahr[3]

zeigt den prozentualen Anteil veganer Markt-Neueinführungen im Verhältnis zur Gesamtheit der Lebensmittel-Neueinführungen im Verlauf der vergangenen Jahre.

So war im Jahr 2012 nur 1 % der Produkt-Neueinführungen vegan. Im Folgejahr hatte sich dieser Wert bereits vervierfacht und 2016 waren es bereits 13 %. Zwei weitere Jahre später ist dieser Wert auf 14 % gestiegen. Gemäß der Zukunftsprognosen ist noch kein Ende des Vegan-Trends – der im Grunde mehr eine nachhaltige Veränderung unserer Gesellschaft als ein Trend ist – zu erwarten.[4] Vor allem in Deutschland kann man sich als vegan lebende Person glücklich schätzen, denn bereits mehrere Jahre in Folge ist Deutschland an der Spitze der Top-10-Länder mit dem höchsten Anteil an veganen Lebensmittel- und Getränkeeinführungen, wie Abbildung 2 zeigt. Knapp dahinter befinden sich Großbritannien und die USA auf den Plätzen 2 und 3.

Durch dieses stetig wachsende und sich kontinuierlich verbessernde vegane Lebensmittelangebot wird zukünftig der Geschmack kein valides Argument mehr gegen den Umstieg auf eine vegane Ernährung sein.

VEGANE ERNÄHRUNG MUSS NICHT (!) BEQUEM SEIN

Mit der steigenden Angebotsvielfalt verliert auch der Einwand mangelnder Bequemlichkeit im Alltag zunehmend an Relevanz. Parallel zur Entwicklung der Vielfalt der veganen Angebote im Supermarkt hat sich die Anzahl der rein veganen Gastronomiebetriebe in Deutschland zwischen 2013 und 2018 mehr als verdreifacht.[6] Aber auch wenn die vegane Lebensweise nicht von Jahr zu Jahr unkomplizierter und alltagstauglicher würde, wäre die reine Bequemlichkeit als einziges Argument für die schwerwiegende Interessenverletzung an den Grundbedürfnissen des Tiers sehr schwach. Dennoch ist es ein wichtiger Punkt, den es zukünftig verstärkt aufzugreifen gilt: Die ethischere, ökologischere und gesündere Alternative sollte auch in möglichst vielen Supermärkten, Bioläden und Discountern gut verfügbar sein, um die Hürde für den Konsumenten möglichst niedrig zu halten.

Dass Fleischessern und Vegetariern das Wohlergehen von Tieren zumindest nicht grundsätzlich egal ist, zeigen zahlreiche Umfragen. So stimmen in einer Befragung beispielsweise

Top 10 Länder mit dem höchsten Anteil an veganen Lebensmittel- und Getränkeeinführungen (Juli 2017–Juni 2018)

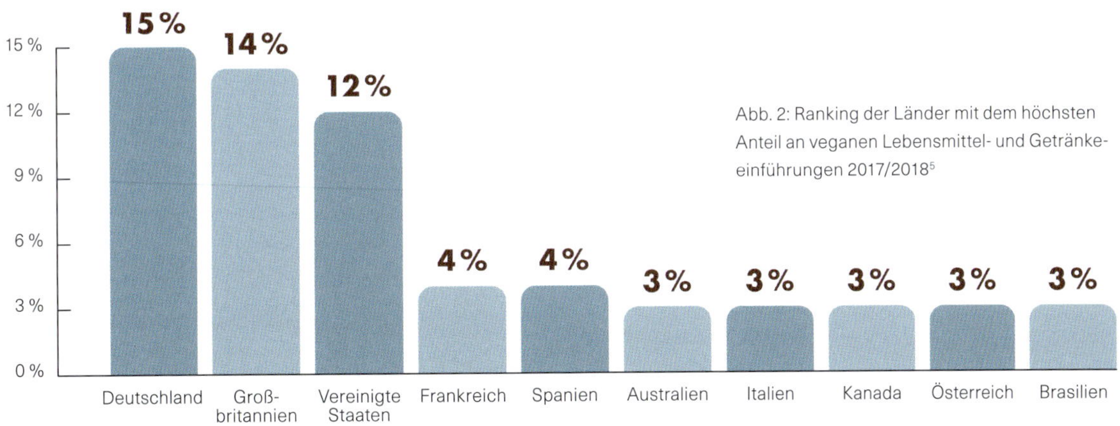

Abb. 2: Ranking der Länder mit dem höchsten Anteil an veganen Lebensmittel- und Getränkeeinführungen 2017/2018[5]

über 85 % der Befragten der Aussage zu, dass Tiere „vorher gut gelebt haben“ sollten, wenn sie „für unser Essen sterben müssen“.[7] In weiteren Befragungen stimmten darüber hinaus zwischen 73 und 78 % der Deutschen zu, dass die Notwendigkeit einer verstärkten staatlichen Regulierung des Umgangs mit Tieren in der Landwirtschaft besteht, damit Tiere „artgerecht[er]“ gehalten werden.[8,9] Der Veganismus geht hier noch einen Schritt weiter und steht dafür ein, dass Tiere nicht nur ein besseres Leben bis zu ihrem Tod haben sollen, sondern dass wir als Gesellschaft unsere Nahrungsgewohnheiten neu denken und Tiere gar nicht mehr als Nahrungsmittel, sondern als Individuen mit Rechten sehen. Dabei geht es nicht darum, Tieren dieselben Rechte wie Menschen zuzusprechen (viele dieser Rechte hätten für sie schlichtweg keinen Zweck), aber zumindest ihr Grundbedürfnis auf ein unversehrtes Leben zu respektieren. Allerdings ist selbst der niedrigschwellige Wunsch vieler Konsumenten nach wenigstens einer besseren Behandlung der „Nutztiere“ nicht mit der Produktion von Billigfleisch und anderen tierischen Discount-Lebensmitteln vereinbar, die den weit überwiegenden Teil aller Lebensmittel vom Tier in westlichen Ländern ausmachen.

IST VEGAN ZU TEUER ODER SIND TIERISCHE PRODUKTE ZU GÜNSTIG?

So stellt sich die Frage, ob vegane Produkte wirklich zu teuer sind oder ob die marktüblichen Tierprodukte nicht schlicht nur deswegen so günstig sind, da wir „Nutztiere“ auf eine Art und Weise behandeln, die selbst viele Fleischliebhaber bei direkter Konfrontation nicht mit ansehen können. In einer Befragung von über 5.000 Personen gab daher auch etwa die Hälfte an, dass Fleisch in Deutschland teurer sein sollte. Zwei Drittel sind sogar dafür, Werbung für Billigfleisch zu verbieten.[10] Erneut gehen Wunsch und Realität weit auseinander. Es liegt in der Natur der Sache, dass eine Ware günstiger produziert werden kann, wenn die Beteiligten in der Wertschöpfungskette ausgebeutet werden. Aber ebenso, wie es ethisch geboten ist, beispielsweise Kleidung aus Kinderarbeit abzulehnen, erfordert es die Gerechtigkeit auch, unseren Umgang mit Tieren grundsätzlich zu überdenken. Denn: Allein in Deutschland ist die Nachfrage nach Milch, Eiern und Fleisch im Jahr 2019 für über 872 Millionen verstorbene und getötete „Nutztiere“ verantwortlich zu machen[11] und es kann nicht behauptet werden, dass diese Tiere bis zu ihrem Tod ein gutes Leben geführt hätten. Hinzu kommen die auf der Jagd erschossenen Tiere sowie Milliarden Fische und andere Meerestiere. Um das in Relation zu setzen: 2019 lebten etwa 83 Millionen Menschen in Deutschland. Das bedeutet, dass Jahr für Jahr etwa zehnmal mehr „Nutztiere“ in Deutschland ohne Fische und Meerestiere getötet werden, als hierzulande Menschen leben. Abbildung 3 schlüsselt die Gesamtzahl der getöteten Tiere zum besseren Verständnis auf.

Steffen Augsberg vom Deutschen Ethikrat bezeichnete das Tierschutzrecht dementsprechend als das heuchlerischste Rechtsgebiet, da nirgends „so viel oben drin steht und so wenig unten ankommt“.[13]

Aktuell ist ein weiterer Aspekt ins Licht der Öffentlichkeit geraten: Es ist nicht nur so, dass der Status quo lediglich Tieren gegenüber eine himmelschreiende Ungerechtigkeit ist, sondern auch Schlachthofmitarbeiter müssen zum Teil unter unwürdigen Bedingungen arbeiten. Stellvertretend für die Berichterstattung im Frühling 2020 kann Alois Berger zitiert werden, der das Geschehen für den Deutschlandfunk im Mai wie folgt kommentierte: „Im Grunde wissen wir seit Langem, dass in den Schlachthöfen vieles falsch

Im Jahr 2019 durch die Nahrungsmittelproduktion getötete Tiere

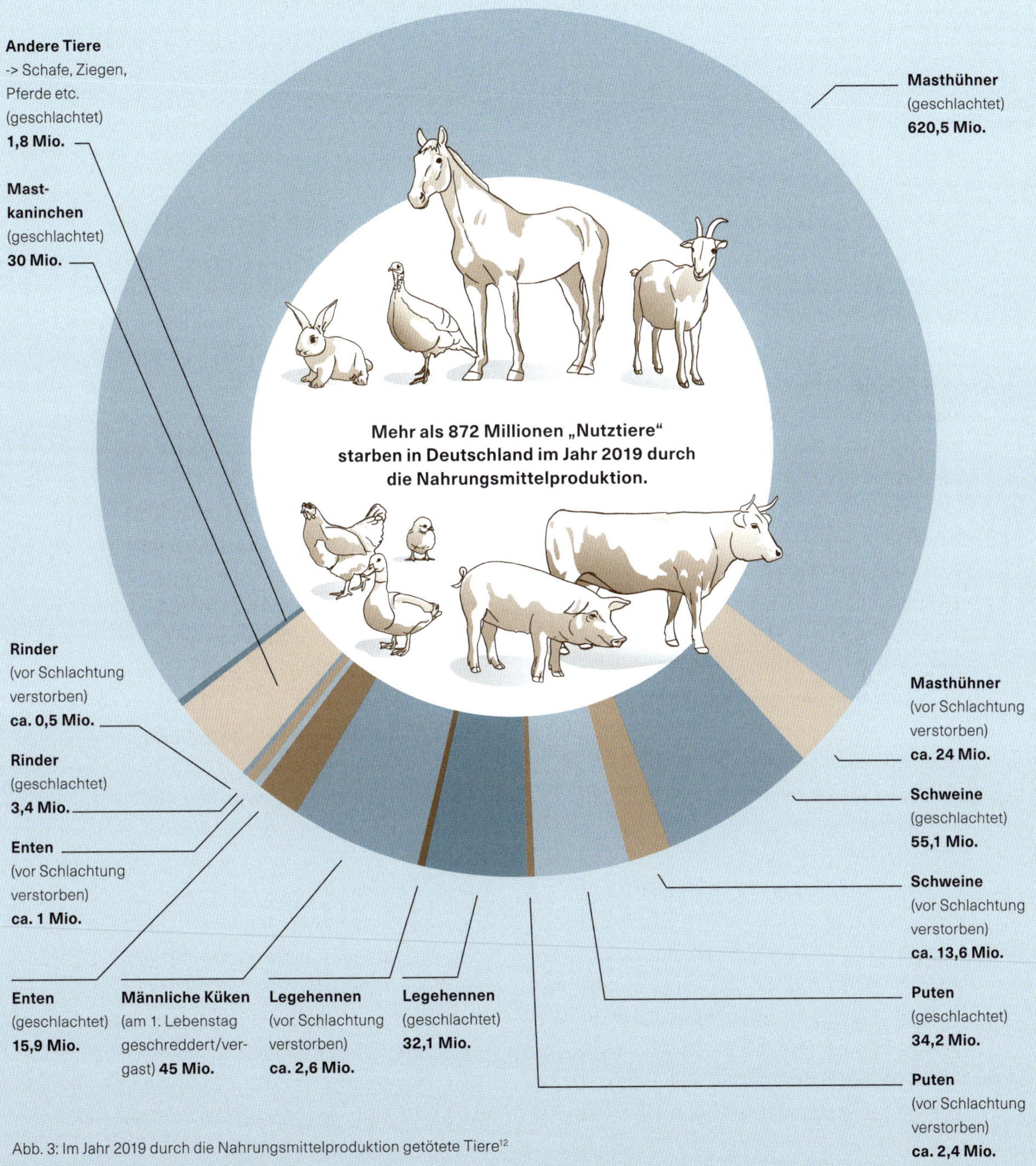

Abb. 3: Im Jahr 2019 durch die Nahrungsmittelproduktion getötete Tiere[12]

läuft. Dass die Rumänen, Bulgaren, Türken, die dort arbeiten, es sich oft nicht leisten können, zum Arzt zu gehen oder krank zu Hause zu bleiben. Weil sie schlecht versichert sind, weil sie nicht mal den Mindestlohn bekommen, Krankengeld sowieso nicht. Weil sie von Subunternehmern ausgebeutet werden und die deutschen Verantwortlichen sich nicht verantwortlich fühlen. [...] Die verantwortungslose Preisdrückerei findet nicht nur in den Schlachthöfen statt, sie fängt schon auf den Bauernhöfen an, und sie ist nicht gut für die Qualität des Fleisches. Vor allem Schweine und Geflügel werden in den meisten deutschen Mastbetrieben unter unsäglichen Bedingungen gehalten. Hauptsache, billig. Möglich ist das nur durch den exzessiven Einsatz von Antibiotika. Ohne Antibiotika würde unter diesen Bedingungen kein Schwein und kein Masthuhn das Schlachtalter erreichen. Selbst mit Medikamenten verendet in Deutschland jedes fünfte Schwein noch im Stall. Und von denen, die es bis zum Schlachthof schaffen, ist ein großer Teil krank. [...] Das ist nicht nur ein Tierschutzproblem. In deutschen Ställen werden mehr Antibiotika verabreicht als in allen Krankenhäusern zusammen. [...] Man muss sich das mal vorstellen. Wir erleben gerade, was es heißt, wenn sich eine Krankheit [das Coronavirus] ausbreitet, gegen die es kein Medikament gibt. Und gleichzeitig lassen wir es zu, dass unsere wichtigsten Notfallmedikamente wirkungslos werden – nur damit Fleisch billig bleibt".[14]

Auch wenn zu diesen Ausführungen manches berichtigend, kritisch oder zumindest ergänzend anzumerken wäre, ist hier etwas Wichtiges angesprochen, nämlich die Tatsache, dass weltweit etwa 70 bis 80 % der Antibiotika nicht in der Humanmedizin, sondern in der „Nutztierhaltung" Verwendung finden und dass gerade ein verantwortungsloser Einsatz von Antibiotika – der hier nicht pauschal allen „Nutztierhaltern" unterstellt werden soll – das Risiko erhöht, dass sich antibiotikaresistente Erreger ausbreiten.[15] Antibiotika stellen laut einer Befragung von Ärzten durch das internationale Royal College of Physicians of Edinburgh die weltweit bedeutendste medizinische Entwicklung der vergangenen 50 Jahre dar,[16] aber ein vermehrtes Auftreten von Resistenzen könnte diesen Fortschritt in Zukunft Stück für Stück zunichtemachen.

TIERHALTUNG UND DAS AUFTRETEN VON ZOONOSEN

Auch abseits von Antibiotikaresistenzen geht die Ausbeutung von Tieren mit einer weiteren, ganz allgemeinen Gefahr für die Weltgesundheit einher. Die Rede ist von Zoonosen, also von Infektionskrankheiten, „die von Bakterien, Parasiten, Pilzen, Prionen oder Viren verursacht und wechselseitig zwischen Tieren und Menschen übertragen werden können".[17] Insgesamt sind etwa 60 % der existierenden menschlichen Infektionskrankheiten tierischen Ursprungs – ebenso wie mindestens 70 % der beim Menschen neu auftretenden Infektionskrankheiten.[18]

Der Mensch ist zwar seit jeher mit Krankheitserregern aus dem Tierreich in Kontakt, die Häufigkeit, mit der Zoonosen auftreten, dürfte jedoch mit dem Beginn der „Nutztierhaltung" vor etwa 15.000 Jahren stetig zugenommen haben.[21,22] In diesem Kontext muss darauf hingewiesen werden, dass die Vereinten Nationen den global noch immer steigenden Appetit auf Tierisches und insbesondere die sogenannte Massentierhaltung zu den wesentlichen Quellen von Zoonosen zählen.[23] Auch Prof. Dr. Christian Drosten, Leiter der Virologie an der Berliner Charité, hält die „Massentierhaltung" in all ihren Erscheinungsformen für einen der bedeutendsten Risikoherde für zukünftige Seuchen und betont, dass nun angesichts der COVID-19-Pandemie „notwendige Veränderungen in Angriff" genommen werden müssen. „Das Problem ist der Fleischhunger in der sich ausweitenden Gesellschaft."[24]

Gerade in Zeiten von Corona, in denen Wildtiermärkte zumindest zeitweise im Fokus der öffentlichen Aufmerksamkeit waren und immer wieder zum Grundübel erklärt wurden, ist es wichtig, nicht zu vergessen, dass etwa drei von vier neuen Krankheitserregern, die eine Gefahr für die menschliche Gesundheit darstellen, aus der klassischen „Nutztierhaltung" stammen.[25]

Wie Dr. Gauden Galea von der World Health Organization (WHO) betont, wird es niemals einen Verzehr von „Nutztieren" ohne Infektionsrisiko geben.[26] Solange Menschen Tiere essen, müssen sie also damit rechnen, dass sich auch deswegen Zoonosen ausbreiten. Eine keineswegs neue Einsicht, für die es Corona als Warnschuss nicht gebraucht hätte, wie zum Beispiel ein fast schon prophetisches Editorial im „American Journal of Public Health" aus dem Jahr 2007 belegt: „Obwohl manche Zoonosen wohl nicht zu vermeiden sind, ist viel menschliches Leid auf zoonotische Erkrankungen zurückzuführen, die zu vermeiden gewesen wären, wenn Menschen Tiere besser behandelt hätten. Man denke, um ein Beispiel zu geben, an die ‚wet markets' [Orte, an denen noch lebendige beziehungsweise kurz vor dem Verkauf geschlachtete Tiere verkauft werden], die zum Ausgangspunkt der Verbreitung einer Influenza oder einer schweren Atemwegserkrankungsepidemie werden könnten." „Diejenigen, die Tiere essen, schaden nicht nur den Tieren [indem diese getötet werden] und gefährden sich selbst, sondern sie gefährden das Wohlergehen anderer Menschen, die diesen Planeten bewohnen oder erst zukünftig bewohnen werden."[27] Die Massentierhaltung erschafft ein – im negativen Sinn – einzigartiges

Gesundheitliche und wirtschaftliche Gefahr für die Gesellschaft:

Zoonosen und Antibiotikaresistenzen

MINDESTENS 70 %
der beim Menschen neu auftretenden Infektionskrankheiten sind tierischen Ursprungs.

MINDESTENS 70 %
der eingesetzten Antibiotika werden nicht in der Humanmedizin, sondern in der „Nutztierhaltung" verwendet.

Abb. 4: Statistiken zum Auftreten neuartiger Zoonosen und zur Gabe von Antibiotika in der „Nutztierhaltung"[19,20]

Ökosystem, in dem die Entstehung von neuen sowie die Verbreitung von gängigen Krankheitserregern und deren Übertragung auf den Menschen gefördert werden.[28] Bedenkt man die Kosten, die sich daraus regelmäßig für das Gesundheitssystem und aus notwendig gewordenen Sicherheitsmaßnahmen etc. ergeben (allein Salmonellen-Infektionen verursachen in der EU jährlich Kosten von bis zu 3 Milliarden Euro!),[29] wird deutlich, dass der Preis an der Supermarktkasse sehr oft nicht den Preis widerspiegelt, den unser Appetit auf tierische Nahrungsmittel tatsächlich hat.

DER WAHRE PREIS VON FLEISCH UND CO.

Noch gewichtiger wird diese Feststellung, sobald die Kosten der negativen Folgen auf unsere Umwelt (eine differenzierte Darstellung des Problems stellt das Bundesministerium für Ernährung und Landwirtschaft (BMEL) bereit)[30] und weitere Aspekte berücksichtigt werden: Steuerliche Begünstigungen (zum Beispiel reduzierter Steuersatz für Milch und Fleisch gegenüber dem regulären Steuersatz für Pflanzenmilch und pflanzlichen Fleischersatz) und Subventionen verzerren die Ladenpreise zusätzlich und so wird unter Beachtung dieser und weiterer Aspekte deutlich, dass (industriell produzierte) tierische Lebensmittel auch deswegen so günstig sind, weil ein nicht unerheblicher Teil der Kosten von Billigtierprodukten abseits der Supermarktkasse bezahlt wird.[31]

Nach Reis und Zucker sind Rindfleisch und Milch die am dritt- bzw. viertstärksten subventionierten Lebensmittel in den OECD-Ländern.[32] Die EU setzt ihren gewaltigen Agrarhaushalt besonders für sogenannte Direktzahlungen ein. Dieses Instrument soll laut dem Bundesministerium für Ernährung und Landwirtschaft „die Einkommens- und Risikoabsicherung landwirtschaftlicher Betriebe in Form einer von der Produktion unabhängigen Zahlung" unterstützen.[33] Da sich die Zahlungsansprüche eines Betriebs „ausschließlich nach der Betriebsfläche" und nicht nach der agrarischen Nutzung richten,[34] stehen die EU-Subventionen seit Jahren in der Kritik. Einer von Greenpeace veröffentlichten Berechnung zufolge geht daher fast jeder fünfte Euro des gesamten EU-Haushalts an Futtermittelproduzenten und „nutztierhaltende" Betriebe, da rund 71 % der in der EU landwirtschaftlich genutzten Flächen der Produktion tierischer Lebensmittel dienen.[35]

Vor dem Hintergrund, dass die Diskussionen über den wahren Preis unseres Lebensstils zunehmend in der Mitte der Gesellschaft ankommen, erscheinen seit einigen Jahren auch Studien, die sich genau dieses Themas aus verschiedenen Blickwinkeln annehmen und von denen zumindest zwei kurz angerissen seien:

Ein Wissenschaftlerteam rund um Marco Springmann hat den in Anbetracht des unbefriedigenden Wissensstands zweifelsfrei angreifbaren, aber dennoch relevanten Versuch unternommen, zu ermitteln, wie hoch rotes und verarbeitetes Fleisch besteuert sein müsste, damit auch die mit dem Verzehr assoziierten Kosten für das Gesundheitssystem sowie Arbeitskraftverluste durch einen frühen Tod abgedeckt wären.[36] Die Studie kommt zu dem Ergebnis, dass die Preise für verarbeitete Fleischprodukte in einkommensstarken Ländern mehr als doppelt so hoch sein müssten und dass rotes Fleisch in Ländern wie Deutschland einen Preisaufschlag von über 20 % benötigen würde.

In Deutschland hat Tobias Gaugler an der Universität Augsburg die Arbeitsgruppe „Märkte für Menschen" aufgebaut und untersucht mit seinem Team unter anderem die ökologischen Folgekosten unseres Konsums von tierischen

Lebensmitteln.[37] Ihren aktuellsten Berechnungen zufolge müsste der Preis „für Fleisch aus konventioneller Aufzucht" um 173 % steigen (Biofleisch um 126 %) und handelsübliche Milch würde sich um 122 % verteuern, wenn die ökologischen Kosten schon an der Supermarktkasse aufgefangen werden sollen.[38] Beauftragt hatte diese Studie überraschenderweise der zur Rewe-Gruppe gehörende Discounter Penny, der von den Ergebnissen direkt Gebrauch gemacht hat: Im September 2020 eröffnete in Berlin ein neuer Penny-Markt, der bei jeweils acht konventionell und ökologisch erzeugten Eigenmarken-Produkten neben dem zu zahlenden Preis auch einen Preis angibt, der die wahren Kosten einschließt. Am Regal für Biohackfleisch entdeckt man deshalb nicht nur ein Preisschild mit 2,25 Euro, sondern auch eines mit 5,09 Euro.[39]

Obgleich nicht bestritten werden soll, dass solche Berechnungen die öffentliche Diskussion bereichern und von der Politik berücksichtigt werden müssen, darf auch hier nicht übersehen werden, dass die zugrunde liegenden Modelle anfechtbar sind, weswegen man sie stets differenziert besprechen sollte. Bei allen Diskussionen rund um den Preis tiersicherer und pflanzlicher Lebensmittel darf aber nicht vergessen werden, dass es nicht die Kostenpunkte oder Einsparpotenziale sind, die die Kernargumente einer veganen Ernährung sind, sondern die tierethischen Argumente, die weiterhin im Mittelpunkt stehen.

Wie hoch die indirekten Kosten unseres gegenwärtigen Umgangs mit Tieren am Ende tatsächlich auch sein mögen, sicher ist: Da sie aktuell nicht direkt an der Kasse in Rechnung gestellt werden, bezahlen wir alle dafür – ob wir nun tierische Lebensmittel konsumieren oder nicht.

Abb. 5: Verkaufspreis und die wahren Kosten von Biohackfleisch[39]

ZELLBASIERTES FLEISCH ALS ETHISCHERE UND UMWELTFREUNDLICHERE ALTERNATIVE

Es ist davon auszugehen, dass die durch die COVID-19-Pandemie erneut hochgekochte Debatte über die industrielle Tierausbeutung in den nächsten Jahren aus einem ganz anderen Grund noch hitziger geführt werden wird: Die sogenannte Cellular Agriculture (zellbasierte Landwirtschaft) wird zukünftig mit Lebensmitteln wie „Cultivated Meat" und „Flora-Based Milk" dafür sorgen, den Konsum von tierischen Lebensmitteln von der massenhaften „Nutztierhaltung" und Schlachtung sowie den damit verbundenen Problemen zu entkoppeln. So könnte Fleisch aus Zellkulturen bis zu 96 % weniger Treibhausgasemissionen verursachen, den Flächenbedarf um etwa 99 % senken, den Wasserbedarf um bis zu 96 % reduzieren und zusätzlich auch noch ohne Antibiotika auskommen,[40] wie Abbildung 6 illustriert.

Darüber hinaus könnte es ab einer bestimmten Produktionsmenge sogar günstiger als konventionelles Fleisch aus der Massentierhaltung werden und es besteht die prinzipielle Möglichkeit, dass Cultivated Meat nicht nur aufgrund des reduzierten Infektionsrisikos, sondern auch wegen der Zusammensetzung gesünder ist.

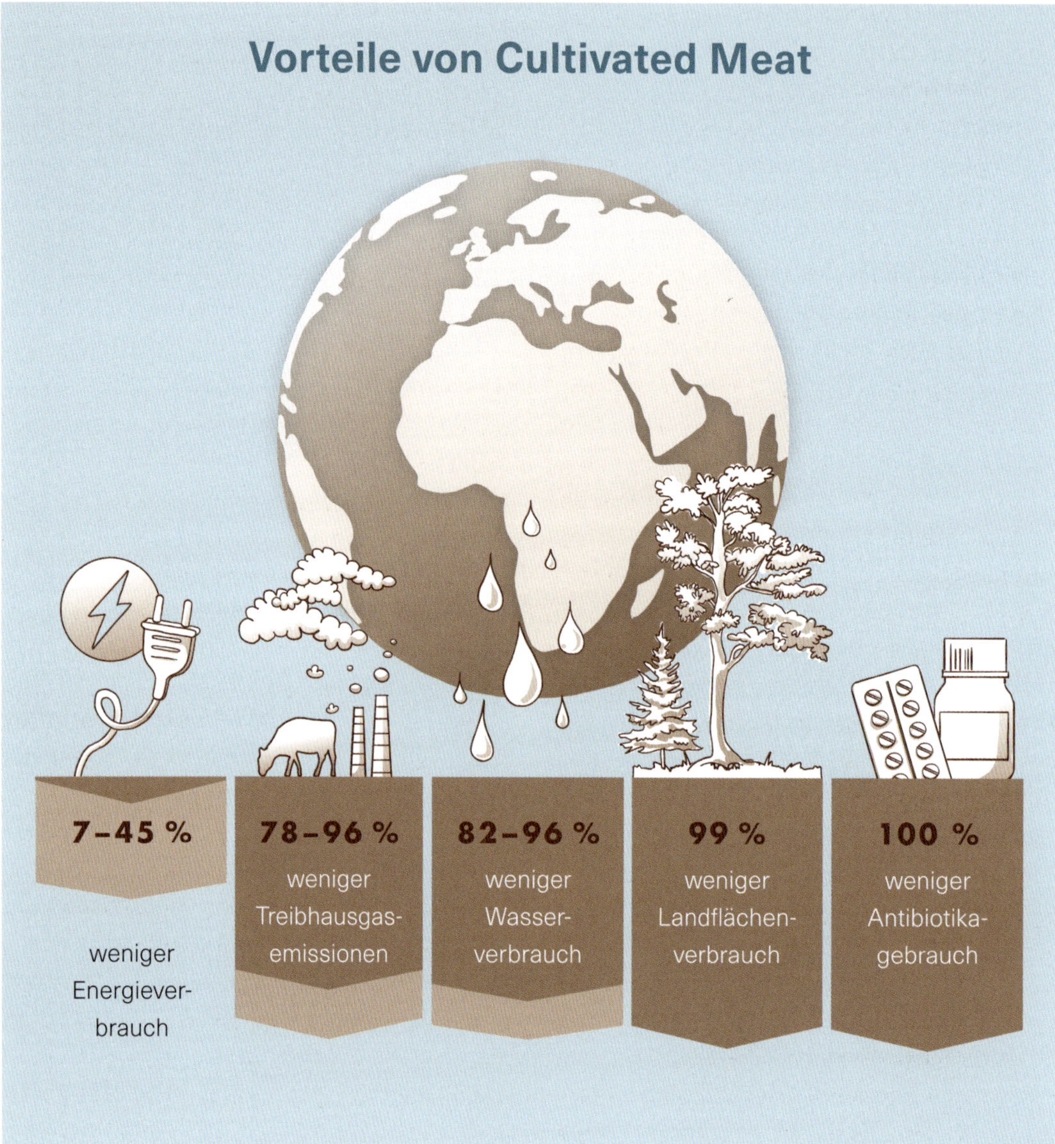

Abb. 6: Positive Eigenschaften von Cultivated Meat im Vergleich zu konventionellem Fleisch[41]

VEGANE ERNÄHRUNG MUSS NICHT TEUER SEIN

Ein Teil der deutschen Bevölkerung legt beim Lebensmitteleinkauf immer noch allzu oft eine Geiz-ist-geil-Mentalität an den Tag und gibt im Durchschnitt nur 12,6 % des Einkommens für Lebensmittel aus. Zieht man den europäischen Mittelwert als – vor dem Hintergrund der Einkommensunterschiede nicht gerade unproblematischen – Vergleichswert heran, liegt dieser Wert nur knapp über der Hälfte der durchschnittlichen Lebensmittelausgaben.[42] In der Schweiz liegt der durchschnittliche Ausgabenanteil bei 11,5 % und in Österreich bei 12,1 %, sodass sich hier ein ähnliches Bild ergibt.

Deutsche geben für Freizeitaktivitäten, Kulturveranstaltungen, Alkohol, Tabak, Hotels, Café- und Restaurantbesuche im Schnitt 17,5 % ihres Einkommens aus, also deutlich mehr als für Lebensmittel. In der Schweiz und in Österreich liegen diese Ausgaben mit rund 24 bzw. fast 21 % sogar noch deutlich höher. Das Budget für höherwertige und/oder fairer bzw. schonender produzierte, etwas teurere Lebensmittel wäre also durchaus vorhanden – oft genug scheint es eher eine Frage der Prioritäten als ein Mangel an Möglichkeiten zu sein.

Wer den Einwand formuliert, dass eine vegane Ernährung zu teuer sei, meint damit vermutlich nicht die Preise von veganen Grundnahrungsmitteln wie Getreide, Hülsenfrüchte, Gemüse und Obst, sondern denkt wohl eher an spezielle Superfoods, Nussmuse und Ähnliches oder an vegane Convenience-Produkte wie Fleisch- und Käseersatz. Erstere benötigt es in einer veganen Ernährung allerdings nicht, um sich ausgewogen und schmackhaft zu ernähren. Das unterstreichen auch die Rezepte von Sebastian in diesem Buch, die allesamt ohne diese Zutaten auskommen. Letztere müssen ebenfalls aus ernährungsphysiologischer Sicht nicht Teil der veganen Ernährung sein, jedoch mögen viele Menschen den Geschmack tierischer Erzeugnisse und nutzen daher gern pflanzliche Fleisch-, Milch- und Käsealternativen, die zum aktuellen Zeitpunkt oft noch deutlich teurer als ihre tierischen Äquivalente sind. (Einige Fleischersatzprodukte wie Seitanerzeugnisse können allerdings mit etwas Übung auch leicht und deutlich günstiger selbst gemacht werden.) Zu bedenken ist außerdem, dass die steigende Nachfrage auch zu einer Erhöhung der Produktionsmenge führt, sodass mittelfristig damit gerechnet werden kann, dass Lebensmittel wie Pflanzenmilch, Pflanzenjoghurts, veganer Käse sowie Fleisch- und Wurstalternativen zunehmend günstiger werden.[43]

Eine Berechnung aus dem Jahr 2020 für Großbritannien hat außerdem gezeigt, dass die Kostenunterschiede zwischen einer ausgewogenen Mischkost („normal balanced diet") und einer ausgewogenen veganen Ernährung anscheinend ohnehin zu vernachlässigen sind. Im Durchschnitt kostete eine ausgewogene vegane Ernährung pro Tag nur 22 Cent mehr als eine ausgewogene Mischkost.[44] Laut den Ergebnissen dieser Studie war zwar eine ausgewogene vegetarische Ernährung die günstigste Variante unter diesen dreien, aber erneut wurden hier die zuvor diskutierten tatsächlichen volkswirtschaftlichen Kosten nicht einberechnet.

Wie teuer oder günstig eine vegane Ernährungsweise letztendlich ist, hängt in erster Linie davon ab, wie hoch der Anteil an unverarbeiteten pflanzlichen Grundnahrungsmitteln im Vergleich zur Menge an verarbeiteten veganen Convenience- bzw. Ersatzprodukten, exotischen Superfoods etc. ist. Während Erstere im Durchschnitt deutlich günstiger als tierische Lebensmittel sind, können Letztere zum aktuellen Zeitpunkt noch deutlich teurer sein.

Da weder diese Produkte noch teure Superfoods zwingend Bestandteil einer veganen Ernährung sind, können die dafür üblichen Preise auch nicht als Argument gegen den Veganismus angeführt werden. Wenn überwiegend zu Hause gekocht und preissensibel eingekauft wird, ist eine bedarfsgerechte vegane Ernährung mit jedem Budget vereinbar, denn Getreide, Hülsenfrüchte, Kartoffeln, saisonale Frischware und tiefgefrorenes Gemüse sowie Obst sind auch in guter Qualität zu niedrigen Preisen erhältlich.

KLEINES BUDGET – GROSSER GENUSS

Um zu zeigen, dass eine vegane Ernährung entgegen dem Vorurteil nicht nur schmackhaft, sondern auch preiswert sein kann, haben wir dieses Kochbuch als Ergänzung des „Vegan-Klischee ade!"-Kochbuchs geschrieben. Das Feedback auf unser erstes gemeinsames Kochbuch war insgesamt überragend, aber wir verstehen und respektieren die Stimmen, für die viele der Rezepte zu aufwendig, teuer oder exotisch waren. Aus diesem Wunsch nach einem veganen Kochbuch, das ohne allzu exotische Zutaten auskommt, ein unschlagbares Preis-Leistungs-Verhältnis bei den Rezepten aufweist und dennoch in Summe die Nährstoffbedarfsdeckung sicherstellen kann, ist die Idee für das „Vegan Low Budget"-Kochbuch entstanden. Wenn man preissensibel einkauft, kann man mit den Rezepten aus diesem Buch für weniger als 5 Euro pro Tag drei volle Mahlzeiten inklusive der passenden Nährstoffsupplementierung erhalten und damit auch mit kleinem Budget schmackhaft und bedarfsdeckend essen.

Wir haben versucht, die Zutaten so auszuwählen, dass man diese fast ausnahmslos in jedem konventionellen Supermarkt und zu großen Teilen sogar bei Discountern bekommt. Es gibt lediglich eine Handvoll Zutaten, die man mitunter nur im Bioladen erhält oder einfach online bestellen kann, die wir im Rahmen unseres veganen Low-Budget-Konzepts aber für unverzichtbar halten. So haben wir beispielsweise einige Rezepte mit der äußerst nahrhaften veganen Proteinquelle Tempeh, die traditionell aus Sojabohnen hergestellt wird, aber ebenso mit Kichererbsen, Reis und anderen Hülsenfrüchten und Getreiden hergestellt werden kann. Wenn das Budget für Tempeh aus dem Bioladen nicht ausreicht, kann man in vielen Asia-Läden Tempeh in akzeptabler Qualität zu einem deutlich günstigeren Preis kaufen oder diesen mit etwas Übung und den richtigen Starterkulturen selbst machen. Auch Seitan lässt sich gut selbst herstellen – auf Seite 247 zeigen wir im Detail, wie das funktioniert. Alternativ kann er noch schneller aus Glutenpulver hergestellt werden. Selbst gemacht ist er nicht nur deutlich günstiger, sondern in vielen Fällen auch wesentlich schmackhafter als fertig gekaufte Seitanprodukte. Seitan selbst herzustellen, benötigt etwas Zeit und Übung, aber man wird mit einer schmackhaften veganen Proteinquelle belohnt, die neben Hülsenfrüchten, Tofu, (Vollkorn-)Getreiden und Kernen vor allem für die etwas deftigere pflanzliche Küche von großem kulinarischen Wert ist.

Bei Sorge um die weitverbreiteten, aber überwiegend unbegründeten Zweifel an der gesundheitlichen Unbedenklichkeit des regelmäßigen Soja- und Glutenverzehrs bei Personen, die keine Soja- bzw. Weizenallergie aufweisen und keine Autoimmunerkrankungen wie Zöliakie haben, seien die jeweiligen Kapitel zu Soja und Getreide im ausführlichen Sachbuch „Vegan-Klischee ade!" oder die jeweiligen Youtube-Videos zu diesen Themen auf dem Kanal von Niko Rittenau empfohlen. Weitere Informationen und Bezugsmöglichkeiten für verschiedene vegane Grundnahrungsmittel in der Low-Budget-Küche gibt es unter **www.nikorittenau.com/low-budget.**

MUSS ES DAS TEURERE BIOLEBENSMITTEL SEIN?

Vorweggenommen: Wir beide beziehen den weitaus überwiegenden Teil unserer Lebensmittel aus biologischem Anbau und empfehlen das auch unseren Lesern, sofern es das Budget zulässt. Dennoch verstehen wir, dass es zum aktuellen Zeitpunkt noch nicht für alle Personen im selben Maß möglich ist, und gerade in einem Buch wie diesem zum Thema der möglichst günstigen veganen Ernährung kommt oft die Frage auf, wie groß der gesundheitliche und ökologische Unterschied zwischen biologischer und konventioneller Ware ist. Ohne Frage – biologische Lebensmittel sind im Durchschnitt deutlich teurer als konventionelle Produkte. Vergleicht man die gängigen Lebensmittel miteinander, ergibt sich eine durchschnittliche Preisdifferenz zwischen konventioneller und biologischer Ware von etwa 50 bis 100 %.[45,46] Bioprodukte sind also im Durchschnitt etwa eineinhalbmal bis doppelt so teuer. Allerdings gibt es auch hier Ausnahmen: Die Kosten für ein durchschnittliches konventionelles Premiumsortiment (Lebensmittel erster Qualität) sind nur etwa 5 % niedriger als die durchschnittlichen Ausgaben für das gleiche Warensortiment mit biologisch erzeugten Produkten. Allerdings dürfen nicht nur die Kosten in die Gesamtbetrachtung einbezogen werden, die der Kunde an der Kasse direkt bezahlt, sondern es muss auch über die bereits erwähnten versteckten Kosten gesprochen werden, die die Lebensmittelproduktion verursacht. Sollte sich zeigen, dass biologische Lebensmittel hier deutlich besser abschneiden, müssten die höheren direkten Kosten für den Konsumenten im Laden ins Verhältnis zu den langfristigen Zusatzkosten für die gesamte Gesellschaft gesetzt werden und Wege gefunden werden, wie man versteckte Kosten tatsächlich auf die verursachenden Produkte aufrechnen kann, um realistischere Preise zu erhalten, die die wahren Kosten der Nahrungsmittel widerspiegeln.

VERSTECKTE KOSTEN KONVENTIONELLER PRODUKTE

Zu den versteckten Kosten gehören zum Beispiel jene Zusatzkosten durch Umweltverschmutzung und Klimawandel, die durch die Produktion gewisser Lebensmittel anfallen, die aber nicht direkt auf das Produkt aufgeschlagen werden und somit zukünftigen Generationen auferlegt werden, anstatt sie anteilig dem Produzenten bzw. dem Konsumenten von heute aufzuerlegen. Würden diese Kosten auf Produkte aufgeschlagen werden, wären viele Discounterprodukte gar nicht mehr so günstig bzw. der Preisunterschied zu nachhaltigeren Alternativen wäre deutlich geringer. Eine Studie der Universität Augsburg mit dem Titel „How much is the dish? – Was kosten uns Lebensmittel wirklich?“ zeigte beispielsweise, dass biologisch hergestellte Lebensmittel deutlich geringere versteckte Zusatzkosten (auch externe Folgekosten genannt) als ihre konventionellen Äquivalente verursachen.[47] Die Studie deckte eine erhebliche Fehlbepreisung und damit Marktverzerrung auf, die zwischen den aktuellen Erzeugerpreisen und den wahren Kosten des jeweiligen Produkts liegt. Die mit Abstand höchsten versteckten Zusatzkosten gehen mit der Produktion konventionell hergestellter Produkte tierischen Ursprungs einher. Konventionell erzeugte tierische Produkte müssten laut den Studienautoren auf Erzeugerebene (je nach Lebensmittel) etwa zwei- bis dreimal (200 bis 300 % Aufschlag) so teuer sein, als es derzeit der Fall ist, um die mittel- bis langfristigen Zusatzkosten für die Gesellschaft abzubilden. Die niedrigsten versteckten Kosten ergaben sich in der Untersuchung für Biolebensmittel pflanzlichen Ursprungs, die weniger als 10 % betrugen. Würde man diesen Faktor einberechnen, wäre der Preisunterschied zwischen biologischen und konventionellen Produkten bereits in bedeutendem Maß geringer. Die in diese umfangreiche Untersuchung eingeschlossenen Studien verglichen dabei stets die Umwelteffekte der Produktionsmethoden in Bezug auf die Anbaufläche und so wurden auch die Ertragsunterschiede pro Hektar zwischen biologischer und konventioneller Produktion berücksichtigt. Wie im einleitenden Kapitel bereits dargestellt, wäre unter Berücksichtigung dieses Aspekts auch eine stark auf Tierprodukten beruhende mischköstliche Ernährung deutlich teurer als eine pflanzenbetonte Ernährung – sowohl konventionell als auch biologisch.

PREISUNTERSCHIEDE IM LAUFE DER PRODUKTIONSKETTE

In der Diskussion berücksichtigt werden muss auch, dass Bioprodukte in der Erzeugung selbst oft gar nicht so viel teurer sind, als es der letztendliche Preisunterschied im Laden vermuten lassen würde. Die teils erheblichen Preisunterschiede für den Kunden ergeben sich nämlich zu großen Teilen erst nach der Produktion, also in der weiteren Wertschöpfungskette.[48] Der höhere Biopreis spiegelt demnach bei Weitem nicht nur die Bioqualität bzw. die Bioerzeugungsmethode des jeweiligen Produkts wider. Tabelle 1 illustriert, dass die Mehrkosten für Bioprodukte auf

Herstellungspreis vs. Verkaufspreis von Lebensmitteln

	Erzeugerebene		Verbraucherebene	
	konventionell	bio	konventionell	bio
Milch (Liter)	0,28 Euro	+ 0,05 Euro	0,67 Euro	+ 0,27 Euro
Schweinefleisch (kg)	1,22 Euro	+ 1,02 Euro	6,75 Euro	+ 10,05 Euro
Rindfleisch (kg)	2,41 Euro	+ 0,67 Euro	8,97 Euro	+ 12,89 Euro
Kartoffeln (kg)	0,11 Euro	+ 0,18 Euro	0,77 Euro	+ 0,45 Euro
Weizen bzw. Mehl (kg)	0,10 Euro	+ 0,18 Euro	0,62 Euro	+ 0,68 Euro

Tab. 1: Mehrpreis ausgewählter Biolebensmittel auf Erzeuger- und Verbraucherebene[49]

der Erzeugerebene mehrheitlich verhältnismäßig gering sind und dass der Großteil des Preisunterschieds erst im Verlauf der folgenden Verwertungsschritte entsteht.

Das ist zugleich eine gute und eine schlechte Nachricht. Schlecht deshalb, weil Konsumenten somit in einigen Fällen nicht in erster Linie für die Bioqualität und Bioproduktionsmethoden mehr bezahlen, sondern für das unwirtschaftlichere System rundherum.

Die gute Nachricht ist im Gegenzug, dass sich Bioprodukte zukünftig preislich deutlich näher an den Preisen konventioneller Lebensmittel bewegen, wenn die Nachfrage und damit auch die Produktionsmengen gesteigert werden können und sich einige Verbesserungen in der gesamten Wertschöpfungskette umsetzen lassen. Um das zu realisieren, sind allerdings sämtliche Akteure des Biomarkts gefordert und eine ernsthaft an der Förderung des ökologischen Landbaus interessierte Politik ist notwendig.[50]

Zusammenfassend kann also gesagt werden, dass die erheblichen Preisunterschiede auf der Konsumentenebene durch effizientere Wirtschaftssysteme der Biobranche (und zukünftig größere Produktionsmengen) sowie die Anhebung der Preise konventioneller Produkte deutlich reduziert werden könnten und sollten. Letzteres erscheint schon deswegen geboten, da das Transparentmachen der so oder so anfallenden indirekten bzw. langfristigen Kosten dazu beitragen dürfte, das Bewusstsein dafür zu schärfen, dass wir nun einmal nur diesen einen Planeten haben.

SIND BIOLEBENSMITTEL AUTOMATISCH UMWELTFREUNDLICHER?

Aktuelle Forschungsergebnisse belegen, dass die Entscheidung, was wir essen, einen äußerst bedeutsamen Einfluss darauf hat, wie groß unser ökologischer Fußabdruck ausfällt.[51] Die wohl umfassendste Metaanalyse zum Thema „Biologische Landwirtschaft und Umweltschutz" ergab „über alle Indikatoren hinweg, dass die ökologische Bewirtschaftung gegenüber der konventionellen Variante im Bereich des Umwelt- und Ressourcenschutzes bei 58 % der analysierten Vergleichspaare Vorteile aufwies, bei 28 % keine Unterschiede festgestellt werden konnten und bei 14 % der Vergleichspaare sogar die konventionelle Variante vorteilhafter war".[52] Die Thematik ist zu komplex, um übermäßig vereinfachende und pauschalisierende Aussagen treffen zu können, aber in Summe scheinen biologische Produkte tendenziell umweltfreundlicher zu sein, auch wenn Fragen offenbleiben. Eine der größten Schwachstellen der biologischen Landwirtschaft sind ihre teils deutlich geringeren Erträge im Vergleich zu konventionellem Anbau, weshalb zahlreiche Veröffentlichungen die breitenwirksame Umsetzung einer rein biologischen Landwirtschaft anzweifeln.[53,54] 2015 schlussfolgerte eine umfangreiche vergleichende Analyse, dass es anhand der Datenlage durch sogenannte Lebenszyklusanalysen (Life Cycle Assessments) noch nicht möglich ist, definitive Aussagen zu den Umwelteinflüssen der beiden

Landwirtschaftsarten zu treffen.[55] Im Jahr 2019 erschien jedoch eine weitere Lebenszyklusanalyse, die schlussfolgerte, dass unter Berücksichtigung aller relevanten sogenannten Ecosystem-Services (Faktoren wie Bodenerosion, Stickstofffixierung etc.) trotz der geringeren Flächenerträge ein großer Teil der untersuchten Lebensmittel bei biologischem Anbau im Vergleich zu konventionellem eine bessere Bilanz aufweist.[56]

Auch das Umweltbundesamt bezieht hierzu Stellung: „Das konventionelle Nahrungsmittelproduktions- und -vermarktungssystem sowie unsere heutigen Konsumgewohnheiten sind aus Sicht des Umweltschutzes mit dem Leitbild einer nachhaltigen Entwicklung nach wie vor nicht vereinbar." Weiter heißt es vonseiten des Umweltbundesamts: „Der ökologische Landbau [...] entspricht dem Leitbild einer nachhaltigen Nahrungsmittelproduktion am ehesten."[57] Auch der Sachverständigenrat für Umweltfragen (SRU) teilte in einem Sondergutachten mit, dass der Biolandbau im Vergleich zu anderen Landwirtschaftsformen mit der Natur „am wenigsten gewaltsam" umgeht.[58]

Eine an den biologischen Leitlinien orientierte Landwirtschaft mitsamt einer deutlichen Reduktion der allgemeinen Lebensmittelverschwendung sowie des Überkonsums an Kalorien in westlichen Ländern[59] in Kombination mit einer Reduktion des Konsums tierischer zugunsten pflanzlicher Lebensmittel und der Implementierung neuer Food-Technologien ist in Summe der wohl vielversprechendste Weg hin zu einer nachhaltigen, umweltschonenden und nährstoffbedarfsdeckenden Welternährung.[60] Gleichzeitig würden in diesem fiktiven Szenario auch der Einsatz von Pestiziden, die Menge an Treibhausgasemissionen sowie der landwirtschaftlich bedingte Stickstoffüberschuss deutlich reduziert werden, was ebenfalls für dieses Modell sprechen würde.

Aktuell herrscht jedoch noch eine unzureichende Forschungsfinanzierung in Bezug auf die wichtige Verbesserung der Produktivität in der biologischen Landwirtschaft. Das Potenzial der Ertragssteigerung ist bei Weitem nicht voll ausgeschöpft und kann zukünftig durch neue Forschungsergebnisse die Effektivitätslücke zwischen konventioneller und biologischer Lebensmittelproduktion weiter reduzieren.[61] Auch eine Zusammenführung der vorteilhaften Techniken beider Systeme wäre denkbar. So schlussfolgert eine Metaanalyse diesbezüglich: „Um die Umwelteinflüsse der [europäischen] Landwirtschaft zu reduzieren, sollten Landwirtschaftssysteme entwickelt werden, die hohe Erträge bei gleichzeitig geringer ökologischer Belastung erzielen und dabei vorteilhafte Techniken sowohl aus der biologischen als auch der konventionellen Landwirtschaft nutzen."[62] In Bezug auf nachhaltige Landwirtschaft legt die US National Academy of Science folgende vier Ziele fest:[63]

1. Sicherstellung der menschlichen Ernährung sowie ausreichende Produktion weiterer pflanzlicher Lebensmittel für Biokraftstoffe

2. Verbesserung der Umweltverträglichkeit des Produktionsprozesses

3. Erhalt der wirtschaftlichen Rentabilität der Landwirtschaft

4. Verbesserung der Lebensqualität der Landwirte und Farmarbeiter sowie der Gesellschaft als Ganzes

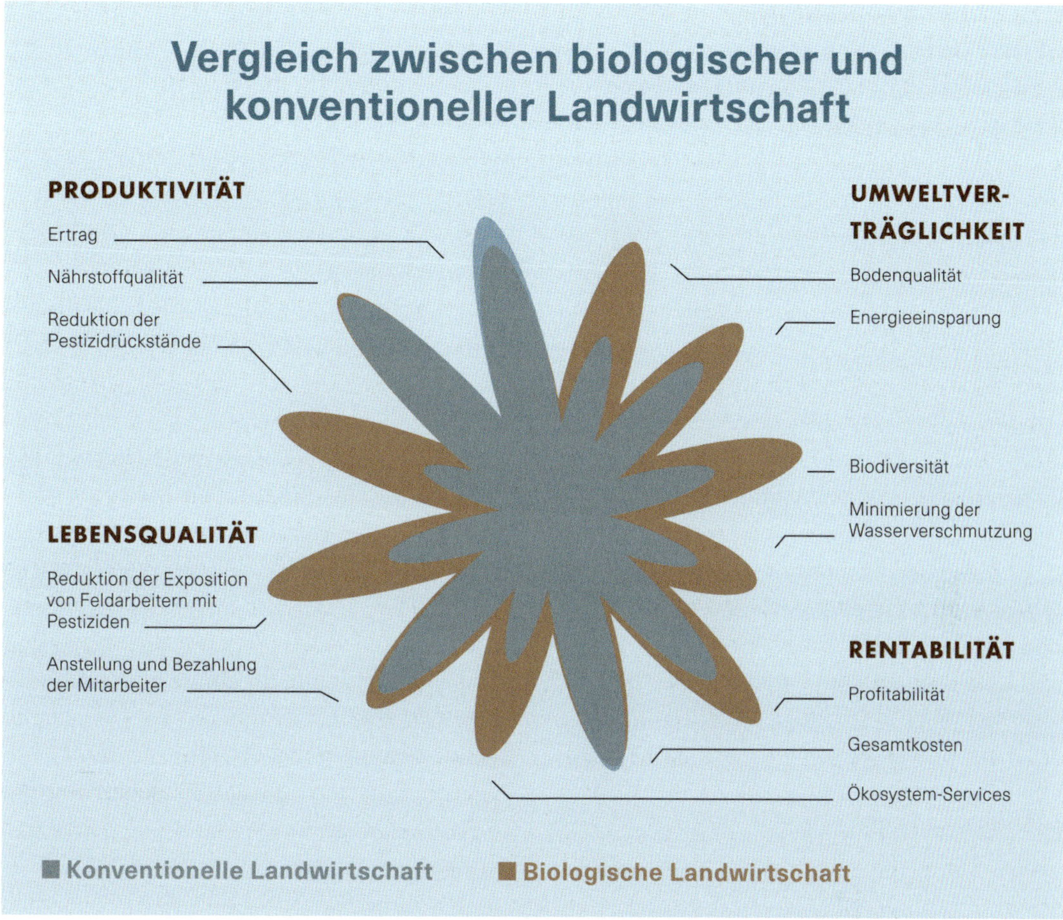

Abb. 7: Nachhaltigkeitsblume als vergleichendes Modell der biologischen und konventionellen Landwirtschaft[64]

Wie die biologische Landwirtschaft diese vier Ziele im Vergleich zur konventionellen Landwirtschaft umsetzen kann, zeigt die in Abbildung 7 dargestellte sogenannte Nachhaltigkeitsblume anhand der Daten einer umfassenden Übersichtsarbeit Dutzender Untersuchungen. Jeder der vier Teilbereiche repräsentiert dabei eines der vier Kernziele und die Länge der einzelnen Blütenblätter zeigt die Effektivität im jeweiligen Bereich.

Die Abbildung zeigt, dass der Fokus der konventionellen Landwirtschaft bedeutend stärker auf den beiden Faktoren „Produktivität" und „Rentabilität" liegt, was wiederum zulasten der Umweltverträglichkeit und der Lebensqualität geht. Die biologische Landwirtschaft hingegen weist im Durchschnitt ein ausgewogeneres Verhältnis der vier Teilbereiche auf. Zusammenfassend kann daher gesagt werden, dass die biologische Lebensmittelproduktion zwar pro Fläche etwa 20 bis 40 % weniger effektiv ist,[65,66,67] jedoch langfristig die nachhaltigere Produktionsweise mit positiveren Einflüssen auf die Fruchtbarkeit des Bodens, die Biodiversität und den Schutz natürlicher Ressourcen darstellt.[68,69]

BIOLANDWIRTSCHAFT UND GENTECHNISCH VERÄNDERTE ORGANISMEN – WIDERSPRUCH ODER LÖSUNGSANSATZ?

Um das volle Potenzial biologischer Landwirtschaft auszuschöpfen, wird darüber hinaus von einigen Wissenschaftlern vorgeschlagen, die (ohnehin nicht evidenzbasierte) generalisierte Angst vor gentechnisch veränderten Lebensmitteln in der Bevölkerung zu adressieren und das fälschlicherweise schlechte Image gentechnisch veränderter Lebensmittel in das richtige Licht zu rücken. Der Einsatz von Gentechnik könnte nämlich in relevantem Maß dazu beitragen, dass zukünftig ertrag- und nährstoffreichere Nutzpflanzen zum Einsatz kommen, die gleichzeitig helfen können, den Einsatz von Pestiziden deutlich zu reduzieren.[70] Baut man diese Pflanzenzüchtungen im Rahmen der Leitlinien der Biolandwirtschaft an, könnte das das Beste zweier (auf den ersten Blick widersprüchlicher) Welten vereinen, deren Vertreter jedoch weit mehr gemeinsam haben, als man vielleicht denken würde.

Zum aktuellen Zeitpunkt ist der Einsatz von GVOs (gentechnisch veränderte Organismen) in der biologischen Landwirtschaft innerhalb der EU zwar noch zur Gänze verboten und wird sogar laut der Richtlinien als „unvereinbar mit den Grundsätzen der Biolandwirtschaft" bezeichnet,[71] jedoch werfen Wissenschaftler die berechtigte Frage auf, ob nicht gerade der Einsatz von GVOs in der biologischen Landwirtschaft dazu beitragen kann, noch nachhaltigere und umweltschonendere Landwirtschaft zu betreiben, und so nicht vielleicht doch auch ganz im Sinne der Öko-Bewegung wäre.[72] Darüber hinaus könnten mithilfe von Genom-Editierung nährstoffreichere Biolebensmittel produziert werden, die der menschlichen Gesundheit in einem größeren Maß als herkömmliche Biolebensmittel zuträglich sein können.[73,74]

Die Produkte, die dieser Idee entspringen – gentechnisch veränderte Nutzpflanzen unter biologischen Anbaubedingungen kultiviert –, werden in Veröffentlichungen als sogenannte Orgenic Foods (mit „e" im Gegensatz zu Organic Foods mit „a") bezeichnet und unter anderem im Buch „Tomorrow's Table" beschrieben.[75] Dort zeigt das ungleiche Autorenpaar (eine Genetikerin und ein Biolandwirt), welche Potenziale beide Techniken aufweisen und wie man sie bestmöglich zusammenführen kann, um unsere Landwirtschaft auf eine nachhaltige und gesundheitsfördernde Art zu revolutionieren.

In diesem Zusammenhang könnte eine gewisse Öffnung der Bioleitlinien außerdem nicht nur der Umwelt nützen, sondern auch dem Konsumenten. Denn auch weitere Einschränkungen der Biolandwirtschaft abseits der GVO-Thematik wie beispielsweise die Möglichkeiten zur Anreicherung von Bioprodukten mit Vitaminen und Mineralstoffen[76] sollten zukünftig zum Wohl der Gesundheit der Verbraucher überdacht und angepasst werden, sodass zum Beispiel Biopflanzenmilch mit Vitamin B_{12} und anderen Nährstoffen, die man in Kuhmilch findet, angereichert werden darf, da sie sonst in den veganen Alternativen nur sehr gering vorhanden sind bzw. zum Teil ansonsten zur Gänze fehlen. Hier bedarf es zukünftig einer offenen Diskussion zwischen Experten aus unterschiedlichen Disziplinen, um eine möglichst ökologische, ethische und ernährungsphysiologisch wertvolle Lebensmittelproduktion zu ermöglichen, von der alle an der Wertschöpfungskette beteiligten Personen sowie die Konsumenten profitieren. Im Zusammenspiel mit Veränderungen im Konsumverhalten und unserem generellen Umgang mit

Lebensmitteln können wir so eine zukunftsträchtige Ernährung ermöglichen, die die wachsende Weltbevölkerung auf nachhaltige Art und Weise ernähren kann.

Bevor man aufgrund der vermeintlichen Unnatürlichkeit der Inklusion gentechnisch veränderter Lebensmittel diese vorschnell als gefährlich ablehnt, sei gesagt, dass seit den 1980er-Jahren allein die Europäische Union mehr als 300 Millionen Euro in die Forschung zur Biosicherheit von GVOs investiert hat und eine ihrer Veröffentlichungen zu folgendem Ergebnis kommt: „Die wesentliche Schlussfolgerung, die aus den über 130 Forschungsprojekten von mehr als 500 unabhängigen Forschungsgruppen der vergangenen 25 Jahre gezogen werden kann, lautet, dass Biotechnologie und insbesondere GVOs nicht per se risikobehafteter sind als konventionelle Nutzpflanzenzüchtungen."[77] Sowohl die World Health Organization (WHO) als auch die American Medical Association (AMA), die U.S. National Academy of Sciences (NAS), die britische Royal Society, die American Association for the Advancement of Science (AAAS) sowie sämtliche weitere international anerkannte Fachgesellschaften kommen ebenfalls zu der Einschätzung, dass der Konsum von Lebensmitteln aus gentechnisch veränderten Organismen kein größeres Risiko als der Konsum desselben Lebensmittels aus konventioneller Züchtung darstellt.[78]

Abbildung 8 illustriert zehn Zitate aus Dutzenden Positionspapieren zum Thema der gentechnisch veränderten Organismen, die zusammenfassend unterstreichen, dass von GVOs grundsätzlich keine größere Gefahr als von herkömmlichen Pflanzen ausgeht.

Es ist interessant zu beobachten, wie weit das fälschlicherweise negativ geprägte Bild vieler Menschen in Bezug auf GVOs vom wissenschaftlichen Konsens abweicht, der die Unbedenklichkeit seit Jahrzehnten durch Hunderte Forschungsergebnisse bezeugt.

Das unterstreicht auch eine im Jahr 2016 initiierte Kampagne, in deren Rahmen über 150 (Stand Juli 2020) Medizin-/Physiologie-, Physik- und Chemie-Nobelpreisträger sich dafür aussprechen, dass ein verantwortungsvoller Einsatz von GVOs einen wichtigen Beitrag zur nachhaltigen Welternährung leisten kann.[89,90] Um diese Zahl in Relation zu setzen: Allein von den insgesamt 156 Nobelpreisträgern der Jahre 2000 bis 2019 aus den Kategorien Medizin/Physiologie, Physik und Chemie[91] traten 91 der Kampagne bei.[92] Da 13 Preisträger zum Zeitpunkt des Kampagnenstarts bereits verstorben waren, sprechen sich folglich zwei Drittel aktiv für GVOs aus. Die Nobelpreisträger, die nicht aktiv als Unterstützer aufgetreten sind, können darüber hinaus nicht automatisch als GVO-Gegner kategorisiert werden.

All das bedeutet nicht, dass es nicht auch gentechnisch veränderte Lebensmittel geben kann, die schädlich sind, und dass nicht einige Kritikpunkte von GVO-Gegnern valide sind. Insgesamt wird diese Debatte in der Gesellschaft aber zu einseitig geführt und die Risiken werden übertrieben dargestellt, wohingegen die großen Potenziale zu wenig besprochen werden. Dieser kurze Exkurs soll daher kein blindes Vertrauen in jede Art von Gentechnik schaffen. Er ist kein unkritisches Plädoyer für den Einsatz von Gentechnik, sondern will primär aufzeigen, dass das aktuell weitverbreitete undifferenzierte Ablehnen jeglicher Art der Gentechnik unangebracht ist. Die Chancen und Risiken der Gentechnik sollten in der Lebensmittelbranche in sachlichen Diskursen anhand der wissenschaftlichen Datenlage besprochen werden, um das Potenzial, das zweifelsohne in dieser Technologie steckt, nicht ungenutzt zu lassen.

Weltweit bestätigen mehr als 280 wissenschaftliche und technische Institutionen die Sicherheit von gentechnisch veränderten Nutzpflanzen.

Zu ihnen zählen unter anderem:

Union of the German Academies of Science and Humanities, Deutschland 2006

„Das Gutachten fasst zusammen, dass Nahrungsmittel aus in der EU und den USA zugelassenen gentechnisch veränderten Nutzpflanzen nicht gefährlicher als die entsprechenden konventionellen Lebensmittel sind. Ganz im Gegenteil sind gentechnisch veränderte Nutzpflanzen in einigen Fällen den konventionellen Nutzpflanzen aus gesundheitlicher Sicht sogar überlegen."

Biology Centre of the Academy of Sciences of the Czech Republic, Tschechien 2009

„Es gibt keine wissenschaftlichen Daten, die eine Ausnahmestellung der gentechnischen Veränderung von Nutzpflanzen gegenüber ‚klassischen' Züchtungsmethoden zeigen. [...] Die wissenschaftliche Datenlage und die Langzeiterfahrung mit der Kultivierung von gentechnisch veränderten Nutzpflanzen zeigen deren Sicherheit für die Umwelt und die menschliche Gesundheit."

The Pontifical Academy of Science, Vatikan 2015

„Es gibt nichts Wesentliches in Bezug auf den Einsatz von Gentechnik für die Verbesserung von Nutzpflanzen, das die Pflanze selbst oder die daraus hergestellten Lebensmittel unsicher machen würde."

The Science Advisory Council of the National Science Academies of the EU Member States, Europäische Union 2013

„Es gibt keine validen Belege dafür, dass gentechnisch veränderte Nutzpflanzen größere negative Effekte für die Gesundheit und Umwelt im Vergleich zu jeder anderen Art der Pflanzenzüchtung aufweisen."

British Medical Association, Großbritannien 2004

„[...] das Potenzial von gentechnisch veränderten Lebensmitteln, gesundheitliche Schäden zu verursachen, ist äußerst gering und viele der Sorgen diesbezüglich treffen im selben Maß auch auf konventionell angebaute Lebensmittel zu."

American Phytopathological Society, USA 2013

„Bis zum heutigen Tag gibt es keine belegten und reproduzierbaren Studien, die eine Gefahr für die Gesundheit des Menschen oder der Tiere ausgehend von gentechnisch veränderten Nutzpflanzen zeigen. Die aktuelle wissenschaftliche Datenlage unterstreicht die Schlussfolgerung, dass GV-Nutzpflanzen keine größeren Risiken als traditionell gezüchtete Pflanzen in sich bergen."

Government of Canada, Kanada 2020

„Genetische Modifikation bringt keine spezifischen Risiken in die Lebensmittelversorgung. [...] Langzeiteffekte dieser Lebensmittel sind nicht anders als bei konventionell gezüchteten Nahrungsmitteln, die sich seit langer Zeit als sicherer Teil der kanadischen Ernährung erwiesen haben."

Australian Academy of Science, Australien 2007

„Gentechnisch veränderte Organismen (GVOs) sind seit vielen Jahren in etlichen Nahrungsmitteln und wurden seither ohne begründete Hinweise auf negative Auswirkungen auf die Gesundheit konsumiert. [...] Ihre Sicherheit wurde weltweit von zahlreichen Peer-Reviewed-Studien bestätigt."

Indian National Academy of Agricultural Sciences, Indien 2014

„Wissenschaftler sollten die Unbedenklichkeit sowie die Vorteile von gentechnisch veränderten Pflanzen mit der Öffentlichkeit und der Politik kommunizieren, um ihnen die unangemessenen Ängste und Befürchtungen bezüglich der Einführung gentechnisch veränderter Nutzpflanzen zu nehmen."

Academy of Science of South Africa, Südafrika 2010

„Biotechnologie kann die Produktivität von Nutzpflanzen erhöhen und verbessert damit die Nahrungsmittelsicherheit [...]. Sie kann zur Verminderung von Armut und Hunger beitragen [...] und kann helfen, den ökologischen Fußabdruck der Landwirtschaft zu reduzieren, den Klimawandel zu mildern sowie Treibhausgasemissionen zu reduzieren, und zur kostengünstigen Produktion von Biokraftstoff beitragen."

Abb. 8: Positionen internationaler Fachgesellschaften zu GVOs[79,80,81,82,83,84,85,86,87,88]

DER GESUNDHEITLICHE WERT BIOLOGISCHER LEBENSMITTEL

Wenn man über den gesundheitlichen Wert von biologisch produzierten Lebensmitteln spricht, muss man zwischen den Auswirkungen auf das Individuum und auf die Gesellschaft differenzieren. Darüber hinaus muss gerade im zweiten Kontext auch zwischen pflanzlichen und tierischen Lebensmitteln unterschieden werden. Gerade für die Weltgesundheit ist das Auftreten von antibiotikaresistenten Keimen eine der größten Gefahren, wie auch die World Health Organization (WHO) angibt.[93] Da der Antibiotikaeinsatz in der biologischen Nutztierhaltung deutlich geringer ist,[94] sinkt hierbei auch das Risiko für das Auftreten von Antibiotikaresistenzen. Derartige Resistenzen gefährden eine der bedeutendsten medizinischen Entdeckungen des 20. Jahrhunderts und würden diese weitestgehend unwirksam machen, sodass Menschen wie in der Zeit vor der Entdeckung der ersten Antibiotika wieder an Krankheiten versterben würden, die aktuell verhältnismäßig einfach durch die Gabe dieser Medikamente behandelt werden können. Somit geht in Bezug auf die Viehwirtschaft der gesundheitliche Wert biologischer Lebensmittel weit über die Gesundheit des Individuums hinaus.[95] Der Fokus dieses Buches liegt aber ohnehin auf pflanzlichen Lebensmitteln und daher konzentriert sich die folgende Abhandlung auch auf diese Gruppe.

HABEN BIOLEBENSMITTEL MEHR NÄHRSTOFFE?

Die Frage, ob der (aktuell noch) deutlich höhere Preis vieler biologischer pflanzlicher Lebensmittel auch allein in Bezug auf ihren gesundheitlichen Wert gerechtfertigt werden könnte, kann (wie so oft in ernährungswissenschaftlichen Fragestellungen) nicht einfach mit Ja oder Nein beantwortet werden. Hierbei muss bei der Fragestellung deutlich differenziert werden, ob biologische Lebensmittel bedeutend nährstoffreicher als konventionelle Produkte sind und ob diese insgesamt gesünder sind. Diese beiden auf den ersten Blick ähnlichen Fragen weisen zwar Überschneidungen auf, aber sie zielen auf zwei unterschiedliche Themengebiete ab.

Generalisierend kann gesagt werden, dass umfangreiche Nährstoffvergleiche in Bezug auf sämtliche essenziellen Nährstoffe nur geringere Unterschiede zwischen den beiden Kategorien aufzeigen konnten,[96] jedoch viele Verbraucher Bioprodukte dennoch (ungerechtfertigt) für deutlich nährstoffreicher halten.[97] In einer systematischen Übersichtsarbeit von über 150 Untersuchungen von Obst, Gemüse und Getreide konnte gezeigt werden, dass es keine signifikanten Unterschiede im Nährstoffgehalt zwischen konventioneller und biologischer Ware gibt.[98] In Bezug auf die Nährstoffdichte von Obst und Gemüse spielen vor allem der Reifegrad, die Sorte, die Lagerzeit und die Lagerbedingungen sowie die Verarbeitung bzw. Zubereitung eine deutlich entscheidendere Rolle als die Frage nach biologisch oder konventionell.[99]

Den relevantesten Unterschied bezogen auf den Nährwert gibt es bei den sekundären Pflanzenstoffen. Der Gehalt vieler dieser bioaktiven Substanzen lag in einer Metaanalyse je nach Pflanzenstoff in Bioprodukten zwischen 20 und 40 % (in manchen Fällen sogar über 60 %)

höher als in konventioneller Ware.[100] Die Ursache dafür könnte zum einen darin liegen, dass biologisch erzeugte pflanzliche Lebensmittel weniger intensiv mit Pestiziden behandelt werden und sich so selbst stärker gegen Fraßfeinde und andere Umwelteinflüsse wehren müssen, was wiederum zur stärkeren Ausprägung von sekundären Pflanzenstoffen mit positivem Einfluss auf die menschliche Gesundheit einhergehen kann. Eine weitere Theorie lautet, dass der höhere Einsatz von stickstoffhaltigem Dünger in der konventionellen Landwirtschaft zu schnellerem Pflanzenwachstum auf Kosten des Gehalts an sekundären Pflanzenstoffen führt und pflanzliche Bioprodukte daher in erster Linie höhere Gehalte aufweisen.[101] Sekundäre Pflanzenstoffe haben in zahlreichen Untersuchungen unter anderem eine antikanzerogene, antimikrobielle, antioxidative, antithrombotische, immunmodulierende, blutdruckregulierende, cholesterinsenkende und blutzuckerregulierende Wirkung gezeigt und sind in großem Maß für die gesundheitlich positive Wirkung von Obst, Gemüse und anderen pflanzlichen Lebensmitteln verantwortlich.[102] Auch wenn es noch an Humandaten mangelt, zeigten zumindest erste In-vitro-Studien, dass Bioobst ein besseres krebspräventives Potenzial im Vergleich zu konventionellem Obst aufweist. So konnten beispielsweise Extrakte aus biologischen Erdbeeren Krebszellen stärker unterdrücken als dieselben Erdbeerextrakte in konventioneller Qualität.[103] Allerdings wurden bis dato noch keine klinischen Studien am Menschen durchgeführt und so müssen derartige Effekte erst durch zukünftige Humanstudien bestätigt werden.[104] Diese Forschungsfrage zu untersuchen, ist auch deshalb schwierig, weil Personen, die von sich aus mehr biologische Produkte kaufen, im Durchschnitt auch generell gesundheitsbewusster sind. Sie ernähren sich insgesamt besser, trinken weniger Alkohol etc. und daher ist es schwierig, den Effekt der Bioqualität der Lebensmittel getrennt von den anderen Effekten zu untersuchen.[105]

PESTIZID- UND SCHWERMETALL-BELASTUNG IN LEBENSMITTELN

Wenn der Gehalt an sekundären Pflanzenstoffen der einzige relevante Unterschied wäre, könnte man einfach mehr konventionelles Obst und Gemüse essen und würde (weil Bioware teurer ist) für denselben Preis nicht nur eine ähnlich hohe Menge an sekundären Pflanzenstoffen, sondern auch insgesamt mehr Mikronährstoffe erhalten. Potenziell wichtiger als der Unterschied an Stoffen, die in den biologischen Lebensmitteln im Vergleich zu den konventionellen stecken, ist allerdings der Unterschied an Stoffen, die nicht bzw. nur in wesentlich geringerem Maß in biologisch erzeugten Pflanzen vorhanden sind. Dazu zählen Belastungen mit Pestiziden und Schwermetallen. Während der Einsatz von Pestiziden in biologischen pflanzlichen Lebensmitteln deutlich restriktiver ist, sind konventionell produziertes Obst und Gemüse die Hauptquellen für die menschliche Pestizidaufnahme.[106,107] Eine Untersuchung zeigte, dass in Deutschland über 90 % der biologisch angebauten Lebensmittel ohne Pestizidrückstände in den Laden gelangen, wohingegen bei konventioneller Ware nur etwa 10 % der Proben rückstandsfrei waren. Darüber hinaus wiesen über 80 % des konventionell angebauten Obstes und Gemüses Pestizidrückstände über dem Orientierungswert von 0,01 mg/kg auf. Bei den Bioprodukten waren es hingegen nur knapp 7 %.[108] In einer weiteren Stichprobe waren die Unterschiede zwar nicht ganz so stark ausgeprägt, aber auch hier war der Anteil an Lebensmitteln ohne quantifizierbare Pestizidrückstände bei Biolebensmitteln mit 65 % deutlich höher als bei den konventionellen Lebensmitteln, wo es nur 37 % waren.[109] Die Frage lautet aber nicht nur, welche Wirkung ein Pestizid hat und in welcher Konzentration es insgesamt zugeführt wird, sondern auch, wie die Wirkung unterschiedlicher Pestizide im Menschen ausfällt. Während es nämlich für den Einsatz einzelner Pestizide Höchstgrenzen anhand wissenschaftlicher Untersuchungen gibt, sind die langfristigen Wirkungen von Mehrfachrückständen unterschiedlicher Pestizide noch nicht ausreichend erforscht,[110] obwohl viele Untersuchungen ergeben, dass Obst und Gemüse jeweils mit einer Vielzahl von Pestiziden belastet sind und diese Frage daher dringend beforscht werden sollte.

In Einzelfällen wurden in Untersuchungen sogar bis zu 30 verschiedene Pestizide in einigen Obst- und Gemüsesorten nachgewiesen.[111] Das ist zwar erlaubt, sofern jedes einzelne der Pestizide unterhalb seines jeweiligen Höchstwertes bleibt, aber welche Auswirkungen diese Pestizide kumulativ haben, wird in der Bewertung bislang noch nicht ausreichend berücksichtigt.[112] Wie groß das gesundheitliche Risiko dieser Pestizide für Erwachsene und Kinder langfristig ist, mag zwar noch nicht restlos klar sein, aber Untersuchungen an beiden Gruppen zeigen, dass in deren Urin bei konventioneller Kost zum Teil mehr als ein Dutzend unterschiedliche Pestizide bzw. deren Stoffwechselprodukte nachgewiesen werden konnten,[113] die sich durch eine Umstellung auf biologische Kost auf kaum nachweisbare Level reduzieren.[114]

Im Gegensatz zu den Auswirkungen auf den Konsumenten ist die negative Auswirkung der Pestizide auf die Feldarbeiter deutlich klarer und so ist der Konsum von Biolebensmitteln auch noch ein ethisches Thema. Die Farmarbeiter kommen mit deutlich höheren Pestizidkonzentrationen in Kontakt und so ist es vor allem die Gesundheit der in der Lebensmittelproduktion arbeitenden Menschen, um die man sich sorgen muss. In Untersuchungen wurde deutlich, dass Feldarbeiter bei längerfristigem Kontakt mit Pestiziden eine höhere Auftrittsrate an gewissen Krebserkrankungen, Alzheimer, Parkinson, Diabetes und weiteren Erkrankungen aufwiesen.[115] Wie bedeutsam eine weitere Senkung der aktuell gemessenen Pestizidbelastungen in pflanzlichen Lebensmitteln letztendlich für den Konsumenten ist, kann zwar noch nicht abschließend gesagt werden, aber aus Gründen der Vorsicht sowie zum Wohl der Umwelt und der Menschen auf den Feldern lautet die Empfehlung, mehr biologische Produkte zu konsumieren.[116,117]

DAS DRECKIGE DUTZEND UND DIE SAUBEREN FÜNFZEHN

In den USA wird jährlich die Liste der „Dirty Dozen“ sowie der „Clean Fifteen“ in Bezug auf das am stärksten bzw. am geringsten belastete Obst und Gemüse veröffentlicht.[118] Diese Liste soll Konsumenten eine Entscheidungshilfe bieten, welche konventionellen Obst- und Gemüsesorten besonders stark belastet sind und daher, wenn möglich, stets in Bioqualität gekauft werden sollten und welche Lebensmittel die geringsten Pestizidbelastungen aufweisen und deshalb aus gesundheitlicher Sicht in konventioneller Qualität erworben werden können.

Diese Liste ist nicht eins zu eins auf Deutschland übertragbar, aber auch für das Obst und Gemüse hierzulande gibt es Listen, wie jene der Verbraucherzentrale in Niedersachsen, die die am stärksten und schwächsten belasteten pflanzlichen Lebensmittel aufzeigt. Diese werden in Tabelle 2 dargestellt.

Besonders betroffen sind unter den Obstsorten Johannisbeeren, Mandarinen, Tafeltrauben,

Pestizidrückstände ausgewählter Obst- und Gemüsesorten

Obst	Gemüse
Frei von Proben über dem Rückstandshöchstgehalt	
Bananen, Himbeeren, Kirschen, Melonen, Pfirsiche, Pflaumen	Erbsen, Karotten, Kartoffeln, Kopfkohl, Porree, Spargel
Mit geringer Anzahl von Proben über dem Rückstandshöchstgehalt	
Äpfel, Aprikosen, Birnen, Erdbeeren, Heidelbeeren, Orangen, Zitronen	Blumenkohl, Brokkoli, Gurken, grüner Salat, Rucola, Zucchini, Tomaten
Mit hoher Anzahl von Proben über dem Rückstandshöchstgehalt	
Johannisbeeren, Mandarinen, Mangos, Trauben	Auberginen, Bohnen (mit Hülsen), Feldsalat, frische Kräuter, Sellerie, Kulturpilze, Paprika, Rettich, Radieschen, Spinat

Tab. 2: Übersicht zur Pestizidbelastung unterschiedlicher Obst- und Gemüsesorten im Jahr 2015[119]

Orangen, Erdbeeren, Äpfel und Birnen. Bei den Gemüsen ist Wurzel- und Stängelgemüse (zum Beispiel Spargel) tendenziell wesentlich rückstandsärmer als Blatt- und Fruchtgemüse (Salate, Gurke, Paprika und Tomate). Auch frische Kräuter zählten in der Untersuchung zu den am häufigsten beanstandeten Lebensmitteln und sollten daher tendenziell eher in Bioqualität gekauft werden. Insgesamt kann gesagt werden, dass Lebensmittel aus Deutschland und den EU-Ländern im Durchschnitt zwar geringer belastet sind als Produkte aus Drittländern, jedoch gab es auch bei einheimischen Produkten oft recht hohe Belastungen.[120]

Eine weitere häufige Frage lautet, ob man Pestizide nicht einfach abwaschen kann. In einer Untersuchung zeigte sich, dass beispielsweise bei Äpfeln durch 10- bis 15-sekündiges Waschen nur ein sehr geringer Teil der Pestizidrückstände beseitigt werden kann.[121] Selbst spezielle Waschmittel für Gemüse und Obst entfernen Pestizidrückstände nur unwesentlich besser als pures Leitungswasser.[122] Durch das Schälen von Obst und Gemüse können zwar teils mehr als 80 % der Pestizidrückstände entfernt werden,[123] allerdings leidet darunter auch der Nährwert in erheblichem Maß.

Eine Möglichkeit zur effektiveren Beseitigung von Pestizidrückständen durch Waschen ist die Zugabe von Salz in das Gemüse-Waschwasser. Eine 10-prozentige Wasser-Salz-Mischung (neun Teile Wasser zu einem Teil Salz) konnte Pestizidrückstände bereits um mehr als die Hälfte reduzieren[124] und wenn das Gemüse danach zusätzlich mit einem Mikrofasertuch abgerieben wird, kann eine noch stärkere Reduktion erzielt werden.[125] Im Anschluss sollte das Lebensmittel unter fließendem Wasser erneut gewaschen werden, um wiederum die Salzrückstände zu beseitigen.

Eine weitere effektive Strategie zur Reduktion der oberflächlichen Pestizidrückstände ist die Verwendung eines Natron-Wasser-Gemischs (10 g/l), das in einer Untersuchung den überwiegenden Teil der Pestizide auf der Schale reduzieren konnte.[126]

Abseits von Pestiziden ist die Schwermetallbelastung ein relevantes Thema, wenn man konventionelle und biologische Lebensmittel miteinander vergleicht. Eine systematische Übersichtsarbeit mit über 300 Veröffentlichungen zeigte, dass die Belastung mit Schwermetallen wie Cadmium in biologischen Produkten nur etwa halb so hoch wie in konventionellen Produkten ist.[127]

Die höhere Cadmiumbelastung in konventioneller Ware stammt vermutlich in erster Linie aus dem vermehrten Einsatz von Phosphatdünger.[128] Neben Blei und Quecksilber ist Cadmium eines der relevantesten Schwermetalle in Lebensmitteln und die geringere Konzentration in Bioprodukten ist ein weiteres Argument, das für Biolebensmittel spricht.

Auch zahlreiche Fütterungsversuche mit Hennen, Ratten, Kaninchen und weiteren Tieren zeigen eine Präferenz der Tiere für Biokost. So schlussfolgert eine Veröffentlichung, dass diese Versuche nahelegen, dass es relevante Qualitätsunterschiede zwischen biologischen und konventionellen Lebensmitteln gibt.[129]

FAZIT

Wie bei vielen Fragestellungen gibt es auch in diesem Themengebiet keine einfachen Schwarz-Weiß-Antworten. In Summe kann aber festgehalten werden, dass man als Konsument tendenziell ökologisch und gesundheitlich bessere Entscheidungen trifft, wenn man biologisch erzeugte Lebensmittel kauft. Jedoch sollte diese Diskussion immer ins richtige Verhältnis gesetzt werden. Wenn es das eigene monatliche Budget nicht anders zulässt, kann man aus gesundheitlicher und ökologischer Sicht auch akzeptable Kaufentscheidungen durch konventionelle Lebensmittel treffen, solange man die zuvor besprochenen Punkte beachtet. Könnten wir auf Bevölkerungsebene den Konsum von Obst und Gemüse steigern, hätte das enorm positive gesundheitliche Effekte – ob biologisch oder nicht. Eine Untersuchung aus den USA schätzte beispielsweise, dass, wenn nur die Hälfte der amerikanischen Bevölkerung täglich eine Portion Obst oder Gemüse mehr essen würde, pro Jahr etwa 20.000 Krebserkrankungen vorgebeugt werden könnte.[130] Sollte es sich bei dieser Extraportion um konventionelles Obst und Gemüse handeln, gehen die Wissenschaftler davon aus, dass dadurch womöglich andererseits etwa zehn zusätzliche Krebserkrankungen pro Jahr entstehen könnten. Wie diese Rechnung zeigt, überwiegen selbst im Szenario mit konventionellem Obst und Gemüse die Vorteile deutlich die Nachteile. Wenn man es sich leisten kann, ist es dennoch empfehlenswert, zur biologischen Alternative zu greifen, um selbst dieses geringe Risiko noch zu minimieren, aber nichts sollte uns davon abhalten, den Obst- und Gemüseverzehr zu forcieren – egal, ob biologisch oder konventionell. Oder um es mit den Worten des amerikanischen Arztes Dr. Michael Greger zu sagen: „Die Sorge vor Pestiziden sollte uns niemals davon abhalten, uns den Mund so voll wie möglich mit gesundem Obst und Gemüse zu stopfen."[131] Der wissenschaftliche Konsens zeigt, dass die gesundheitlich positiven Effekte von (konventionellem) Obst und Gemüse die potenziellen Risiken durch Pestizide deutlich übersteigen.[132]

Die folgende Checkliste fasst die wichtigsten Tipps zur Reduzierung der Pestizidbelastung von Obst und Gemüse zusammen:[133]

CHECKLISTE ZUR REDUZIERUNG DER PESTIZIDBELASTUNG

REGIONALES Obst und Gemüse bevorzugen.

Obst und Gemüse aus **ÖKOLOGISCHEM ANBAU** bevorzugen.

Lebensmittel mit dem **QS-PRÜFZEICHEN** bevorzugen, weil diese häufiger als andere Ware kontrolliert werden.

Obst und Gemüse sollten unter **FLIESSENDEM WASSER ABGEWASCHEN** und mit einem **TUCH ABGERIEBEN** werden.

Um Pestizidrückstände noch effektiver zu reduzieren, **GEMÜSE IN EINER SALZ- BZW. NATRONLÖSUNG WASCHEN** (Salz- und Natronrückstände danach unter fließendem Wasser abwaschen).[134]

Das **SCHÄLEN** von Gemüse und Obst zur Reduzierung der Pestizidbelastung ist **NICHT EMPFEHLENSWERT,** da so wertvolle Inhaltsstoffe verloren gehen.

NACH DEM SCHÄLEN von Bananen, Zitrusfrüchten und Mangos **HÄNDE WASCHEN,** damit die Rückstände von der Schale nicht auf das Fruchtfleisch übertragen werden.

Wenn man **ORANGEN- ODER ZITRONENSCHALE** verwendet, sollte es stets **BIOWARE** sein.

Der Hinweis **„UNBEHANDELT"** bei konventioneller Ware heißt nur, dass kein Schalenbehandlungsmittel eingesetzt worden ist, und **NICHT,** dass sie **PESTIZIDFREI** ist.

KARTOFFELN, die die Kennzeichnung **„NACH DER ERNTE BEHANDELT"** tragen, sollten vor dem Verzehr unbedingt **GESCHÄLT** werden.

Bei **SALAT** sollten die **ÄUSSEREN BLÄTTER ENTFERNT** werden. Die inneren sind rückstandsärmer.

SPARTIPP 1:
LEBENSMITTELVERSCHWENDUNG REDUZIEREN UND DABEI GELD SPAREN

Um Geld beim Lebensmitteleinkauf zu sparen, kann man zwar auch gezielt günstiger einkaufen, aber ein ebenso effektiver – und dabei ökologisch sinnvollerer – Weg ist es, weniger zu verbrauchen und vor allem weniger zu verschwenden. Weltweit geht etwa ein Drittel aller produzierten Lebensmittel auf dem Weg vom Acker zum Teller verloren.[135] In Deutschland werden so jährlich etwa 12[136] bis 18[137] Millionen Tonnen Lebensmittel weggeworfen. Nicht alles hat man dabei als Konsument selbst in der Hand, aber immerhin mehr als die Hälfte dieser Lebensmittelverschwendung geschieht in Privathaushalten.[138] Somit liegt hier ein enormes Einsparpotenzial in unseren eigenen Händen, um die Umwelt und gleichzeitig auch unseren Geldbeutel zu schonen. Abbildung 9 zeigt die prozentuale Verteilung der Lebensmittelabfälle in der Wertschöpfungskette vom Produzenten zum Konsumenten.

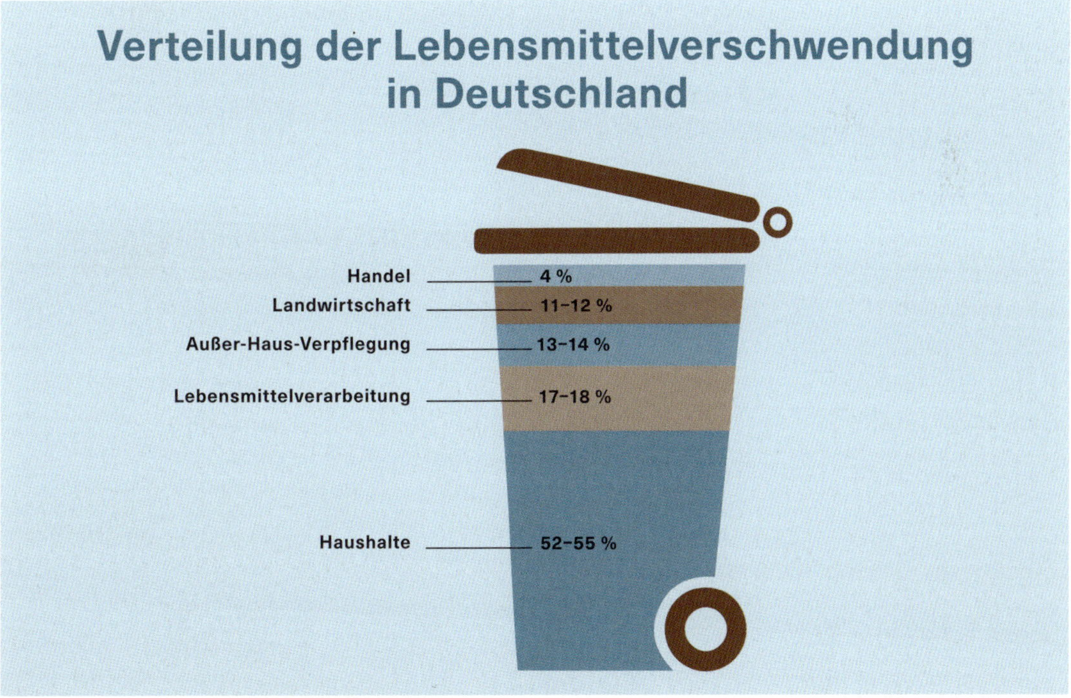

Abb. 9: Prozentuale Verteilung der Lebensmittelabfälle in Deutschland (2015)[139,140]

So wirft jede Person in Deutschland im Durchschnitt etwa 75 bis 85 kg Lebensmittel pro Jahr im eigenen Haushalt weg und damit mehr als 200 Euro jährlich aus dem Fenster.[141] Davon wäre laut Hochrechnungen etwa die Hälfte leicht vermeidbar.[142,143,144] Das Motto lautet also, wie es auch Veganköchin Sophia Hoffmann in ihrem Kochbuch „Zero Waste Küche" schreibt: „Weniger kaufen, eine gute Wahl treffen, alles aufessen!".[145] Folgende Grundlagen können hierbei im Alltag helfen, um Lebensmittelverschwendung zu reduzieren:

ALLES VERWENDEN, WAS ESSBAR IST

Bei Gemüse werden vor allem oft viele Teile entsorgt, die sowohl ernährungsphysiologisch als auch kulinarisch wertvoll sein können. Leaf-to-Root-Autorin Esther Kern bezeichnet den Gegenentwurf zu dieser verschwenderischen Gemüseverarbeitung als „Nose to Tail for Veggies"[146] und genau darum geht es: möglichst viel von der Pflanze zu verwenden und Abfälle zu reduzieren. Das Karottengrün, der Strunk des Brokkolis, die Blätter des Blumenkohls und viele weitere Pflanzenteile werden oft achtlos weggeworfen, wobei diese mit den richtigen Zubereitungstechniken äußerst schmackhaft sein können.

Vom Karottenkrautpesto über Kohlrabiblattchips bis zum Salat aus Wassermelonenschalen finden sich zahlreiche Anregungen dazu im „Leaf to Root"-Blog sowie im gleichnamigen Buch (leider nicht rein vegan). Auch wenn man sich dafür entscheidet, Karotten und anderes Gemüse zu schälen (was ernährungsphysiologisch ohnehin nicht empfehlenswert ist), können die Schalenreste gesammelt und zu einem Gemüsefond ausgekocht werden.

KREATIVE RESTEVERWERTUNG

Auch aus übrig gebliebenen Lebensmitteln können leckere Restegerichte zubereitet werden. Hilfestellungen geben dabei Apps wie die „Beste Reste"-App des Bundesministeriums für Ernährung und Landwirtschaft (BMEL) mit über 600 Rezepten von Sterne-, TV- und Hobby-Köchen. Die kostenlose App enthält außerdem einen Einkaufsplaner und ein Lebensmittellexikon, mit deren Hilfe man nützliche Tipps zum Einkauf, zur Aufbewahrung und Verwertung von Lebensmitteln erhält. Auch Websites wie Restegourmet.de bieten die Möglichkeit, Rezepte nach Zutaten zu filtern, sodass man seine Restbestände in leckere Gerichte verwandeln kann. Gerade altes Brot und Brötchen können wunderbar vielfältig zu Knödeln, Croûtons, Bröseln und Weiterem verarbeitet werden und so helfen, einen Teil der jährlich etwa 1,7 Millionen Tonnen Backwarenverluste in Deutschland zu reduzieren.[147] Allein in der österreichischen Hauptstadt Wien (circa 1,9 Millionen Einwohner) wird täglich eine Menge an Brot als Retourware vernichtet, mit der die zweitgrößte Stadt Österreichs, die steirische Hauptstadt Graz (knapp 0,3 Millionen Einwohner), versorgt werden könnte.[148]

DAS MINDESTHALTBARKEITSDATUM RICHTIG INTERPRETIEREN

Mehr als die Hälfte aller in privaten Haushalten weggeworfenen Lebensmittel wird aufgrund von Haltbarkeitsproblemen entsorgt.[149] Jedes zehnte Lebensmittel davon wird sogar ohne Prüfen des tatsächlichen Zustands schlichtweg aufgrund eines abgelaufenen Mindesthaltbarkeitsdatums (etwa die Hälfte davon sogar ungeöffnet) weggeworfen, wobei viele dieser Lebensmittel zum Zeitpunkt der Entsorgung noch genießbar gewesen wären. Um dieser Entwicklung gegensteuern zu können, ist es von großer Bedeutung, die Definition des Begriffs „Mindesthaltbarkeitsdatum" (MHD) sowie die Abgrenzung zum Verbrauchsdatum zu kennen. Das MHD gibt lediglich an, bis zu welchem Datum das Lebensmittel mindestens seine vom Produzenten ausgelobten Eigenschaften bei richtiger Lagerung in Bezug auf Eigenschaften wie Geschmack, Konsistenz und Farbe behält, und sagt nichts darüber aus, wann das Produkt verdirbt. Das MHD ist also kein Wegwerf- bzw. Verfallsdatum. Vor allem trockene Lebensmittel wie Linsen, Pasta und Reis müssen zwar per Gesetz ein Mindesthaltbarkeitsdatum auf ihrer Verpackung aufweisen, aber verschlossen und vor Ungeziefer geschützt halten sich diese Lebensmittel quasi unbegrenzt. Als Faustregel gilt: Was gut aussieht, gut riecht und ebenso gut schmeckt, ist im Normalfall auch noch genießbar. Anders ist der Sachverhalt hingegen beim Verbrauchsdatum („zu verbrauchen bis"), das angibt, bis wann (vor allem leicht verderbliche) Lebensmittel mindestens verbraucht werden sollten.

Derartige Verbrauchsdaten finden sich allerdings ohnehin in den allermeisten Fällen lediglich auf gewissen tierischen Produkten wie rohem Hack, Frischgeflügel und rohem Fisch und sind daher für die vegane Küche von geringer Bedeutung. Sie müssen aber in Bezug auf tierische Produkte äußerst ernst genommen werden, um keine gesundheitlichen Risiken einzugehen.

ESSEN LÄNGER HALTBAR MACHEN

Wenn Äpfel und Birnen bereits etwas schrumpelig geworden oder Karotten und Sellerie nicht mehr ganz so knackig wie direkt nach dem Einkauf sind, sollte das noch kein Grund dafür sein, sie zu entsorgen. Obst, das seine besten Tage schon hinter sich hat, kann zu Fruchtmusen oder Marmeladen verarbeitet werden, und das betagte Gemüse kann immer noch zu Cremesuppen und Brotaufstrichen verarbeitet oder eingelegt werden. Außerdem können sowohl Einzelzutaten als auch fertig gekochte Gerichte in den meisten Fällen gut eingefroren werden. Gemüseabschnitte und Schalenreste können ebenso im Tiefkühlschrank gesammelt und beizeiten zu Gemüsebrühe verarbeitet werden, überreife Bananen können eingefroren und im Anschluss zu Nice-Cream gemixt werden. Und wenn man nicht den ganzen Brotlaib innerhalb weniger Tage essen möchte, können die Scheiben eingefroren und stückweise frisch im Toaster aufgetaut werden.

LEBENSMITTEL RICHTIG LAGERN

Die richtige Lagerung verlängert die Haltbarkeit eines Lebensmittels deutlich. Zutaten wie Nudeln, Mehl, Couscous, Linsen und Öle mit einem hohen Anteil an einfach ungesättigten Fettsäuren (zum Beispiel Olivenöl, High-Oleic-Sonnenblumenöl, Avocadoöl) oder gesättigten Fettsäuren (zum Beispiel Kokosöl, Palmöl) mögen es trocken und dunkel im Küchenschrank. Direkte Sonneneinstrahlung oder Wärmeeinwirkung durch eine Heizung oder andere Wärmequellen sollte hierbei vermieden werden. Angebrochene Packungen mit Reis, Nudeln, Mehl, Nüssen, Samen etc. sollten in dicht schließende Behältnisse umgefüllt werden, um sie vor Insekten zu schützen. Die Verbraucherzentrale Nordrhein-Westfalen nennt bezüglich der Lagerung von Lebensmitteln zehn häufige Fehler, die im Folgenden aufgeführt und tunlichst vermieden werden sollten:[150]

LEBENSMITTEL RICHTIG LAGERN

1.
TOMATEN NICHT IN DEN KÜHLSCHRANK GEBEN!

Kühlschranktemperaturen führen bei Tomaten zu Geschmacks- und Aromaverlusten sowie vermehrter Schimmelbildung. Besser geeignet ist ein schattiger und luftiger Platz im Vorratsregal mit einer Idealtemperatur im Bereich von 12 bis 16 °C.

2.
BUNDKAROTTEN UND RADIESCHEN NIEMALS MIT DEM GRÜN LAGERN!

Das Grün von Pflanzen sollte vor der Lagerung stets entfernt werden, weil die Blätter den Pflanzen Flüssigkeit entziehen und diese dadurch schneller runzelig werden.

3.
KARTOFFELN KÜHL UND DUNKEL LAGERN!

Licht und Wärme lassen Kartoffeln sprießen und die Sprossen wiederum entziehen ihnen Vitamine und Mineralstoffe. Die Kartoffel selbst ist dann zwar grundsätzlich essbar, jedoch sollten die Keime zwingend großzügig herausgeschnitten werden, da sie den toxischen Stoff Solanin in hoher Konzentration enthalten.

4.
BANANEN NICHT AUFEINANDER LIEGEN LASSEN!

Bananen sollten nicht im Bund aufeinander liegend in der Obstschale, sondern hängend auf einem Haken gelagert werden, um Druckstellen und braune Flecken zu reduzieren.

5.
ETHYLENHALTIGES OBST NICHT NEBEN ETHYLENEMPFINDLICHES OBST GEBEN!

Einige Obstsorten (vor allem Äpfel, aber auch Birnen, Aprikosen, Pfirsiche, Pflaumen, Tomaten) stoßen ein Gas namens Ethylen aus, das den Reifeprozess von bestimmten Gemüse- und Obstsorten beschleunigt. So sollte zum Beispiel die Tomate nicht neben der Gurke, die Äpfel nicht neben Kiwis oder Birnen nicht neben Bananen gelagert werden, sofern kein rasches Nachreifen dieser Lebensmittel gewünscht ist.

6.

GURKEN NICHT IN DEN KÜHLSCHRANK GEBEN!

Gurken sind empfindlich gegenüber kalten Temperaturen und können im Kühlschrank schnell wässrig, weich und matschig werden. Daher sollten sie in einer dunklen Ecke des Vorratsregals gelagert werden.

7.

KIRSCHEN NICHT VOR DER LAGERUNG WASCHEN!

Kirschen sollten erst kurz vor dem Verzehr gewaschen werden, weil sie ansonsten deutlich schneller matschig werden und verderben. Damit Kirschen länger frisch bleiben, sollten sie zudem ihren Stiel behalten und in einem gelochten Gefäß im Gemüsefach des Kühlschranks aufbewahrt werden.

8.

KNOBLAUCH UND ZWIEBELN NIEMALS LUFTDICHT VERPACKEN!

Während viele Lebensmittel ein luftdichtes Verpacken gut vertragen, verderben verschlossene Zwiebeln und Knoblauch deutlich schneller und sollten deshalb offen, aber möglichst dunkel, trocken und nicht zu warm gelagert werden.

9.

BIRNEN NICHT NEBEN GERUCHSINTENSIVEN LEBENSMITTELN AUFBEWAHREN!

Die Birne hat die Eigenart, recht schnell Fremdgerüche anderer Lebensmittel anzunehmen. Deshalb sollten sämtliche geruchsintensiven Lebensmittel ferngehalten werden. Bei der Birne entscheidet übrigens der Reifegrad über den Lagerungsort: Unreife Birnen kommen in das Vorratsregal, wohingegen ganz reife Exemplare im Kühlschrank gelagert werden sollten.

10.

ORANGEN UND ZITRONEN NICHT IM KÜHLSCHRANK LAGERN!

Orangen und Zitronen gehören (ebenso wie andere Südfrüchte wie Ananas, Bananen, Kiwis) nicht in den Kühlschrank, sondern sollten bei Zimmertemperatur gelagert werden, weil sich ansonsten im Inneren braune Stellen bilden, sie schneller schimmeln und Geschmack einbüßen können. Sie sollten deshalb im Vorratsregal (nicht im Schrank, da sie es hell mögen) bei Zimmertemperatur aufbewahrt werden.

Im Gegensatz zu den zuvor genannten unempfindlichen Trockenprodukten und Ölen mit einfach ungesättigten und gesättigten Fettsäuren halten sich viele Lebensmittel bei der Lagerung im Kühlschrank deutlich länger. Öle mit einem hohen Anteil an mehrfach ungesättigten Fettsäuren (vor allem omega-3-haltige Öle) sollten zwingend im Kühlschrank gelagert werden, und zwar bereits vor dem erstmaligen Öffnen. Auch der Restinhalt geöffneter Konservendosen sollte umgefüllt, im Kühlschrank gelagert und rasch verbraucht werden. Die Temperatur im Kühlschrank ist dabei nicht überall gleich. In einem herkömmlichen Kühlschrank befindet sich der kälteste Lagerplatz auf dem Regalboden über dem Gemüsefach. Dort lagern Lebensmittel bei etwa 2 bis 3 °C. Am wärmsten ist es hingegen in der Kühlschranktür mit etwa 10 bis 11 °C.

Neue Geräte werden dagegen oft dynamisch gekühlt, wodurch sich die kalte Luft im Kühlschrank gleichmäßiger verteilt und die Temperaturunterschiede so deutlich geringer ausfallen. Bei solchen Kühlschränken können Lebensmittel beliebig eingeräumt werden. Abbildung 10 zeigt die unterschiedlichen Ebenen mitsamt der Temperaturbereiche und den jeweils darin zu lagernden veganen Lebensmitteln.

Abb. 10: Temperaturbereiche im Kühlschrank[151,152,153]

Wenn man sich an den Klimazonen orientiert und den Kühlschrank danach einräumt, bleiben Lebensmittel länger genießbar. Von unten nach oben sind das folgende Ebenen:

Vierte Ebene (6–7 °C): Hierhin gehören **Essensreste** bereits **fertig zubereiteter Speisen** für die Folgetage. **Vorgekochte Speisen** im Rahmen des Meal Preps, in größeren Mengen auf Vorrat zubereitete **Brotaufstriche, Saucen etc.** und **Selbstgebackenes wie Torten und Kuchen** werden ebenfalls in dieser obersten Kühlschrankebene gelagert.

Dritte Ebene (4–5 °C): In der mischköstlichen Ernährung ist das der Platz, an dem **Milchprodukte** gelagert werden. In der veganen Ernährung ist das der Ort, an dem **pflanzliche Äquivalente wie Quark, Joghurt und Käse auf Basis von Soja, Mandeln, Hafer etc.** sowie **Sojaprodukte wie Tofu und Tempeh** verstaut werden.

Zweite Ebene (2–3 °C): Das ist der kälteste Bereich, in dem sehr leicht verderbliche Lebensmittel gelagert werden. Gut verschlossen, werden in der mischköstlichen Ernährung hier rohes Fleisch, Fisch, Wurstwaren etc. gelagert. In einem veganen Kühlschrank werden kälteunempfindliche Gemüsesorten wie Kohl, **leicht verderbliche pflanzliche Lebensmittel wie Sprossen und Keimlinge,** vorgeschnittene **Blattsalatmischungen** und **angeschnittenes Obst** gelagert. All diese Lebensmittel sollten nicht zu lange lagern, sondern schnell verbraucht werden.

Erste Ebene (8–9 °C): Die erste Ebene ist das Gemüsefach, das zumeist durch eine Glasplatte von den restlichen Ebenen abgetrennt ist. Hier ist (mit Ausnahme der Kühlschrankinnentür-Fächer) die Temperatur am mildesten. Dieser Ort ist somit optimal zur Lagerung von **kälteempfindlicheren Gemüse- und Obstsorten** wie Auberginen, Paprika und Südfrüchte geeignet. Falls Gemüse und Obst in Plastik verpackt gekauft wird, sollte die Verpackung entfernt werden, da sich ansonsten Kondenswasser in der Packung bilden kann, was die Schimmelgefahr erhöht. Besser ist es natürlich, direkt unverpackt zu kaufen und so Plastik zu sparen.

Kühlschrankinnentür-Fächer (10–11 °C): Der untere Bereich der Kühlschranktür ist für **angebrochene Getränke** und **frisch gepresste Säfte** geeignet. Für Kuhmilch ist es in diesem Bereich zu warm, aber die unempfindlichere Pflanzenmilch kann hier aufbewahrt werden. In den oberen Türfächern lagern sowohl fertig gekaufte offene **Dressings, geöffnete Konfitüren und Glaskonserven** (zum Beispiel Pickles) und auch **angebrochene Senf- und Tomatenmarktuben sowie omega-3-haltige Öle wie Lein-, Hanf-, Chia- und Mikroalgenöle,** die unbedingt (spätestens nach Anbruch) kühl gelagert werden sollten. Auch **Margarine** lagert hier. Die klassische Faustregel „Ist die Butter zu hart, ist der Kühlschrank zu kalt" kann nicht einfach auf Margarine übertragen werden, da diese aufgrund ihrer anderen Fettsäurezusammensetzung auch bei kälteren Temperaturen noch streichfähiger als Butter ist.

Too Good To Go, Foodsharing und SIRPLUS

Darüber hinaus kann man eine weitere Win-win-Option für die Umwelt und die eigene Brieftasche wahrnehmen, indem man Projekte wie „Too Good To Go“ oder „Foodsharing“ nutzt und somit Lebensmittel vor dem Wegwerfen bewahrt und gleichzeitig Geld spart.

Too Good To Go (TGTG) ist eine App, die Konsumenten mit Lebensmittelanbietern und Restaurants vernetzt, die überschüssige Lebensmittel bzw. Speisen zu reduzierten Preisen anzubieten haben. Viele Betriebe produzieren leider regelmäßig Überschüsse an Lebensmitteln – von den Backwaren in der Auslage der Bäckerei über die knapp am MHD befindlichen Produkte im Supermarkt bis zu Speisen in Buffet-Restaurants, die ohne Apps wie diese zu großen Teilen in die Tonne wandern würden. Durch das Bemühen des TGTG-Teams landen die überschüssigen Lebensmittel (die dabei noch von guter Qualität und genießbar sind) bei Konsumenten statt im Müll. So bekommen die App-Benutzer schmackhafte Gerichte bzw. Lebensmittel zum reduzierten Preis, die Unternehmen müssen weniger wegwerfen und beide Seiten tragen zur Schonung der Ressourcen und zum Schutz der Umwelt bei.

Foodsharing verfolgt dagegen ein etwas anderes Konzept zur Reduktion der Lebensmittelverschwendung. Dabei handelt es sich um eine Internetplattform zum Verteilen von überschüssigen Lebensmitteln in Deutschland, Österreich und der Schweiz, die mittlerweile von über 200.000 Privatpersonen genutzt wird, um Lebensmittel zu teilen und abzuholen (natürlich nur jene, die noch genießbar sind), die ansonsten im Müll landen würden.

Möglich gemacht wird das durch über 40.000 ehrenamtliche „Foodsaver“, die jene Lebensmittel bei Supermärkten und Produzenten abholen und an sogenannte Fairteiler-Stationen bringen. Alle geretteten Lebensmittel stehen den Abholern in diesem Konzept kostenlos zur Verfügung.

Wenn man in Berlin wohnt, hat man darüber hinaus die Möglichkeit, bei dem Lebensmittel-Rettermarkt SIRPLUS zu vergünstigten Preisen Lebensmittel zu kaufen, die (im Fall von Obst und Gemüse) nicht der Norm entsprechen oder kurz vor oder nach dem Mindesthaltbarkeitsdatum stehen, aber noch vollkommen in Ordnung und genießbar sind. Mittlerweile gibt es in Berlin sechs Rettermärkte (Stand August 2020).

Für alle Nicht-Berliner gibt es den SIRPLUS-Onlineshop, über den man viele der rabattierten Produkte auch online bestellen kann. Je nach Produktkategorie erhält man dabei die Lebensmittel und Getränke um 20 bis 50 % reduziert und auf einige Produkte gibt es noch weitaus höhere Rabatte. Darüber hinaus kann man sich mit den veganen Retterboxen im monatlichen Abo alle vier Wochen eine zufällige Auswahl an vor dem Wegwerfen bewahrten bioveganen Lebensmitteln zum halben Preis zusenden lassen.

SPARTIPP 2:
PREISE VERGLEICHEN UND ANGEBOTE NUTZEN

Wenn es darum geht, preiswert vegan zu kochen, sollte das Ziel nicht sein, überwiegend Billigprodukte minderer Qualität zu kaufen, sondern gute Qualität zum bestmöglichen Preis zu erwerben. Wenn man beginnt, Preise zu vergleichen, wird man überrascht sein, wie groß die Preisunterschiede für qualitativ gleichwertige Produkte bei unterschiedlichen Marken bzw. Händlern sein können. Hierbei geht es erneut nicht um eine Geiz-ist-geil-Mentalität, sondern es geht darum, als mündiger und informierter Kunde finanziell kluge Entscheidungen zu treffen und nicht auf überteuerte Waren reinzufallen, die eine unnötig hohe Gewinnmarge aufweisen oder aus anderen Gründen teurer sind, als sie eigentlich sein müssten. Die Preisunterschiede bei Grundnahrungsmitteln wie Getreide, Hülsenfrüchte, Obst und Gemüse sind innerhalb derselben Qualitätskategorie (konventionell, bio etc.) nicht so groß, dass man hierfür sämtliche Anbieter vergleichen muss, aber gerade bei gewissen hochpreisigen Produkten wie Nussmusen und Convenience-Produkten sowie bei Nahrungsergänzungsmitteln, Proteinpulvern und vielen weiteren zeigen sich im direkten Vergleich große Preisunterschiede trotz ähnlicher Qualität bzw. Zusammensetzung. Hierbei ist es natürlich wichtig, dass man die Qualität auch ausreichend gut beurteilen kann. Das ist vor allem im Bereich der Nahrungsergänzungsmittel oft schwierig, da dieses Themenfeld komplex ist und das Wissen über Dosierungshöhen, Bindungsformen, Nährstoffqualität etc. oft nicht in ausreichendem Maß vorhanden ist. Da Nahrungsergänzungsmittel aufgrund der derzeit herrschenden suboptimalen Produktionsmethoden vieler veganer Lebensmittel (unzureichende Anreicherung der Produkte, fehlende Standardisierung der Nährstoffgehalte etc.) zumindest zum aktuellen Zeitpunkt noch eine bedeutende Rolle in der veganen Ernährung (aber auch in vielen anderen Ernährungsformen) spielen, werden gegen Ende des Kapitels unterschiedliche vegane Multinährstoff- und Omega-3-Präparate aufgelistet und in Bezug auf Zusammensetzung und Preis miteinander verglichen.

SONDERANGEBOTE UND RABATTAKTIONEN

Zusätzlich gibt es sowohl im Onlinehandel als auch in Supermärkten vor Ort oft Sonderangebote und wenn man die Augen hierfür offen hält und etwas flexibler in der eigenen Essensplanung ist, kann man dadurch Lebensmittel zu deutlich günstigeren Preisen erwerben. Musste man hierfür früher noch zahlreiche Prospekte unterschiedlicher Bioläden, Supermärkte und Discounter sammeln, bieten heutzutage zahlreiche Internetseiten Übersichten zu den aktuellen Prospekten der unterschiedlichen Lebensmitteleinzelhändler und zu deren Sonderangeboten. Auch viele vegane Onlineshops haben immer wieder Sale-Aktionen, bei denen man diverse vegane Produkte teils stark reduziert erhält.

Zusätzlich gibt es zahlreiche Onlineportale, auf denen es einen Überblick zu aktuell laufenden Coupon- bzw. Gutscheinaktionen gibt, mit denen man ebenfalls beim Lebensmitteleinkauf sparen kann. Tabelle 3 gibt einen Überblick zu diversen Websites mit Onlineprospekten, zu veganen Web-Shops sowie Gutscheinportalen.

Hilfreiche Portale zum günstigen Einkaufen

Online-Prospektportal	Vegane Onlineshops	Gutscheinportale
Meinprospekt.de	Alles-vegetarisch.de	Gutscheinsammler.de
Kaufda.de	Fooodz.de	Couponplatz.de
Aktionspreis.de	Kokku-online.de	Einfach-sparsam.de
Onlineprospekt.com	Plantful.de	Sparwelt.de

Tab. 3: Übersicht zu Online-Prospektportalen, veganen Onlineshops und Gutscheinportalen

PREISVERGLEICHE BEI NAHRUNGSERGÄNZUNGSMITTELN

Nahrungsergänzungsmittel sind ein einfacher, sicherer und gut erforschter Weg, um kritische Nährstoffe in jeder Ernährungsweise abzudecken. Wenn sie klug ausgewählt werden, können sie darüber hinaus verhältnismäßig günstig sein. Die Schwierigkeit besteht dabei in erster Linie darin, einen Überblick über das reichhaltige (und leider gesetzlich wenig regulierte) Angebot an Nahrungsergänzungsmitteln am Markt zu bekommen und auch zu wissen, was man davon wirklich braucht und was nicht.

Wichtig: Selbstverständlich ist es das primäre Ziel einer ausgewogenen und bedarfsdeckenden Ernährungsweise, den allergrößten Teil der essenziellen Nährstoffe über die Nahrungszufuhr zu decken. Ein Nahrungsergänzungsmittel ist dabei niemals ein Ersatz für eine gesunde Ernährung, sondern – wie der Name nahelegt – lediglich eine Ergänzung zu einer isokalorischen, vollwertigen und abwechslungsreichen veganen Kost. Im Fall der veganen Ernährung unter den aktuellen Rahmenbedingungen ist eine kluge Supplementierung allerdings eine äußerst wichtige Ergänzung, da ansonsten im Durchschnitt eine Reihe an essenziellen Nährstoffen zu kurz kommen könnte, wie in aller Ausführlichkeit in den jeweiligen Nährstoffkapiteln im Buch „Vegan-Klischee ade!" nachzulesen ist. Das langfristige Ziel für die Umsetzung einer veganen Ernährung soll dabei keineswegs eine permanente Supplementierung mit kritischen Nährstoffen sein, sondern eine gezielte Anreicherung von veganen Grundnahrungsmitteln mit jenen potenziell kritischen Nährstoffen. So kann zukünftig eine Bedarfsdeckung in der veganen Ernährung auch ohne gesonderten Fokus auf kritische Nährstoffe und gänzlich ohne die separate Zufuhr von Nahrungsergänzungsmitteln stattfinden. Hierzu benötigt es allerdings mehr Wissen auf Produzentenseite, welche Nährstoffe in welcher Form und Konzentration sinnvoll sind, sowie ein insgesamt größeres Problembewusstsein der (veganen) Allgemeinbevölkerung in Bezug auf die Wichtigkeit der Bedarfsdeckung kritischer Nährstoffe.

NÄHRSTOFFMÄNGEL: NICHT NUR EIN PROBLEM VON VEGANERN

Die Problematik der suboptimalen Nährstoffbedarfsdeckung ist dabei keineswegs lediglich ein Problem vegan lebender Menschen. Auch die deutsche mischköstliche Allgemeinbevölkerung würde von einer gezielten Anreicherung profitieren. Das legen Untersuchungen wie die Nationale Verzehrsstudie II (NVS II) nahe, die gezeigt hat, dass beispielsweise über 80 % der Deutschen suboptimal mit Vitamin D und Folat versorgt sind.[154] Die NVS II zeigte auch, dass etwa die Hälfte der Bevölkerung nicht die Optimalzufuhr an Vitamin E erhält.

Außerdem erreichen ohne die Verwendung von Jodsalz über 90 % der Bevölkerung die Zufuhrempfehlungen für Jod nicht. So wird folgerichtig in der Schwangerschaft auch in der Mischkost Folsäure standardmäßig supplementiert, um das Risiko von Neuralrohrdefekten beim Neugeborenen zu reduzieren.[155] Wie die in Abbildung 11 dargestellten Untersuchungen aus der Schweiz[156] und Großbritannien[157] zeigen, gibt es sowohl unter Veganern und Vegetariern

Raten an Nährstoffmängeln bei Veganern, Vegetariern und Mischköstlern

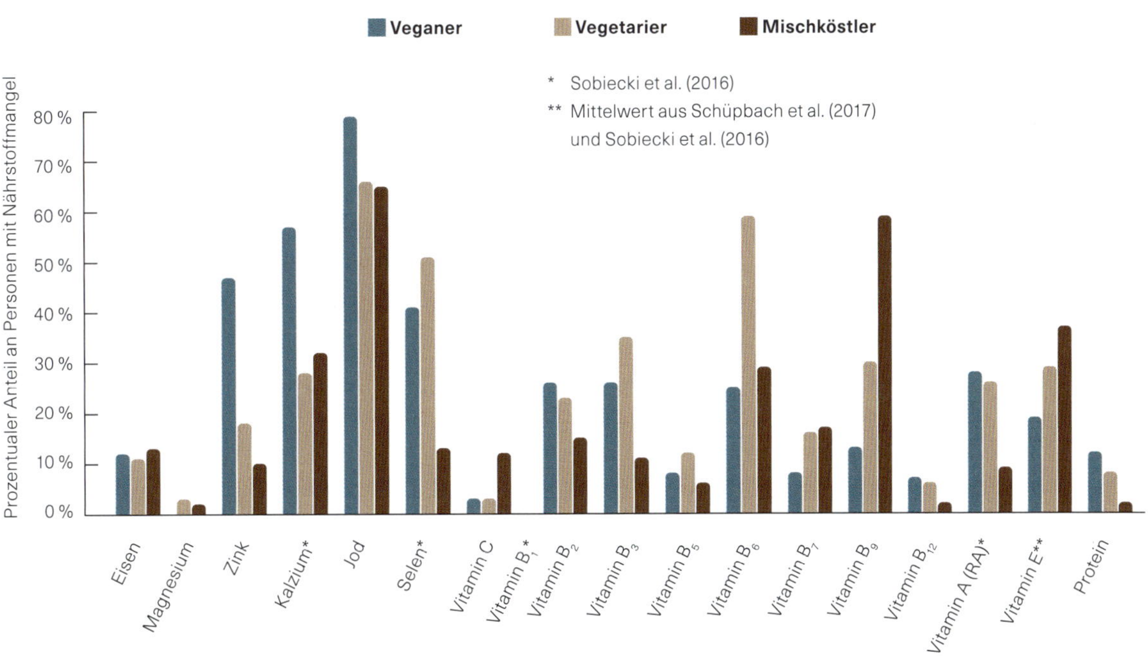

Abb. 11: Nährstoffversorgung von Veganern, Vegetariern und Mischköstlern in der Schweiz und Großbritannien[156,157]

als auch unter Mischköstlern Engpässe in Bezug auf einige Nährstoffe, sodass alle drei Gruppen von einer nährstoffoptimierten Ernährungsweise bzw. einer gezielten Nahrungsergänzung profitieren würden.

Welche Stoffe im Detail zugeführt werden sollten, hängt ein Stück weit von der jeweiligen Ernährungsweise und der individuellen Lebensmittelauswahl ab, aber wie die zuvor illustrierten Untersuchungen zeigen, gibt es eine Reihe an Nährstoffen, die für vegan lebende Menschen von ganz besonderer Bedeutung sind. Diese können als einzelne Präparate eingenommen oder deutlich bequemer und vor allem preisgünstiger im Rahmen eines veganen Multinährstoffpräparats zugeführt werden.

MULTINÄHRSTOFFPRÄPARATE ALS SICHERHEITSNETZ

Dr. Walter Willett, einer der meistzitierten Epidemiologen unserer Zeit, empfiehlt in seinen Veröffentlichungen neben einer ausgewogenen Ernährung auch für die mischköstliche Gesamtbevölkerung ein Multinährstoffpräparat als „Sicherheitsnetz", um eine Grundversorgung an essenziellen Nährstoffen sicherzustellen.[158] Auch weitere Wissenschaftler schreiben in ihren Veröffentlichungen, dass aufgrund suboptimaler Kostzusammenstellung die meisten Personen keine adäquate Nährstoffversorgung aufweisen und es ihrer Ansicht nach vernünftig wäre, dass alle Erwachsenen diese Nährstoffe als Supplement zuführen.[159] Die größte Ernährungsfachgesellschaft weltweit, die Academy of Nutrition and Dietetics, schreibt in Bezug auf Multinährstoffpräparate ebenfalls, dass diese bei regelmäßiger Anwendung und guter Zusammenstellung die Nährstoffzufuhr deutlich erhöhen und so zu einer besseren Nährstoffbedarfsdeckung beitragen können.[160] Das „Center on Aging" der Tufts University[161] empfiehlt im Rahmen seiner Ernährungspyramide zumindest für ältere Menschen eine gezielte Nährstoffsupplementierung und das „Department of Nutrition" der Harvard T. H. Chan School of Public Health[162] empfiehlt Multinährstoffpräparate ebenfalls als Absicherung für alle Personen im Rahmen einer insgesamt gesunden Ernährung. Trotz all der vielversprechenden Daten zum Thema „Nahrungsergänzung zur Schließung von Nährstofflücken" darf in der gesamten Debatte natürlich nicht vergessen werden, dass zum aktuellen Zeitpunkt Nahrungsergänzungsmittel noch unzureichend reglementiert und kontrolliert werden und dadurch immer wieder über- oder unterdosierte Produkte am Markt vorkommen.[163,164] Ebenso befinden sich zum Teil mit Schadstoffen belastete Supplemente auf dem Markt. Deshalb ist trotz aller Bestrebungen nach einem günstigen Preis stets ein Fokus auf gute Qualität zu legen.

VEGANE ERNÄHRUNG IN DEUTSCHLAND

In Deutschland wird zur Verbesserung der Nährstoffversorgung der „Nutztiere" in vielen Fällen das Futtermittel in der industriellen Tierhaltung mit Zusatzstoffen wie Jod und Selen angereichert,[165] wodurch auch die mischköstliche Bevölkerung profitiert, weil sich so einige dieser zugesetzten Stoffe auch in den tierischen Nahrungsmitteln akkumulieren. Da vegan lebende Menschen diese indirekte Supplementierung über den Umweg des Tieres meiden, sollten sie sich aktuell (bis vegane Lebensmittel vermehrt direkt angereichert werden) besonders mit gewissen kritischen Nährstoffen auskennen, um keine Mängel zu erleiden. Diese spezielle

Situation veranlasste unter anderem die Deutsche Gesellschaft für Ernährung (DGE) im Jahr 2016 dazu, in ihrem Positionspapier zu veganer Ernährung eine rein pflanzliche Ernährungsweise für Risikogruppen wie Schwangere, Stillende und Kleinkinder nicht zu empfehlen und insgesamt zehn potenziell kritische Nährstoffe aufzuführen, die vor allem in Zeiten eines erhöhten Nährstoffbedarfs nicht oder nur schwer durch vegane Lebensmittel gedeckt werden können.[166] Diese Ablehnung der veganen Ernährungsweise steht damit zwar im Gegensatz zu den Fachgesellschaften anderer Länder, ist aber aufgrund einer Reihe an Unterschieden zwischen den Ländern durchaus nachvollziehbar.

Im Gegensatz zu den D-A-CH-Staaten ist in Ländern wie den USA[167] und Kanada[168] eine Anreicherung von Lebensmitteln wie (Weiß-) Mehle, Pflanzendrinks etc. mit Nährstoffen deutlich weiter verbreitet. Manche Länder wie Finnland legen auch einen gesonderten Schwerpunkt auf die Anreicherung ihrer Böden mit Mineralien wie Selen, um die Bedarfsdeckung der Bevölkerung durch selenreiches heimisches Vollkorngetreide, Hülsenfrüchte, Gemüse etc. zu gewährleisten.[169] Länder wie Kanada haben von Natur aus bereits selenreiche Böden, weshalb hier keine weitere Anreicherung nötig ist. Vegan lebende Menschen erhalten in diesen Ländern ohne speziellen Fokus ausreichende Mengen an Selen durch den Konsum einheimischer pflanzlicher Lebensmittel.

In Deutschland sind die Böden deutlich ärmer an gewissen Mineralien wie Selen[170] und es findet weder eine Anreicherung der Böden noch der pflanzlichen Lebensmittel und auch keine flächendeckende Aufklärung der Bevölkerung über diese wichtigen Sachverhalte statt.

Bis diese Unzulänglichkeiten deutschlandweit (ebenso wie in der Schweiz und Österreich) ausgeglichen sind, ist die Verwendung eines auf die Bedürfnisse vegan lebender Menschen zugeschnittenen Multinährstoffpräparats der einfachste und zumeist kostengünstigste Weg, um hierzulande eine bessere Nährstoffversorgung bei einer veganen Ernährung sicherzustellen. Gleichzeitig gibt es vegan lebenden Menschen mehr Flexibilität in ihrer Lebensmittelauswahl, da sie mithilfe eines Multinährstoffkomplexes nicht darauf angewiesen sind, auf täglicher Basis zwingend spezielle Lebensmittel mit gewissen Nährstoffen zur Bedarfsdeckung zu konsumieren.

MULTINÄHRSTOFFPRÄPARATE IM VERGLEICH

Multinährstoffpräparate werden insgesamt gut vertragen, bieten eine vielversprechende Lösung zur Schließung von Nährstofflücken in Speiseplänen und sind bei richtiger Dosierung risikoarm und praktisch. Die Kosten-Nutzen-Abwägung zeigt, dass Multinährstoffpräparate mit zehn oder mehr Nährstoffen in physiologisch sinnvollen Dosierungen ein überaus geringes Risikopotenzial aufweisen und ihre langfristigen potenziellen Vorteile ihre kaum bis gar nicht vorhandenen Nachteile bei Weitem übersteigen.[171] Tabelle 4 listet unterschiedliche Multinährstoffpräparate für vegan lebende Menschen auf und zeigt die darin enthaltenen Nährstoffe, die jeweiligen Dosishöhen, die Nährstoffverbindungen sowie die Kosten der einzelnen Multinährstoffprodukte pro Tag.

Vergleich unterschiedlicher Multinährstoffpräparate*

Produkt (Marke)	Vitamin B_{12}	Vitamin B_2	Vitamin D	Vitamin K	Vitamin A	Cholin (Vit. B_4)	Zink
Multivitamins & Minerals (Vegan Vitality) enthält noch weitere Nährstoffe	**50 µg** Methylcobalamin	**2,1 mg** Riboflavin	**800 IE** Cholecalciferol (D_3)	**75 µg** Menachinon-7 (K_2)	**800 µg RÄ** Retinylacetat	–	**10 mg** Zinkoxid
Vegetarier Vitamine & Mineralstoffe (Doppelherz) enthält noch weitere Nährstoffe	**5 µg** Cyanocobalamin	**2,8 mg** Riboflavin	**200 IE** Cholecalciferol (D_3)	–	–	–	**5 mg** Zinkoxid
Veg 1 (Vegan Society) enthält noch weitere Nährstoffe	**25 µg** Cyanocobalamin	**1,6 mg** Riboflavin	**400 IE** Cholecalciferol (D_3)	–	–	–	–
Vegan Multivitamin & Mineral Supplement (Deva) enthält noch weitere Nährstoffe	**100 µg** Cyanocobalamin	**12,5 mg** Riboflavin	**400 IE** Ergocalciferol (D_2)	–	**1.500 µg RÄ** Beta-Carotin + Retinylacetat	**15 mg** Cholinbitartrat	**11 mg** Zinkoxid
Vegan Essentials (Nutri-Plus)	**5 µg** Methylcobalamin	**1,4 mg** Riboflavin	**400 IE** Cholecalciferol (D_3)	–	–	–	**10 mg** Zinkoxid
Vitamine & Mineralien für Veganer & Vegetarier (Pflanzenheld)	**5 µg** Methylcobalamin	–	–	–	**600 µg RÄ** Retinylacetat	–	**10 mg** Zinkcitrat
Veganer Multinährstoff (Vivo Life)	**20 µg** Methyl-, Hydroxo- + Adenosylcobalamin	**1,4 mg** Riboflavin-5-Phosphat	**2.000 IE** Cholecalciferol (D_3)	**50 µg** Menachinon-7 (K_2)	**750 µg RÄ** Retinylacetat	**100 mg** Cholinbitartrat	**10 mg** Zinkpicolinat/ Zinkbisglycinat
Vegan Essential (Nu3)	**2,5 µg** Cyanocobalamin + Methylcobalamin	**1,4 mg** Riboflavin	**200 IE** Cholecalciferol (D_3)	–	–	–	**10 mg** Zinkgluconat
VegySpekt® 24/7 (Biogena) enthält noch weitere Nährstoffe	**7,5 µg** Hydroxocobalamin	**2 mg** Riboflavin	**400 IE** Cholecalciferol (D_3)	**37,5 µg** Phyllochinon (K_1)	**200 µg RÄ** Beta-Carotin	–	**7,5 mg** Zinkcitrat
OmniVegan – Multi (Boma Lecithin GmbH) enthält noch weitere Nährstoffe	**50 µg** Methylcobalamin	**20 mg** Riboflavin	**800 IE** Cholecalciferol (D_3)	**100 µg** Phyllochinon (K_1) Menachinon (K_2)	**400 µg RÄ** Beta-Carotin	**50 mg** Cholinbitartrat	**18 mg** Zinkbisglycinat
veg one (Orthomol) enthält noch weitere Nährstoffe	**6 µg** Cyanocobalamin	**1,4 mg** Riboflavin	**600 IE** Cholecalciferol (D_3)	–	–	–	**10 mg** Zinksulfat
Vegan Safe Essentials (Dr. med Michalzik's®) enthält noch weitere Nährstoffe	**150 µg** Methyl- + Adenosylcobalamin	**14 mg** Riboflavin-5-Phosphat	**1.500 IE** Cholecalciferol(D_3)	**50 µg** Menachinon-7 (K_2)	–	–	**10 mg** Zinkchelat

Tab. 4: Vergleichende Darstellung ausgewählter Multinährstoffpräparate

* Preise und Zusammensetzung erfasst im August 2020. ** Grundpreise ohne Abzug von Mengenrabatten bei Mehrfachkauf.

Eisen	Kalzium	Magnesium	Jod	Selen	EPA + DHA	Preis/ Packung**	Preis/Tag**
14 mg Eisen-fumarat	**120 mg** Calcium-carbonat	**57 mg** Magnesium-oxid	**150 µg** Kaliumiodid	**55 µg** Natriumselenit	–	**18,99 Euro** (für 180 Tage)	**0,11 Euro**
10 mg Eisen-fumarat	**400 mg** Calcium-carbonat	–	**100 µg** Kaliumiodid	–	–	**4,59 Euro** (für 30 Tage)	**0,15 Euro**
–	–	–	**150 µg** Kaliumiodid	**60 µg** Seleno-methionin	–	**13,59 Euro** (für 90 Tage)	**0,15 Euro**
–	**100 mg** Calcium-carbonat	**40 mg** Magnesium-oxid	**150 µg** aus Kelp	**70 µg** als Amino-säuren-Chelat	–	**22,90 Euro** (für 90 Tage)	**0,25 Euro**
14 mg Eisen-fumarat	**400 mg** Calcium-carbonat	–	**300 µg** Kaliumiodid	**110 µg** Natrium-selenit	**100 mg** DHA – aus Schizochy-trium sp.	**19,99 Euro** (für 60 Tage)	**0,33 Euro**
15 mg Eisen-gluconat	**400 mg** Calcium-carbonat	**150 mg** Magnesium-oxid	–	–	–	**22,99 Euro** (für 60 Tage)	**0,38 Euro**
6 mg Eisen-bisglycinat	**200 mg** Aquamin F (Calcium-carbonat)	**100 mg** Aquamin MG (Magnesium-hydroxid)	**150 µg** Kaliumiodid	**60 µg** Seleno-methionin	–	**24,99 Euro** (für 60 Tage)	**0,42 Euro**
–	**200 mg** Calcium-carbonat + Calciumcitrat	–	**150 µg** Kaliumiodid	**55 µg** Natrium-selenit	–	**24,99 Euro** (für 60 Tage)	**0,42 Euro**
7 mg Eisen-bisglycinat	**120 mg** Lithothamnium (Calcium-carbonat)	–	**75 µg** Kaliumiodid	**27,5 µg** Natrium-selenit	–	**29,90 Euro** (für 60 Tage)	**0,50 Euro**
14 mg Eisen-bisglycinat	**120 mg** Lithothamnium (Calcium-carbonat)	**58 mg** Lithothamnium (Magnesium-oxid)	**150 µg** Kaliumiodid	**160 µg** Selenhefe	–	**22,95 Euro** (für 45 Tage)	**0,51 Euro**
10 mg Eisen-fumarat	–	–	–	**55 µg** Natrium-selenat	**105 mg** DHA – aus Schizochy-trium sp	**27,37 Euro** (für 30 Tage)	**0,91 Euro**
14 mg Curryblatt-extrakt	–	–	–	**27,5 µg** „organisch gebunden“	–	**39,95 Euro** (für 30 Tage)	**1,33 Euro**

Welches Multinährstoffpräparat dabei das richtige für die jeweilige Situation ist, hängt von der jeweiligen Ernährungsweise bzw. dem Verzehr von anderweitig angereicherten Lebensmitteln und dem Tagesbudget ab. Wie die Tabelle zeigt, unterscheiden sich die Präparate in ihrer Zusammensetzung teils erheblich.

Eine detaillierte Betrachtung in Videoform sowie weitere Informationen rund um vegane Multinährstoffpräparate gibt es unter **www.nikorittenau.com/low-budget.**

LANGKETTIGE OMEGA-3-FETTSÄUREN ALS POTENZIELL NÜTZLICHER ZUSATZ

Wie Tabelle 5 zeigt, enthalten viele Multinährstoffpräparate keine langkettigen Omega-3-Fettsäuren, obwohl diese durchaus als potenziell kritische Nährstoffe in der veganen Ernährung gelten und einige Studien Hinweise darauf liefern, dass ein relevanter Teil der vegan lebenden Personen nicht optimal mit diesen Fettsäuren versorgt ist.[172,173] Auch die beiden Multinährstoffe, die die langkettigen Omega-3-Fettsäuren Eicosapentaensäure (EPA) und Docosahexaensäure (DHA) inkludieren, enthalten sie in einer suboptimal niedrigen Dosierung. Wie in aller Ausführlichkeit im Omega-3-Kapitel des Buchs „Vegan-Klischee ade!" beschrieben wird und auch in der vierteiligen Youtube-Videoreihe zu Omega 3 (auf dem Youtube-Kanal „Niko Rittenau") zusammengefasst ist, können viele vegan lebende Menschen von einer zusätzlichen Zufuhr an EPA und DHA profitieren. In einigen Fällen reicht die Eigensynthese dieser beiden Fettsäuren aus der Ausgangssubstanz namens Alpha-Linolensäure (ALA), die besonders in Lein-, Chia- und Hanfsamen sowie deren Ölen vorkommt, für eine optimale Nährstoffbedarfsdeckung nicht aus. Ausreichende Mengen an EPA und DHA in ein Multinährstoffprodukt zu inkludieren, ist kaum möglich, ohne die Anzahl der täglich zu verzehrenden Kapseln zu verdoppeln oder zu verdreifachen, da die benötigten Mengen zum Erreichen einer Optimalzufuhr schlicht zu viel Volumen benötigen.

Daher beschränken sich die meisten Multinährstoffpräparate auf die Deckung sämtlicher potenziell kritischer Mikronährstoffe und empfehlen bei Bedarf, EPA und DHA über Mikroalgenöle separat zuzuführen. Darüber hinaus gibt es zum aktuellen Zeitpunkt kaum Produzenten, die Mikroalgenöl in einer entsprechenden Matrix verkapselt anbieten, um es stabil genug für die Inklusion in ein Multinährstoffpräparat zu machen, damit nicht die Gesamtmindesthaltbarkeit und die ansonsten unkomplizierten Lagerbedingungen unter der Zugabe des Mikroalgenöls leiden würden.

Zukünftig ist vor allem die Anreicherung von Lebensmitteln mit EPA und DHA besonders vielversprechend. Bis jedoch eine flächendeckende Anreicherung der Lebensmittel gegeben ist, können bei Bedarf Mikroalgenöle als separate Kapseln oder als offene Öle den EPA- und DHA-Bedarf gänzlich ohne Fischverzehr decken. Auch unter den Mikroalgenölen gibt es eine Vielzahl verschiedener Firmen mit unterschiedlichen Dosierungen und so kann man bei all den Marken leicht den Überblick verlieren. Tabelle 5 liefert hier Hilfestellung und listet einige der gängigsten Mikroalgenpräparate und zeigt deren Preis pro 500 mg EPA/DHA.

Vergleich unterschiedlicher Mikroalgenöle*

Omega-3-Öle			Omega-3-Kapseln		
Marke	Preis pro Packung**	Preis pro 500 mg EPA/DHA	Marke	Preis pro Packung**	Preis pro 500 mg EPA/DHA
Sinoplasan	23,50 Euro	0,19 Euro	Sunday Natural	28,90 Euro	0,36 Euro
NatuRise	28,90 Euro	0,24 Euro	Nutri-Plus	19,99 Euro	0,37 Euro
Sunday Natural	21,90 Euro	0,27 Euro	Sinoplasan	26,00 Euro	0,38 Euro
Sanuvit	21,50 Euro	0,32 Euro	NatuRise	29,99 Euro	0,44 Euro
Norsan	27,00 Euro	0,38 Euro	Testa	19,95 Euro	0,44 Euro
Vivo Life	29,95 Euro	0,55 Euro	Doppelherz	34,23 Euro	0,48 Euro
EnergyBalance	29,20 Euro	0,58 Euro	Norsan	24,00 Euro	0,52 Euro
Dr. Jacobs	19,58 Euro	0,77 Euro	Dr. Jacobs	21,54 Euro	0,72 Euro
Fitline	31,30 Euro	4,14 Euro	EnergyBalance	19,90 Euro	0,83 Euro

Tab. 5: Vergleichende Darstellung ausgewählter Mikroalgenölpräparate

* Preise und Zusammensetzung erfasst im August 2020. ** Grundpreise ohne Abzug von Mengenrabatten bei Mehrfachkauf.

Welche Dosis man letztendlich wählt, hängt vom aktuellen Omega-3-Status, von der Lebensphase sowie dem Gesundheitszustand ab. Die 500 mg wurden in diesem Beispiel lediglich als Referenzgröße genommen, um die teils sehr unterschiedlich dicht konzentrierten Mikroalgenöle in Bezug auf ihren Preis vergleichbar zu machen. Wie Tabelle 5 zeigt, gibt es auch hier mitunter sehr große Preisunterschiede zwischen den einzelnen Marken. Ebenso wie in Bezug auf die Preisunterschiede der unterschiedlichen Multinährstoffpräparate gilt auch hier: Ein gutes Preis-Leistungs-Verhältnis ist ein wichtiges Entscheidungskriterium bei der Wahl der Produkte und die Preise mancher Firmen stehen tatsächlich in keinem Verhältnis zu der Qualität und Zusammensetzung ihrer Produkte. Dennoch sollte der Preis nicht das alleinige Entscheidungsmerkmal sein, da (vor allem bei den Multinährstoffpräparaten) teils sehr große qualitative Unterschiede in Bezug auf die Zusammensetzung, die enthaltenen Nährstoffverbindungen, die Strenge der Kontrolle auf Belastungen etc. herrschen. Daher sollte man sich gut darüber informieren, welche Nährstoffe in welcher Form und Dosis sinnvoll sind, und sich bei Unsicherheiten bezüglich der Schadstoffbelastung an die jeweilige Firma wenden und nach Schadstoffanalysen für ihre Produkte fragen, um auf Nummer sicher zu gehen. Weitere Informationen zu diesen Themen gibt es unter **www.nikorittenau.com/low-budget.**

SPARTIPP 3:

KEIMEN – DIE MEISTEN NÄHRSTOFFE PRO CENT

Obwohl unsere Ernährung zweifelsfrei auch einen Genusswert hat und haben soll, dient sie vor allem der Deckung des täglichen Nährstoffbedarfs. Ein Weg, um hier zu sparen, ist die bereits in Spartipp 2 (siehe Seite 41 ff.) besprochene Möglichkeit, nährstoffreiche Lebensmittel schlichtweg zu günstigeren Konditionen zu erwerben. Ebenso kann es aber auch sinnvoll sein, günstige Grundnahrungsmittel durch gewisse Verarbeitungstechniken nährstoffreicher zu machen und so noch mehr Nährstoffe für dasselbe Geld zu erhalten. Die vielversprechendste Technik ist in Bezug auf Getreide, Hülsenfrüchte und Kerne/Ölsaaten das Keimen. Wenn man zu Hause selbst Sprossen zieht, ist das eine gute Möglichkeit, um Lebensmittel mit hohem Nährwert zum günstigen Preis zu erhalten. Darüber hinaus kann dadurch unabhängig von der Jahreszeit frisches Gemüse zu Hause gezogen, geerntet und direkt verzehrt werden.

In der asiatischen Kultur spielen Sprossen zwar schon seit etwa 5.000 Jahren eine relevante Rolle im Speiseplan,[174] aber in westlichen Ländern erlangten sie erst in der zweiten Hälfte des 20. Jahrhunderts große Popularität. Zu medizinischen Zwecken kamen sie aber auch außerhalb Chinas mit Erfolg zum Einsatz, wie zahlreiche Aufzeichnungen aus der Schiffsfahrt des 18. Jahrhunderts zeigen. Als auf langen Seereisen große Teile der Schiffscrews an Skorbut verstarben, suchte man händeringend nach Erklärungen und Lösungsansätzen. So kostete die Erkrankung in den Jahren 1740 bis 1744 etwa zwei Drittel der 961 Mitglieder der Schiffsbesatzung des britischen Lords George Anson ihr Leben.[175] Erstmals gelöst wurde das Problem von Kapitän James Cook, der auf seiner knapp dreijährigen Seereise kein einziges Mitglied seiner Mannschaft an Skorbut verlor. Sein Geheimnis: Sprossen.[176] Genauer gesagt, war es gekeimte Gerste, die getrocknet und zu Pulver vermahlen auf die Seereisen mitgenommen wurde und in Flüssigkeit gerührt als Getränk der Besatzung zur Skorbutprävention verabreicht wurde. Heutzutage ist bekannt, dass Skorbut schlichtweg eine Vitamin-C-Mangelkrankheit ist und auf den Seereisen ausgelöst wurde, weil die Besatzung über lange Zeit hinweg keinerlei Vitamin-C-reiches Obst und Gemüse aß. Während der Vitamin-C-Gehalt von ungekeimtem Getreide gegen null geht, steigt er beim Keimen deutlich an.[177] Im Vergleich zu frischem Obst enthält gekeimtes Getreide zwar immer noch recht geringe Vitamin-C-Mengen, aber es war ausreichend, um auf langen Schiffsfahrten trotz des fehlenden Verzehrs von frischer Kost keinen schwerwiegenden Mangel zu erleiden und so vor Skorbut geschützt zu sein.

UNTERSCHIED ZWISCHEN SPROSSEN UND MIKROGRÜN

Als Sprossen werden die aus Samenkörnern gekeimten Jungpflanzen bezeichnet. Potenziell können Sprossen aus vielen gängigen Hülsenfrüchten (zum Beispiel Linsen, Mungbohnen, Erbsen) und (Pseudo-)Getreidekörnern (zum Beispiel Buchweizen, Quinoa, Dinkel, Weizen) hergestellt werden. Auch zahlreiche Samen von Gemüsen (zum Beispiel Brokkoli, Radieschen, Rotkohl, Zwiebel) und Ölsaaten (zum Beispiel Sesam, Kürbis- und Sonnenblumenkerne) können zu schmackhaften und äußerst nährstoffreichen Sprossen herangezogen werden. Lässt man Sprossen weitergedeihen, entsteht aus ihnen sogenanntes Mikrogrün (Microgreens). Dabei sind allerdings nicht alle Samen, aus denen schmackhafte Sprossen gezogen werden können, dazu geeignet, als Mikrogrün kultiviert zu werden. Im Gegensatz zu Sprossen, bei denen man das Samenkorn samt Keimling verzehrt, wird beim Mikrogrün der aus dem Samenkorn entstandene Stängel mit seinem frisch ausgebildeten Keimblatt gegessen und nicht der Samen bzw. dessen Wurzeln. Abbildung 12 illustriert die Unterschiede zwischen Sprossen und Mikrogrün.

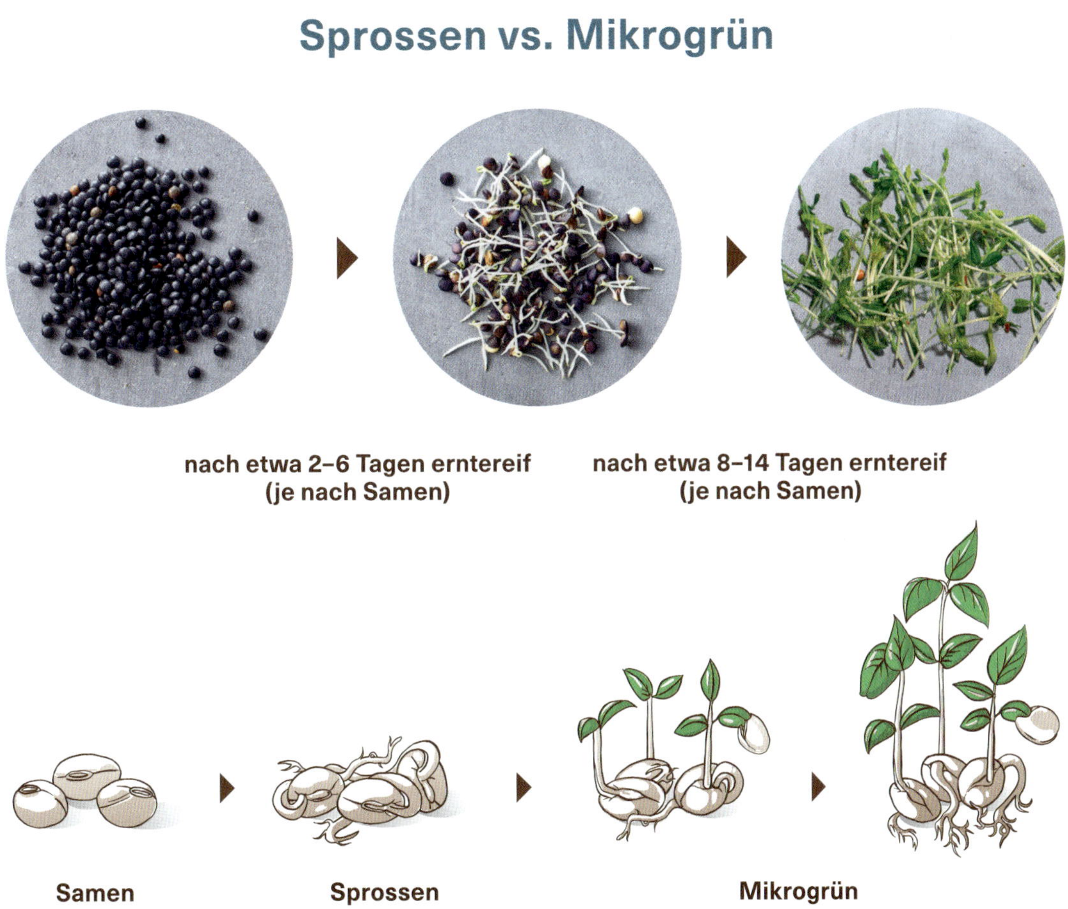

Abb. 12: Vergleichende Darstellung von Sprossen und Mikrogrün

SCHRITT-FÜR-SCHRITT-ANLEITUNGEN

Sprossen und Mikrogrün zu ziehen, ist keine Raketenwissenschaft und kann unter Beachtung weniger Tipps einfach im Alltag umgesetzt werden. Sowohl für die Sprossen- als auch für die Mikrogrünzucht gibt es eigens angefertigte Gefäße, die auf Dauer die Anzucht erleichtern, aber für den Anfang können bei knappem Budget beispielsweise auch einfach leere Essiggurkengläser als Keimglas verwendet werden. Hierzu muss der Deckel lediglich mit einigen Löchern versehen werden. Alternativ kann statt des Deckels ein Fliegennetz verwendet werden, das mit einem Gummiband am Glashals befestigt wird. Wichtig ist lediglich, dass eine Möglichkeit geschaffen wird, damit das Wasser aus dem Glas durch die Öffnungen im Deckel abrinnen und die Luft zirkulieren kann. Mikrogrün (vor allem Kresse) kann zu Beginn auch einfach auf einem angefeuchteten Küchentuch auf einem Teller platziert werden.

Dennoch sind ein Keimglas für Sprossen und eine Keimschale für Mikrogrün auf Dauer eine gute Investition, die sich schnell bezahlt macht. Nachfolgend werden in den Abbildungen 13 und 14 die wichtigsten Schritte in der Anzucht von Sprossen und Mikrogrün dargestellt.

1. Das Keimglas zu etwa einem Drittel mit den jeweiligen Samen und das Glas komplett mit Wasser füllen. Nun den Deckel (oder das Netz) befestigen und das befüllte Glas gut schwenken, um die darin enthaltenen Samen zu reinigen. Das Wasser im Anschluss ausschütten und das Glas bis oben hin erneut mit frischem Wasser füllen, um die Samen darin einzuweichen. Je nach Samensorte (siehe Seite 56, Tabelle 6) werden die Samen dann 1 bis 12 Stunden eingeweicht. Während des Einweichens und Keimens sollten Dunkelkeimer nicht dem Sonnenlicht ausgesetzt werden. Dafür entweder das Glas mit einem Tuch bedecken oder in den Schrank stellen. Lichtkeimer können im Regal stehen bleiben (siehe Tabelle 6).

2. Nach dem 1- bis 12-stündigen Einweichen das Wasser abgießen und die Samen so lange immer wieder spülen, bis das abfließende Wasser nicht mehr trüb, sondern klar ist.

3. Nach dem letzten Spülvorgang das Glas so platzieren, dass die Öffnung nach unten zeigt und auf diese Weise das Wasser gut durch die Löcher im Deckel abfließen kann.

4. Sprossen mindestens zweimal pro Tag (an sehr heißen Tage dreimal) gründlich spülen. So werden sie gekühlt, befeuchtet und eventuell entstehende Keime abgespült. Dafür wird das Glas erneut mit frischem Wasser gefüllt, leicht geschwenkt und das Wasser wieder abgegossen.

5. und 6. Nach 1 bis 6 Tagen (je nach Sprossenart; siehe Tabelle 6) sind die Sprossen erntereif und werden am besten direkt frisch verzehrt oder sachgemäß im Kühlschrank für maximal 3 Tage gelagert. Das Keimglas muss im Anschluss sehr gründlich gereinigt werden.

SPROSSEN ZIEHEN

Abb. 13: Schritt-für-Schritt-Anleitung zur Sprossenzucht[178]

MIKROGRÜN ZIEHEN

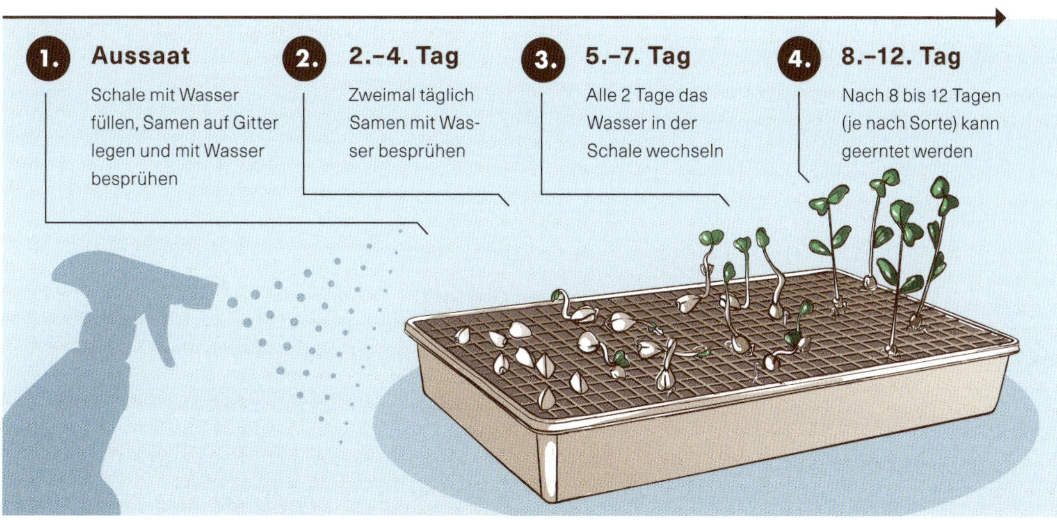

Abb. 14: Schritt-für-Schritt-Anleitung zur Zucht von Mikrogrün[179]

1. Die Keimschale mit Wasser befüllen, bis dieses das Gitter von unten knapp berührt. Im Anschluss die Samen (circa 1 EL für eine mittelgroße Keimschale) gleichmäßig auf dem Keimgitter verteilen. Dann die Samen mit einer Sprühflasche mit Wasser besprühen, sodass alle Samen gut benetzt sind. Zu Beginn die Keimschale noch an einen dunklen Platz geben (oder abdecken). Wenn sich die ersten Keimblätter bilden, braucht das Mikrogrün allerdings Licht.

2. So lange die Samen zweimal täglich (an sehr heißen Tagen dreimal) mit der Wassersprühflasche befeuchten, bis die Wurzeln der Samen lang genug sind, um durch das darunterliegende Wasser selbstständig ausreichend Flüssigkeit aufzunehmen.

3. Bis zur Ernte alle 2 Tage das Wasser in der Keimschale wechseln.

4. Je nach Sorte kann das Mikrogrün nach 8 bis 12 Tagen (siehe Seite 56, Tabelle 6) geerntet werden. Danach die Keimschale gründlich reinigen.

VERÄNDERUNGEN IM NÄHRWERT

Zwar können Sprossen und Mikrogrün allein schon aus kulinarischen und optischen Gründen überzeugen, aber es ist vor allem die während des Keimens auftretende Veränderung der Nährwerte, die diese Lebensmittel so interessant macht. Eine Reihe an Veröffentlichungen zeigt im Detail, wie sich die Nährstoffkonzentration während des Keimens zum Positiven verändert.[180,181,182,183]

Diese Veränderungen sind abhängig von der Sorte, der Temperatur während des Keimprozesses, der Keimdauer etc. und so lassen sich nur bedingt generalisierende Aussagen zu Sprossen und Mikrogrün in Bezug auf deren Nährwerte treffen. Trotz der Unterschiede kann dennoch festgehalten werden, dass während des Keimprozesses der Anteil an essenziellen Aminosäuren und damit die biologische Wertigkeit des Proteins steigt und ein Teil der Proteine in sogenannte Oligopeptide und freie Aminosäuren abgebaut wird. Darüber hinaus verändert sich die Zusammensetzung des Fettes in den Getreiden, Hülsenfrüchten und Ölsaaten (wobei es aufgrund des höheren Fettgehalts bei Ölsaaten von größerer Bedeutung ist); so werden die im Korn enthaltenen Triglyzeride zum Teil aufgespalten und es entstehen vermehrt freie Fettsäuren. Beide Prozesse können durchaus als eine Art externe Vorverdauung angesehen werden, da das ansonsten erst während des Verdauungsprozesses im menschlichen Organismus geschehen würde. Eine Aufspaltung findet beim Keimen auch in Bezug auf die im Samen enthaltenen Kohlenhydrate statt. Polysaccharide (Mehrfachzucker) werden so zu Oligo- und Disacchariden (Vielfach- und Zweifachzucker) abgebaut. Außerdem verändert sich der Mikronährstoffgehalt deutlich. So steigt der Anteil an gewissen Vitaminen. Vor allem B-Vitamine wie Vitamin B_1 (Thiamin), Vitamin B_2 (Riboflavin), Vitamin B_3 (Niacin) und Vitamin B_9 (Folat), aber auch Vitamin E (Tocopherol) und Vitamin C (Ascorbinsäure) sowie der Gehalt an Beta-Carotin (woraus der Körper Vitamin A bilden kann) steigen während des Keimprozesses deutlich an. Darüber hinaus reduziert das Enzym Phytase beim Keimen die Menge der im Korn enthaltenen Phytinsäure und damit wird einer der hemmenden Faktoren auf die Mineralstoffabsorption verringert. Das wiederum verbessert die Aufnahme von Eisen, Zink, Magnesium und weiteren Mineralstoffen aus den gekeimten Getreiden, Hülsenfrüchten und Ölsaaten im Vergleich zu den ungekeimten. Auch andere antinutritive Nährstoffe wie Saponine, Trypsin-Inhibitoren, Tannine und Lektine (die allerdings in geringer Konzentration auch durchaus positive gesundheitliche Eigenschaften aufweisen)[184] reduzieren sich beim Keimen. Somit kann insgesamt gesagt werden, dass die Nährstoffe in Keimlingen besser verfügbar sind und durch die Erhöhung gewisser antioxidativ wirkender Vitamine sowie neu entstehender sekundärer Pflanzenstoffe die antioxidative Kraft während des Keimens steigt. Die Sprossen können also durchaus als Functional Food oder Superfood beschrieben werden. Abbildung 15 illustriert diese Veränderung der antioxidativen Kraft in unterschiedlichen Getreiden, Hülsenfrüchten und Ölsaaten. Sie zeigt, wie viel höher diese bereits am zweiten Tag des Keimens ist und wie sehr sie sich darüber hinaus bis zum fünften Tag erhöht.

Antioxidantiengehalt von Sprossen im Vergleich zu ungekeimten Samen

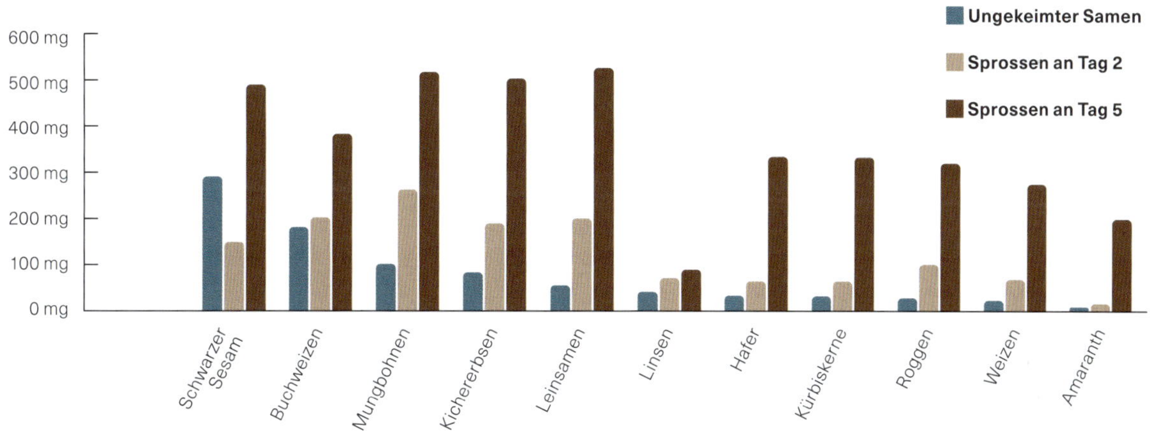

Abb. 15: Antioxidantiengehalt ausgewählter gekeimter und ungekeimter Samen (in mg pro 100 g Trockengewicht)[185]

EINWEICH- UND KEIMDAUER

Grundsätzlich können die in diesem Buch verwendeten Hülsenfrüchte, (Pseudo-)Getreide und Ölsaaten allesamt angekeimt und damit zu Sprossen gezogen werden, um ihren Nährwert zu verbessern. Durch das Keimen von Hülsenfrüchten und Getreiden verkürzen sich auch die Garzeiten im Kochtopf, was wiederum in der Zubereitung beachtet werden sollte, aber auch etwas an Stromkosten spart. Alternativ können auch gewisse Samen (zum Beispiel Brokkoli und Grünkohl) zu Mikrogrün gezogen und einfach über jedes beliebige Gericht gegeben werden, um dessen Nährstoffdichte deutlich zu erhöhen. Je nachdem, ob es sich um Dunkel- oder Lichtkeimer handelt, sollten diese entsprechend hell oder dunkel (im Schrank oder überdeckt mit einem Tuch) gelagert werden, wobei manche Veröffentlichungen zum Thema des Keimens diese Unterteilung bei Sprossen weniger strikt sehen.[186] Dennoch gibt Tabelle 6 neben der Einweich- und Keimdauer gängiger Samen auch deren Unterteilung in Licht- und Dunkelkeimer an.

Überblick zu ausgewählten Keimsaaten

Samenart	Zielgewächs	Licht-/ Dunkelkeimer	Einweichdauer	Spülgänge pro Tag	Zeitpunkt der Ernte
Amaranth	Sprossen/ Mikrogrün	Licht	1–4 Stunden	2–3 ×	Sprossen: 2–3 Tage Mikrogrün: 8–12 Tage
Bockshornklee	Sprossen/ Mikrogrün	Licht	6–12 Stunden	2–3 ×	Sprossen: 2–4 Tage Mikrogrün: 8–12 Tage
Brokkoli	Sprossen/ Mikrogrün	Dunkel	8–12 Stunden	2–3 ×	Sprossen: 2–6 Tage Mikrogrün: 8–12 Tage
Buchweizen	Sprossen	Licht	1–4 Stunden	3–4 ×	Sprossen: 1–2 Tage
Grünkohl	Sprossen/ Mikrogrün	Dunkel	6–12 Stunden	2 ×	Sprossen: 3–5 Tage Mikrogrün: 8–12 Tage
Kichererbsen	Sprossen	Dunkel	8–12 Stunden	2 ×	Sprossen: 3–4 Tage
Kürbiskerne	Sprossen	Dunkel	4–12 Stunden	2–3 ×	Sprossen: 2–3 Tage
(Schwarze) Linsen	Sprossen/ Mikrogrün	Dunkel	8–12 Stunden	2–3 ×	Sprossen: 3–5 Tage Mikrogrün: 8–12 Tage
Mungbohnen	Sprossen/ Mikrogrün	Dunkel	8–12 Stunden	2–3 ×	Sprossen: 2–4 Tage Mikrogrün: 8–12 Tage
Radieschen	Sprossen/ Mikrogrün	Dunkel	6–12 Stunden	2 ×	Sprossen: 3–5 Tage Mikrogrün: 8–12 Tage
Dinkel (ebenso Weizen, Einkorn, Emmer etc.)	Sprossen	Neutral	6–12 Stunden	2–3 ×	Sprossen: 2–3 Tage
Rote Bete	Sprossen/ Mikrogrün	Dunkel	8–12 Stunden	2 ×	Sprossen: 5–6 Tage Mikrogrün: 8–12 Tage
Rotkohl	Sprossen/ Mikrogrün	Dunkel	6–12 Stunden	2 ×	Sprossen: 3–5 Tage Mikrogrün: 8–12 Tage
Sesam	Sprossen	Dunkel	2–4 Stunden	2 ×	Sprossen: 1–2 Tage (nicht später als 2 Tage – wird sonst bitter)
Sonnenblumenkerne	Sprossen/ Mikrogrün	Dunkel	4–6 Stunden	2–3 ×	Sprossen: 1–2 Tage Mikrogrün: 8–12 Tage

Tab. 6: Keimzeiten ausgewählter Samen[187,188,189]

Wie Tabelle 6 zeigt, können die meisten Samen sowohl zu Sprossen als auch zu Mikrogrün gezogen werden. Einige sollten allerdings ausschließlich zu Sprossen gekeimt werden, da sie als Mikrogrün entweder kulinarisch nicht ansprechend sind, oder – wie im Fall von Buchweizen – in sehr großen Mengen genossen als Mikrogrün sogar potenziell toxisch wirken können. Der Grund hierfür ist ein Stoff namens Fagopyrin, der eine Krankheit namens Fagopyrismus begünstigt. Diese Krankheit wird im Volksmund auch Buchweizenkrankheit genannt und ist zumindest bei Weidetieren schon seit Jahrhunderten bekannt.[190]

Zu den Symptomen dieser Krankheit beim Menschen gehören Hypersensibilität gegenüber Sonnenlicht sowie Taubheitsgefühle, Kribbeln und Stechen in Gesicht, Nase und Ohren.[191] Beim Menschen trat diese Erkrankung historisch zwar äußerst selten auf, da die wenigsten Personen regelmäßig große Mengen an Buchweizen-Mikrogrün essen, aber gerade in der Rohkost-Community, in der Buchweizen-Mikrogrün in diversen Retreat-Centern – zu Saft gepresst oder zu Smoothies verarbeitet – in großen Mengen getrunken wurde, waren diese Symptome häufig anzutreffen und wurden erst Jahre später dem Konsum von Buchweizen-Mikrogrün zugeordnet.[192] Daher sollte Buchweizen lediglich zu Sprossen gekeimt werden, da sich innerhalb der ersten Tage des Keimens keine relevanten Mengen an Fagopyrin bilden.[193]

Tabelle 6 gibt nur einen kleinen Auszug der zahlreichen keimbaren Samen, die eine nährstoffreiche und kulinarisch spannende Ergänzung in Gerichten werden können. Eine weitverbreitete Sprosse wurde in der Aufzählung jedoch bewusst ausgelassen, da trotz ihrer Popularität vom regelmäßigen Verzehr abgesehen werden sollte. Die Rede ist von Alfalfa-Sprossen. Obwohl potenziell alle Sprossen kontaminiert sein können, sind Alfalfa-Sprossen (zusammen mit Klee- und Mungbohnensprossen – Letztere werden oft fälschlicherweise als Sojasprossen bezeichnet)[194] für die allermeisten der durch Sprossen induzierten Lebensmittelvergiftungen verantwortlich.[195,196,197] Was Alfalfa-Sprossen darüber hinaus noch von anderen Sprossen unterscheidet, ist ihr verhältnismäßig hoher Gehalt an einer toxischen Substanz namens Canavanin. Canavanin ist eine gesundheitsschädliche Aminosäure, deren Giftwirkung darauf beruht, dass sie bei regelmäßigem hohem Verzehr aufgrund ihrer strukturellen Ähnlichkeit mit der essenziellen Aminosäure Arginin in Konkurrenz tritt. Da unser Organismus die beiden Aminosäuren nicht voneinander unterscheiden kann, wird die falsche Aminosäure in entstehende Aminosäureketten eingebaut, was zum Ausfall der Proteinfunktion derselben und damit zu einer Reihe an gesundheitlich abträglichen Effekten führt.[198] Eine Reihe an Fallberichten sowie einige Interventions- und Beobachtungsstudien weisen außerdem darauf hin, dass ein hoher Verzehr von Alfalfa das Auftreten gewisser Autoimmunerkrankungen wie dem systemischen Lupus erythematodes (SLE) begünstigen sowie Symptome bei bestehender Erkrankung verstärken könnte.[199] Daher sollten zumindest Personen mit Autoimmunerkrankungen sicherheitshalber Abstand vom Verzehr von Alfalfa (auch Luzerne genannt) halten. Wenn man als gesunde Person dennoch Alfalfa-Sprossen essen möchte, kann man das in moderaten Mengen unter der Voraussetzung tun, dass diese nicht roh gegessen werden. Denn durch ausreichendes Erhitzen werden sowohl Bakterien[200] wie Salmonellen und E.coli als auch das Canavanin[201] unschädlich gemacht.

HYGIENE UND LAGERUNG

Sprossen gedeihen am besten in feuchtem Milieu bei warmen Temperaturen. Dasselbe trifft leider auch auf Bakterien und Schimmelpilze zu, weshalb beim Ziehen von Sprossen und Mikrogrün stets auf einwandfreie Hygiene zu achten ist. Laut der U.S. Food and Drug Administration (FDA) sind Sprossen sogar ein High-Risk-Lebensmittel. Daher wird vor allem Kindern, älteren Menschen, Schwangeren und Personen mit eingeschränkter Immunabwehr vom Verzehr von Sprossen abgeraten.[202] Das liegt daran, dass in der Vergangenheit immer wieder kontaminierte Sprossen im Umlauf waren, die zu teils schweren Lebensmittelvergiftungen samt Symptomen wie Durchfall, Erbrechen, Bauchkrämpfen und Fieber im Zeitraum von 12 bis 72 Stunden nach dem Verzehr belasteter Sprossen führten.[203] Beachtet man allerdings die folgenden Regeln, können auch die genannten Personengruppen gefahrlos Sprossen essen, da Sprossen nicht per se ein problematisches Lebensmittel sind, sondern nur durch unsachgemäße Produktionsmethoden zum Problem werden. Obwohl auch während des Keimprozesses selbst durch unhygienische Bedingungen Erreger in Sprossen entstehen können,[204] sind es in den meisten Fällen bereits kontaminierte Samen, die für derartige Lebensmittelvergiftungen mit Salmonellen oder E.coli verantwortlich waren. Diese pathogenen Bakterien entstammen dem Verdauungstrakt von (Nutz-)Tieren (und Menschen) und wenn Tierdung auf dem Feld ausgebracht wird, kann das zu einer Kontaminierung führen.[205,206] Somit ist es nicht primär die Sprossenproduktion selbst, sondern es sind die bereits zuvor kontaminierten Samen, die das Risiko darstellen.[207]

Ziel sollte deshalb nicht sein, weniger Sprossen zu essen, sondern die Kontaminierung zu reduzieren und durch ordnungsgemäße hygienische Züchtung und Lagerung deren Sicherheit zu gewährleisten. Mit den folgenden Tipps kann das gelingen:[208]

Samen und Sprossen stets nur mit sauberen Händen berühren.

Beschädigte Samen vor und nach dem Einweichen immer aussortieren. Samen vor und nach dem Einweichen gründlich spülen.

Größere Samen (Mungbohnen, Kichererbsen etc.) können vor dem Einweichen 30 Sekunden in siedendem Wasser (80–85 °C) pasteurisiert und danach direkt kalt abgespült werden, um alle pathogenen Keime unschädlich zu machen.[209,210]

Alle Anzuchtgefäße stets sauber halten und nach jedem Gebrauch gründlich reinigen.

Hitzebeständige Keimbehältnisse aus Keramik, Glas, Metall etc. können im Ofen bei 100 °C 15 Minuten sterilisiert werden.

Sprossen/Mikrogrün während des Keimprozesses stets auf Schimmel kontrollieren. Jedoch nicht den weißen Flaum, der bei vielen Sorten zu Beginn entsteht, mit Schimmel verwechseln – das sind lediglich die feinen Wurzelhärchen (siehe Abbildung 16).

Sprossen/Mikrogrün im Kühlschrank auf der zweiten Ebene (über dem Gemüsefach) lagern, da dies mit 2–3°C der durchschnittlich kälteste Ort im Kühlschrank ist.

Fertig gezogene Sprossen in leicht geöffneten Gefäßen für maximal 3 Tage lagern (Mikrogrün kann zur Lagerung direkt im Anzuchtgefäß in den Kühlschrank gestellt werden).

Das Kühlen nach dem Keimen erhöht sogar die antioxidative Kraft von Sprossen noch weiter und so nehmen sie keinen Schaden, wenn sie 1–3 Tage nach dem fertigen Keimen noch gekühlt gelagert werden.[211]

Um sicherzugehen, dass auch nach mehreren Tagen der Lagerung keine bakterielle Belastung zu gesundheitlich abträglichen Effekten führt, können die Sprossen vor dem Verzehr auf mindestens 70 °C erhitzt werden.

Abb. 16: Wurzelhärchen an jungem Mikrogrün

Abb. 17: Brokkolisprossen und ausgewachsene Brokkoliröschen im Vergleich

BEST PRACTICE: BROKKOLISPROSSEN

Wie im Buch „Vegan-Klischee ade!" im Gemüsekapitel im Detail beschrieben wurde, punkten Kreuzblütlergemüse wie Brokkoli vor allem durch ihre besonderen sekundären Pflanzenstoffe namens Isothiocyanate (ITCs). Der bekannteste Vertreter unter den ITCs ist das sogenannte Sulforaphan. Ein regelmäßiger Verzehr von Kreuzblütlern steht in Untersuchungen mit einem geringen Risiko für das Auftreten einer Reihe an Erkrankungen wie Diabetes mellitus Typ 2,[212] Herz-Kreislauf-Erkrankungen[213] sowie gewissen kanzerogenen Erkrankungen[214] in Verbindung. Im Gegensatz zu voll ausgewachsenem Brokkoli liefern Brokkolisprossen auf ihr Gewicht bezogen sogar 20 bis 50 Mal so viel Sulforaphan.[215]

Zwar wird man aufgrund ihres leichteren Gewichts nicht dieselbe Menge an Brokkolisprossen im Vergleich zu ausgewachsenem Brokkoli verzehren können, aber selbst wenn man nur einen Bruchteil der Menge isst, wird man ähnlich hohe oder sogar höhere Mengen an Sulforaphan zu sich nehmen.

Darüber hinaus können Brokkolisprossen leichter roh verzehrt werden, was ihrem Gehalt an Sulforaphan ebenfalls zugutekommt.[216] Wie eine Untersuchung zeigt, erreichen Brokkolisprossen bereits nach zwei Tagen ihren Maximalgehalt an Sulforaphan (der danach rapide sinkt) und sollten daher direkt am zweiten Tag geerntet und verzehrt (oder im Kühlschrank im kältesten Bereich gelagert) werden.[217]

TAGESPLAN

OPTIMAL VERSORGT TROTZ KLEINEM BUDGET

Wie in den vorangegangenen Kapiteln dargestellt wurde, gibt es viele Wege, um beim (veganen) Einkauf zu sparen. Aber selbst wenn man nicht nach besonderen Angeboten sucht und die regulären Lebensmittelpreise ohne gesonderte Rabatte in Discountern, Supermärkten und Bioläden heranzieht, wird deutlich, wie preiswert eine vegane Ernährung mit den richtigen Rezepten sein kann. Tabelle 7 zeigt anhand eines beispielhaften Tagesplans mit dreien unserer Gerichte, dass man alle dafür benötigten Lebensmittel im Discounter für nur etwa 4 Euro pro Tag bekommt, im konventionellen Supermarkt dafür nur circa 5 Euro bezahlt und selbst im Bioladen weniger als 7 Euro ausgibt (Stand August 2020). Die Preise für einzelne Lebensmittel sind dabei natürlich abhängig vom jeweiligen Laden, vom Ort, von der Jahreszeit und weiteren Einflussfaktoren und können daher nur als ungefähre Kenngröße zur Orientierung gelten.

Tabelle 8 illustriert darüber hinaus sämtliche essenziellen (überlebensnotwendigen) Nährstoffe sowie deren Gehalt in allen drei Mahlzeiten des Beispiel-Tagesplans samt den offiziellen Zufuhrempfehlungen der Deutschen Gesellschaft für Ernährung (angepasst für vegan lebende Menschen) sowie den Höchstzufuhrmengen – die sogenannten Tolerable Upper Intake Level (soweit von Fachgesellschaften festgelegt) – für alle Werte. Lediglich für die Mineralstoffe Selen, Chrom und Molybdän wurde keine Nährstoffberechnung durchgeführt, da sämtliche zur Verfügung stehenden Nährwerttabellen (Bundeslebensmittelschlüssel (BLS), Souci/Fachmann/Kraut, GU-Nährwerttabelle, DGE-Nährwerttabelle etc.) nicht durchgängig Werte für alle Lebensmittel angeben. Da der Selengehalt der Böden in Europa allerdings äußerst gering ist[219] – mit wenigen Ausnahmen wie Finnland[220] –, ist davon auszugehen, dass eine vegane

Kosten für einen Beispieltag nach dem Low-Budget-Speiseplan

	Frühstück Hirseporridge mit Blaubeer-Bohnencreme und Apfel-Kürbis-Topping	**Mittagessen** Weiße-Bohnen-Frikassee mit knusprigem Pfannenreis	**Abendessen** Minestrone mit Tofuspeck	**Gesamtpreis**
Discounter	1,06 Euro	1,42 Euro	1,57 Euro	4,05 Euro
Supermarkt	1,19 Euro	1,66 Euro	2,15 Euro	5,00 Euro
Bioladen	1,57 Euro	2,35 Euro	2,88 Euro	6,80 Euro

Tab. 7: Kostenberechnung für den Low-Budget-Speiseplan (Discounter, Supermarkt, Bioladen)[218]

Ernährungsweise ohne Getreide- und Hülsenfruchtprodukte aus Ländern mit selenreicheren Böden wie beispielsweise den USA oder Kanada in der Regel nur eine unzureichende Selenversorgung bietet.

Die wenigen in den D-A-CH-Staaten verbreiteten pflanzlichen Selenlieferanten wie Paranüsse weisen äußerst hohe Schwankungsbreiten in ihrem Selengehalt auf und sind vonseiten der Produzenten nur unzureichend kontrolliert. Daher sind sie, bis es bessere Kontrollen auf Produzentenseite gibt, nur bedingt zur Selenversorgung zu empfehlen. Während Selen deshalb zu Recht von der DGE als potenziell kritischer Nährstoff in der veganen Ernährungsweise bezeichnet wird und eine separate Zufuhr über Nahrungsergänzungsmittel oder angereicherte Lebensmittel sinnvoll ist, werden Chrom und Molybdän zum aktuellen Zeitpunkt (Stand August 2020) von der DGE nicht als kritische Nährstoffe in der veganen Ernährung angeführt und so ist davon auszugehen, dass vollwertige, kalorienbedarfsdeckende und abwechslungsreiche vegane Speisepläne den Bedarf an diesen Spurenelementen decken können. Darüber hinaus wird der Nährstoff Cholin von einigen Fachgesellschaften wie dem Institute of Medicine (IOM) bereits seit 1998 als essenzieller Nährstoff deklariert,[221] jedoch sehen andere Fachgesellschaften wie die DGE Cholin zum aktuellen Zeitpunkt (Stand August 2020) nicht als essenziellen Nährstoff an und haben hierzu keine Zufuhrempfehlungen veröffentlicht. Auch zu Cholin finden sich in den zuvor erwähnten Nährwerttabellen keine Werte, sodass die Cholinmenge des Speiseplans nicht anhand von zuverlässigen Daten berechnet werden konnte.

Die Nährwertberechnung in Tabelle 8 zeigt deutlich, dass man selbst bei äußerst knappem Budget eine überwiegend bedarfsgerechte vegane Ernährungsweise praktizieren kann. Die Nährstoffbedarfsberechnung wurde anhand einer 60 kg schweren erwachsenen weiblichen Beispielperson mit einer überwiegend sitzenden Tätigkeit (zum Beispiel Büroangestellte) mit wenig anstrengenden Freizeitaktivitäten berechnet. Wenn sich die Beispielperson regelmäßig bewegt und moderaten Sport betreibt (was wir überaus befürworten und empfehlen) bzw. eine körperlich anstrengendere Tätigkeit mit weniger sitzender und mehr stehender und gehender Tätigkeit vollzieht (zum Beispiel Kellnerin, Handwerkerin), erhöht sich der Energiebedarf für diese Beispielperson um etwa 300 bis 600 kcal täglich.[223] In diesem Fall würde sie ihre drei Hauptmahlzeiten entweder durch die Zugabe von einigen zusätzlichen Nüssen, Samen und moderaten Mengen an weiteren hochwertigen nativen Pflanzenölen energiedichter gestalten, um die zusätzlich verbrauchten Kalorien zu kompensieren. Oder sie vergrößert die Portionen oder inkludiert zusätzliche Snacks in den Speiseplan.

Dieses Rechenbeispiel zeigt anschaulich, dass die drei gewählten Mahlzeiten den Energiebedarf der Beispielperson genau decken und auch in Bezug auf die Makronährstoffverteilung im Rahmen der Empfehlungen bleiben. Sie decken sowohl die potenziell kritische Aminosäure Lysin als auch die kritische Omega-3-Fettsäure Alpha-Linolensäure in ausreichendem Maß und liegen bezüglich der Mikronährstoffzufuhr überwiegend im Referenzbereich. Ohne die separate Zufuhr von weiteren Omega-3-Lieferanten wie Leinsamen oder Leinöl ist allerdings ihr Omega-3- zu Omega-6-Verhältnis mit 1 zu 8,5 nicht im Optimalbereich (< 1:5). Daher wäre es ratsam, über mindestens eine Mahlzeit des Tages zusätzlich 1 TL Leinöl oder 1 EL geschrotete Leinsamen zu geben. In Bezug auf einige B-Vitamine wie B_2 (Riboflavin) und B_5 (Pantothensäure)

Nährwerte für einen Beispieltag nach dem Low-Budget-Speiseplan

Gericht (alle Werte pro Portion)	Hirseporridge mit Blaubeer-Bohnencreme und Apfel-Kürbis-Topping	Weiße-Bohnen-Frikassee mit knusprigem Pfannenreis	Minestrone mit Tofuspeck	Gesamt	Zufuhr-empfehlungen (laut DGE angepasst für vegane Ernährung)*	Tolerable Upper Intake Level (UL) (laut IOM)
Kalorien (kcal)	476	810	625	1.911	1.900	–
Protein (g)	22	34	33	90 (= 18 %)	46–92 (10–20 %)	–
Lysin (g)	1,2	2,4	1,9	5,6	1,8 (30 mg/kg)	–
Fett (g)	9	26	16	51 (= 24 %)	41–82 (20–40 %)	–
Linolsäure (O6) (g)	4,0	8,7	4,3	17,0	4,8 (2,5 % der NE)	–
Linolensäure (O3) (g)	0,4	0,7	0,9	2,0	> 1,9 (≥ 1 % der NE)	–
Kohlenhydrate (g)	73	109	81	276 (= 58 %)	185–324 (40–70 %)	–
Ballaststoffe (g)	11	16	18	46	30	–
Vitamin A (mg RÄ)	< 0,1	1,2	0,9	2,1	0,8	3,0
Vitamin D (IE)	< 0,1	< 0,1	< 0,1	< 0,1	2.400–3.600 (40–60 IE/kg)	4.000
Vitamin E (mg TÄ)	3,4	2,3	5,6	11,4	12	300
Vitamin K (µg)	17	85	92	194	60	nicht festgelegt
Vitamin B_1 (mg)	0,5	0,9	0,7	2,2	1,0	nicht festgelegt
Vitamin B_2 (mg)	0,2	0,4	0,4	1,0	1,1	nicht festgelegt
Vitamin B_3 (mg NÄ)	6,7	12,1	11,1	30,9	12	35** (gilt nur für NEM)
Vitamin B_5 (mg)	0,7	2,7	1,7	5,4	6	nicht festgelegt
Vitamin B_6 (mg)	0,5	0,8	0,8	2,1	1,4	25
Vitamin B_7 (µg)	13	25	21	61	30–60	nicht festgelegt
Vitamin B_9 (µg FÄ)	130	188	157	478	300	1.000**
Vitamin B_{12} (µg)	< 0,1	< 0,1	< 0,1	< 0,1	4	nicht festgelegt
Vitamin C (mg)	17	30	53	100	95	2.000
Natrium (mg)	143	188	952	1.283	1.500	2.400
Kalium (mg)	1.073	1.741	1.678	4.540	4.000	nicht festgelegt
Kalzium (mg)	375	185	272	836	800–1.000	2.500
Magnesium (mg)	206	234	235	696	310	350**
Phosphor (mg)	430	705	681	1.868	700	4.000
Chlorid (mg)	148	347	1.404	1.899	2.300	3.600
Eisen (mg)	8	8,9	8,5	26	20–30	45
Zink (mg)	2,5	4,4	5,0	12	10	40
Kupfer (mg)	0,9	0,9	1,0	2,8	1–1,5	5
Mangan (mg)	3,5	3,5	3,8	10,8	2–5	11
Jod (µg)	40	8	11	59	150–200	600

Tab. 8: Nährwertberechnung des Low-Budget-Tagesplans[222]

- Die Werte in Tabelle 8 beziehen sich auf eine 60 kg schwere erwachsene weibliche Beispielperson mit überwiegend sitzender Berufstätigkeit.
- Zu den Nährstoffen Chrom, Selen, Molybdän und Cholin finden sich in der Literatur keine ausreichenden Daten, deshalb wurden diese weggelassen.

* Für Details zur Abwandlung bzw. Anpassung der DGE-Zufuhrempfehlungen auf eine vegane Ernährung siehe die Nährstoffkapitel in „Vegan-Klischee ade!" oder die zusammenfassende Tabelle in „Vegan-Klischee ade! Das Kochbuch" auf Seite 50.

** Gilt für zusätzlich zur Nahrung aufgenommenes B_3 (Niacin), B_9 (Folat) und Magnesium aus Nahrungsergänzungsmitteln oder angereicherten Produkten – nicht für die Nahrungszufuhr selbst.

NE = Nahrungsenergie; NEM = Nahrungsergänzungsmittel

sowie für Vitamin E (Tocopherol) werden die Zufuhrempfehlungen nur knapp nicht erreicht. Sofern aber im Laufe einer Woche durch die anderen Rezepte aus diesem Buch noch einige der besten Lieferanten für Vitamin E (zum Beispiel Pflanzenöle wie Olivenöl, Erdnüsse und Sonnenblumenkerne), B_2 (zum Beispiel Mandeln, Champignons und Hefeflocken) und B_6 (zum Beispiel Sonnenblumenkerne, Avocados, Hefeflocken) inkludiert werden, wird auch hier der Bedarf im Wochenschnitt ohne Probleme gedeckt.

Sofern die Beispielperson nicht zu den genetisch disponierten Personen mit unzureichender Beta-Carotin-Konvertierung gehört,[224] wird sie ausreichend Vitamin A aus dem zugeführten Beta-Carotin synthetisieren können. Da der Vitamin-D-Bedarf überwiegend nicht durch die Nahrung, sondern die Sonnenexposition (oder Supplementierung) gedeckt wird, überrascht der mangelnde Vitamin-D-Gehalt des Speiseplans nicht. Da sich im Speiseplan keine mit B_{12} angereicherten Produkte befinden, ist auch das Fehlen von B_{12} zu erwarten gewesen und erfordert eine entsprechende Supplementierung.

Die meisten der essenziellen Mineralstoffe werden durch den Tagesplan ebenfalls in ausreichender Menge abgedeckt. Die Tatsache, dass die Zufuhrempfehlungen für Natrium und Chlorid knapp nicht erreicht werden, ist nicht nur unproblematisch, sondern sogar als positiv zu werten. Sobald auswärts gegessen wird, wird ohnehin ein Übermaß an Salz (Natriumchlorid) zugeführt und so ist es durchaus empfehlenswert, zu Hause etwas weniger Salz zu verwenden, da ein Übermaß an Salz mit einer Reihe an gesundheitlich abträglichen Effekten wie Hypertonie[225] und damit einhergehend einem erhöhten Risiko für Herz-Kreislauf-Erkrankungen[226] sowie einem gesteigerten Risiko für das Auftreten von Magenkrebs[227] einhergeht. Aus diesem Grund wurden die Rezepte in diesem Kochbuch zwar ausreichend gesalzen, sodass sie kulinarisch weiterhin ansprechend bleiben, aber gleichzeitig wurde ein Fokus auf andere Geschmacksträger abseits von Salz gelegt, sodass auch mit moderatem Salzeinsatz hervorragende Geschmackserlebnisse entstehen. Wirklich problematisch ist, wie zu erwarten, lediglich die Jodzufuhr (sowie potenziell die nicht angeführte Selenzufuhr), die durch die Verwendung von Jodsalz oder einer Nahrungsergänzung mit Jod und Selen (als Einzelpräparat oder im Rahmen eines Multinährstoffpräparats) geregelt werden sollte. Selbst kritische Mineralstoffe wie Zink, Eisen und Kalzium wurden in ausreichendem Maß im Tagesplan gedeckt. Ohne die Verwendung von mit Kalzium angereicherter

Pflanzenmilch wäre die Kalziumzufuhr allein über die Nahrungsmittel allerdings nicht ausreichend gewesen (nur etwa 500 mg gesamt ohne die angereicherte Pflanzenmilch im Hirse-Porridge). Deshalb sollte entweder angereicherte Pflanzenmilch, kalziumreiches Mineralwasser oder moderate Mengen an Kalzium (200–400 mg/Tag) mithilfe eines Multinährstoffpräparats zugeführt werden. Darüber hinaus gilt es, durch eine ausreichende Vitamin-D-Versorgung eine optimale Kalziumabsorption zu gewährleisten.

Trotz der höheren Zufuhrempfehlungen der Fachgesellschaften für die Eisen- und Zinkzufuhr im Rahmen der veganen Ernährung (aufgrund der verringerten Absorptionsrate durch gewisse antinutritive Nährstoffe wie Phytinsäure, Polyphenole etc.) wurden auch die nach oben korrigierten Zufuhrempfehlungen für beide Nährstoffe erreicht. Da die Gerichte im Tagesplan außerdem voller aufnahmefördernder Stoffe für die Eisen- und Zinkabsorption (siehe Abbildung 18) stecken, wird die Aufnahme so zusätzlich verbessert. Dazu zählen vor allem Stoffe wie Vitamin C (zum Beispiel im Zitronensaft und in der Petersilie), organische Säuren (zum Beispiel in Äpfeln und Heidelbeeren), Protein bzw. gewisse Aminosäuren (in den meisten proteinreichen Lebensmitteln), schwefelhaltige Substanzen (zum Beispiel in der Zwiebel) sowie Beta-Carotin (zum Beispiel in Karotten), die allesamt die Eisen- und/oder Zinkzufuhr verbessern.[228] Auch Küchenzubereitungsarten zur Phytinsäurereduktion wie Einweichen und Keimen ebenso wie Fermentieren und Kochen können indirekt die Absorptionsrate erhöhen und so steht einer guten Mineralstoffversorgung im Rahmen des Low-Budget-Tagesplans nichts im Weg.

Einflussgrößen auf die Eisen- und Zinkaufnahme

HEMMEND –

Phytinsäure (Eisen + Zink)
Polyphenole (Eisen + Zink)
Oxalsäure (Zink)
Hochdosierte Eisen-/Zink-Supplemente (Eisen + Zink)
Alkoholismus (Eisen + Zink)
Gewisse Arzneimittel wie Antazida (Eisen + Zink)
Gefüllte Nährstoffspeicher (Eisen)

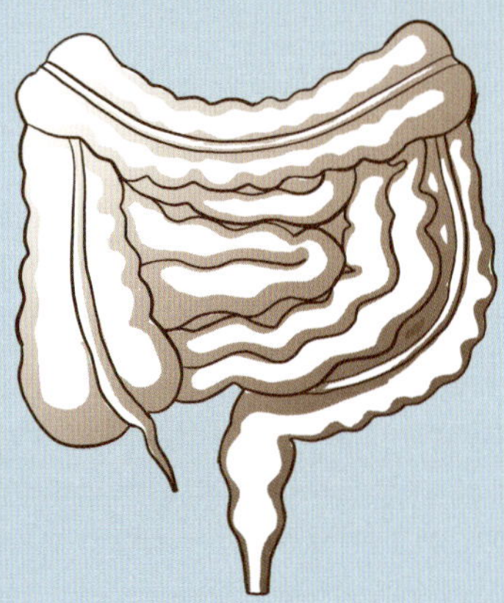

FÖRDERND +

Vitamin C (Eisen)
Organische Säuren (Eisen + Zink)
Protein (Eisen + Zink)
Schwefelhaltige Substanzen (Eisen + Zink)
Beta-Carotin (Eisen)
Einweichen/Keimen/Fermentieren/Erhitzen (Eisen + Zink)
Niedrige Nährstoffspeicher (Eisen)

Abb. 18: Fördernde und hemmende Einflüsse auf die Eisen- und Zinkabsorption[229]

Außerdem wurde im Rahmen des Speiseplans keine der Höchstzufuhrgrenzen (Tolerable Upper Intake Level) überschritten und selbst wenn die Beispielperson ein Multinährstoffpräparat mit moderater Menge an Eisen, Zink und Kalzium einnehmen würde (zum Beispiel den veganen Multinährstoff von Vivo Life), wäre sie zusammen mit der Nahrungszufuhr über den beispielhaften Tagesplan dennoch bei keinem der Nährstoffe über dem Upper Level.

Die Tatsache, dass es überhaupt einige Engpässe bei manchen potenziell kritischen Nährstoffen gibt, ist dabei in erster Linie der suboptimalen Lebensmittelproduktion bzw. der mangelnden Anreicherung der veganen Grundnahrungsmittel hierzulande geschuldet. Bis nach dem Vorbild Finnlands entweder die Böden mit kritischen Nährstoffen wie Selen[230] oder wie in Ländern wie den USA und Kanada Lebensmittel wie Mehle, Pflanzenmilch etc. standardmäßig mit Nährstoffen angereichert werden, ist der alltagstauglichste und praktischste Weg zur Schließung dieser Nährstofflücken ein veganes Multinährstoffpräparat, wie auf Seite 45 im Detail vorgestellt wird. Je nachdem, für welches Produkt man sich entscheidet (siehe Seite 46, Tabelle 4), können die wichtigsten kritischen Nährstoffe bereits mit Supplementen wie dem äußerst günstigen Veg 1 der britischen Vegan Society für nur 0,15 Cent (Stand August 2020) pro Tag abgedeckt werden. Dort erhält man eine ausreichende Versorgung mit den (in den meisten Fällen) kritischsten Nährstoffen wie Vitamin B_{12}, Jod und Selen, aber auch noch zur Absicherung Vitamin B_2 und etwas (allerdings ohne ausreichend Sonnenexposition zu wenig) Vitamin D_3. Wenn das Budget kein etwas umfangreicheres Multinährstoffpräparat zulässt und man sich insgesamt vollwertig und ausgewogen ernährt, mit Kalzium angereicherte Pflanzenmilch konsumiert und ausreichend Zeit an der Sonne verbringt, kann auch ein Multinährstoff wie dieser die relevantesten der aktuell noch bestehenden Nährstofflücken im Speiseplan füllen. Wenn man über diese Nährstoffe hinweg auch noch weitere potenzielle Engpässe in Bezug auf Vitamin K_2, Vitamin D_3 (bei unzureichender Sonnenexposition) und weitere Nährstoffe abdecken und insgesamt ein etwas umfangreicheres Multinährstoffprodukt haben möchte, mag eines der preislich im Mittelfeld befindlichen Multinährstoffpräparate wie das von Niko im Rahmen seines Masterstudiums konzipierte die richtige Wahl sein. Dieses wurde von Vivo Life nach seiner Anleitung zusammengestellt und beläuft sich auf 42 Cent pro Tag. Damit kann man auch an Tagen, an denen man nicht entsprechend vollwertig und ausgewogen isst, ausreichend versorgt sein. Gleichzeitig ist es aber so dosiert, dass auch bei einer vollwertigen Kost keine der Höchstzufuhrmengen überschritten wird.

Sofern Bedarf an einer zusätzlichen Zufuhr der langkettigen Omega-3-Fettsäuren Eicosapentaensäure (EPA) und Docosahexaensäure (DHA) besteht, kann das ebenfalls unkompliziert und (wenn man die Angebote vergleicht und in größeren Mengen bestellt) recht preiswert über Mikroalgen als offenes Öl oder in Kapselform supplementiert werden (siehe Seite 49, Tabelle 5).

Weitere Informationen und detailliertere Darstellungen zur Nahrungsergänzung bei veganer Ernährung gibt es unter **www.nikorittenau.com/low-budget.**

ZAUBERWÜRZEN

In diesem Kapitel finden sich acht Gewürzzubereitungen, die in vielen Rezepten Verwendung finden und daher bitte auf regelmäßiger Basis auf Vorrat zubereitet werden sollten. Das mag zu Beginn arbeitsintensiv erscheinen, aber es lohnt sich enorm und ermöglicht im weiteren Verlauf, großartige Gerichte mit weniger Aufwand zuzubereiten. Bei jedem dieser Rezepte finden sich natürlich auch Tipps für Aufbewahrung und Haltbarkeit und wir sind uns sicher, dass diese Zauberwürzen allen begeisterten (Hobby-)Köchen dauerhaft ans kulinarische Herz wachsen werden. Zusammen mit den richtigen Kochtechniken schaffen es diese Gewürzzubereitungen, die große Herausforderung für die schnelle Alltagsküche zu meistern und mit relativ wenig Zeit hervorragende Speisen zu kreieren.

TIPP

Ein superdeftig schmeckender Alleskönner. Entweder für Marinaden verwenden oder zum Beispiel Räuchertofuwürfel knusprig anbraten und in den letzten 30 Sekunden damit bestreuen. Ein Genuss – nicht nur für Gyros-Zubereitungen!

TIPP

Ein Basis-Umamigewürz. Es ist nicht so intensiv, sondern bringt auf einfache Weise einen kräftigen Grundgeschmack in jedes Essen.

TIPP

Diese Mischung ist gesund und lecker. Einfach auf das Essen streuen!

ERGIBT 1 KLEINES GLAS

GYROS-RUB

Zubereitungszeit 5 Minuten

Zutaten

3 TL schwarzer Pfeffer aus der Mühle
1 TL gemahlener Kreuzkümmel (Cumin)
4 TL getrockneter Thymian
2 TL getrockneter Majoran
2 TL Salz
3 TL gemahlener Koriander
3 TL Paprikapulver edelsüß
3 TL Zwiebelpulver
3 TL Knoblauchpulver
1 TL Paprikapulver rosenscharf
½ TL gemahlener Zimt

Alle **Zutaten** (EL und TL leicht gehäuft) mischen und nach Belieben noch mal mörsern. In ein Schraubglas füllen und bis zur Verwendung trocken aufbewahren.

ERGIBT 1 GROSSES GLAS

CAJUN SPICE

Zubereitungszeit 5 Minuten

Zutaten

20 g grob gemahlener schwarzer Pfeffer aus der Mühle
8 g getrockneter Oregano
24 g getrockneter Thymian
12 g (Vollrohr-)Zucker oder nach Belieben Dattelsüße
20 g geräuchertes Paprikapulver
20 g Knoblauchgranulat oder Knoblauchpulver
20 g Salz
20 g Würzhefeflocken

Alle **Zutaten** mischen und nach Belieben mörsern. In ein Schraubglas füllen und bis zur Verwendung trocken aufbewahren.

ERGIBT 1 GLAS

TURBO-SEEDS

Zubereitungszeit 15 Minuten

Zutaten

30 g Leinsamen goldgelb
60 g Sesamsamen
60 g Kürbiskerne
10 g Salz

Leinsamen, Sesamsamen und **Kürbiskerne** in einer Pfanne sehr sanft 10 Minuten anrösten. • Im Mixer mit der Pulsfunktion grob verarbeiten, sodass sie gerade aufbrechen. Das **Salz** gut untermischen und auskühlen lassen. • In ein luftdicht schließendes Schraubglas geben und im Kühlschrank aufbewahren.

ERGIBT CA. 450 G (1 Glas)

TIKKA-CURRYPASTE

Zubereitungszeit
20 Minuten

Zutaten
50 g Cashewbruch
1 EL gemahlene Kurkuma (6 g)
2 EL Kreuzkümmelsamen (10 g)
2 EL Koriandersamen (10 g)
1 TL gemahlener Zimt (1 g)
2 große Zwiebeln (geschält 245 g), in 1-cm-Ringe geschnitten
1 ganze Knoblauchknolle, geschält und gewürfelt
50 g frischer Ingwer, fein gewürfelt
8 EL Olivenöl (64 g)
3 EL Tomatenmark (einfach konzentriert)
2 EL Paprikapulver süß (16 g)
1 mittelgroße grüne Chilischote, entkernt und gewürfelt
3 ½ EL Apfelessig (35 ml)
1 Bund Koriandergrün (20 g), frisch gehackt
1 EL Steinsalz oder Meersalz (15 g)

Cashewbruch, Kurkuma, Kreuzkümmelsamen, Koriandersamen und **Zimt** in einer Pfanne bei mittlerer Hitze 4–5 Minuten sanft anrösten, bis es wundervoll duftet. In einen Mixer geben und zu Pulver mahlen. Alternativ im Mörser fein mörsern. • **Zwiebeln, Knoblauch** und **Ingwer** in die gleiche Pfanne geben, 3 EL **Öl** darüberträufeln und bei mittlerer Hitze goldgelb rösten – das dauert etwa 8 Minuten. Das **Tomatenmark** dazugeben und 1 Minute mitrösten. • Mit den restlichen **Zutaten** und 3 EL **Öl** in den Mixer geben und zu einer glatten Paste mixen. In ein Schraubglas füllen und das restliche **Öl** angießen, sodass die Paste luftdicht abgedeckt ist. So hält sie sich im Kühlschrank mindestens 3 Monate.

TIPP

Wenn zu wenig Platz im Kühlschrank ist, die Paste einfach in Eiswürfelförmchen streichen und einfrieren. Dann nach 24 Stunden auslösen und in einem Beutel im Eisfach lagern. Immer wenn man die Currypaste benötigt, zwei Würfel pro Person in die Pfanne geben und mit Zwiebeln und Co. sanft anrösten. Dann zum Beispiel mit etwas Kokosmilch ablöschen – lecker!

VARIANTE

Für mehr Frische einfach zwei Zitronengrasstängel in feine Ringe schneiden und mit den Zwiebeln in die Pfanne geben. Ebenso super sind Kaffir-Limettenblätter. Eine feine Kokosnote bringen Kokosflocken statt des Cashewbruchs.

TIPP

Bei Bohnen aus der Dose immer darauf achten, dass maximal drei Zutaten angegeben sind: Bohnen, Wasser und Salz.

ERGIBT CA. 850 G (1 großes Glas)

UMAMIPASTE

Zubereitungszeit
20 Minuten plus
Backzeit ca. 20 Minuten

Würzsauce
100 g gekochte Kidneybohnen (siehe Tipp)
150 g Kidneybohnen-Kochwasser (Aquafaba)
120 g Rosinen
50 ml Sojasauce
50 g Meersalz oder Steinsalz
2 EL Apfelessig (20 ml)

Gemüsemischung
2 große Zwiebeln (geschält 245 g), in 1-cm-Ringe geschnitten
3 Stangen Staudensellerie (180 g), in 2-cm-Stücke geschnitten
2 Karotten (geschält 155 g), in 2-cm-Stücke geschnitten
2 gehäufte EL Tomatenmark (einfach konzentriert; 70 g)
2 gehäufte EL Hefeflocken (12 g; siehe Tipp)
1 EL Olivenöl (8 g)
4 Knoblauchzehen, gewürfelt (20 g)

TIPP

Die Hefeflocken müssen goldgelb sein sowie käsig und nicht zu streng nach Hefe schmecken.

Den Backofen auf 240 °C Umluft/Obergrill vorheizen. Ein Backblech mit Backpapier auslegen. • Für die Würzsauce alle **Zutaten** im Mixer zu einer glatten Sauce mixen und in eine Schüssel geben. (Den Mixbecher nicht ausspülen, sondern für später beiseitestellen.) • Die **Gemüsemischung** bis auf den Knoblauch hinzufügen, vermengen und auf dem Backblech verteilen. Im vorgeheizten Ofen 10 Minuten backen. • Den **Knoblauch** dazugeben, einmal durchmischen und weitere 10 Minuten rösten. ***Wichtig:*** Es müssen eine schön gleichmäßige Röstfarbe und damit Röstaromen entstehen. Je nach Ofen kann der Backvorgang auch 5 Minuten länger dauern. • Die Mischung heiß wieder in den Mixbecher geben und zu einer Paste mixen. Heiß in ein sauberes Schraubglas füllen, mit Deckel verschließen und auskühlen lassen. Im Kühlschrank lagern.

TIPPS

Die Paste ist sehr würzig und wird nur löffelweise zu anderen Speisen gegeben, um diesen auf leichte und vor allem schnelle Art Umami und Würzigkeit zu verleihen. Sie ist keine Sauce wie Ketchup, denn dazu ist sie zu intensiv.

Im Glas gut verschlossen, hält sich die Paste im Kühlschrank mindestens 4 Wochen. Man könnte sie auch wie die Cheeze-Eiswürfel (siehe Seite 77) in einer Eiswürfelform einfrieren.

Da viele Menschen Rosinen nicht gern im Essen mögen, ist es wichtig zu wissen, dass man sie in dieser Paste nicht herausschmeckt. Sie sind einfach eine günstige Möglichkeit, ohne Industriezucker Süße in die Zubereitung zu bringen.

ERGIBT CA. 500 ML

PONZU-STYLE-SAUCE

Zubereitungszeit
15 Minuten

Zutaten
200 ml Sojasauce (für glutenfrei siehe Tipp)
50 ml Zitronensaft
60 g Rosinen
3 EL Apfelessig (30 ml)
2 EL Würzhefeflocken (10 g)
150 g Bohnen-Kochwasser (siehe Tipp)
150 ml Orangensaft
1 TL Knoblauchpulver
1–2-cm-Stück frischer Ingwer (5 g)
5 schwarze Pfefferkörner

Alle **Zutaten** in einen Topf geben, aufkochen und ohne Deckel so lange kochen, bis die Mischung auf etwa die Hälfte reduziert ist. ● Im Mixer glatt pürieren und durch ein feines Sieb passieren (Siebrückstände entsorgen). Auskühlen lassen, in eine Glasflasche füllen und im Kühlschrank aufbewahren, bis die Wundersauce zum Einsatz kommt.

TIPPS

Die Ponzu-Style-Sauce hält sich im Kühlschrank mindestens 4 Wochen. Einfach in eine sauber ausgespülte Essigflasche mit Dosierer füllen.

Bei Sojasauce gibt es qualitativ große Unterschiede. Hier immer darauf achten, dass sie natürlich gebraut ist und ohne jegliche Konservierungsstoffe auskommt. Tamari ist ohne Weizen hergestellt und daher glutenfrei.

Bohnen-Kochwasser wird auch Aquafaba genannt. Es ist reich an Umami. Immer darauf achten, dass man Bohnen (Sorte beliebig) aus der Dose mit nur drei Zutaten kauft: Bohnen, Wasser, Salz. Eine 400-g-Dose Bohnen enthält circa 150 g Bohnen-Kochwasser (Kichererbsen-Kochwasser aus der Dose ist ebenfalls geeignet). Man kann auch Aquafaba von frisch gekochten Bohnen verwenden, aber nur, wenn sie gut und stark eingekocht sind und die Flüssigkeit damit dickflüssig und leicht schmierig ist. Bohnen-Kochwasser ist nicht mit dem Einweichwasser zu verwechseln, denn das muss immer weggeschüttet werden!

TIPP

Ponzu-Style-Sauce ist eine traditionelle japanische Würzsauce, die in der (nicht veganen) Originalrezeptur mit Dashibrühe mitsamt Kombu-Alge und Katsuobushi (fermentierter, getrockneter und geräucherter Bonito-Fisch) zubereitet wird. Aufgrund des hohen Jodgehalts und des hohen Preises wurde die Kombu-Alge in dieser preiswerten Variante durch Hefeflocken ersetzt. Hat also viel Umami und Würzigkeit, aber genauso auch leichte Süße und Säure – sie vereint alles, was geschmacklich in einer Sauce funktioniert.

TIPP

Wenn man kein Tiefkühlfach hat, kann man die Sauce auch frisch zubereiten und verarbeiten. Zusammen mit Kirschtomaten und etwas Rucola als Pastasauce ein Genuss!

ERGIBT CA. 50 STÜCK (ca. 750 g, 15 g pro Würfel)

CHEEZE-EISWÜRFEL

Zubereitungszeit 15 Minuten plus ***Garzeit*** 15 Minuten und ***Gefrierzeit*** ca. 8 Stunden

Zum Kochen

- 2 Zwiebeln (geschält 130 g), gewürfelt
- 2 kleine Karotten (geschält 110 g), in 1-cm-Würfel geschnitten
- 2 mehligkochende Kartoffeln (geschält 110 g), in 1-cm-Würfel geschnitten
- 2 Knoblauchzehen (geschält 6 g)
- 200 g Cashewbruch
- 1 EL Salz (15 g)

Zum Mixen

- 150 ml Sojadrink + Calcium
- 50 g Würzhefeflocken (eventuell etwas mehr)
- 2 EL Speisestärke (15 g)
- 3 EL Apfelessig (30 ml)
- 1 TL mittelscharfer Senf (10 g)
- 2 TL Salz (10 g; eventuell etwas mehr)

Alle **Zutaten** zum Kochen mit 1 l Wasser in einen Topf geben und 15 Minuten gar kochen. • Durch ein Sieb abgießen (die Brühe lässt sich als Basis für eine Suppe weiterverwenden) und das Kochgut in den Mixer füllen. Die **Zutaten** zum Mixen hinzufügen und alles zu einer glatten käsigen Creme verarbeiten. Nach Belieben mit mehr **Hefeflocken** und **Salz** abschmecken. Die Sauce auskühlen lassen – oder direkt verwenden. • Ausgekühlt in Eiswürfelförmchen füllen und etwa 8 Stunden gefrieren lassen. Dann auslösen und in einer Box im Tiefkühlfach aufbewahren. So hat man immer eine schnelle, käsige und cremige Zutat oder Komponente für Pasta oder Käsespätzle und zum Überbacken etc. zur Hand.

TIPPS

Mittlerweile gibt es viele vegane Käsealternativen auf dem Markt. Die sind allerdings meist sehr preisintensiv und viele von ihnen sind entweder in Bezug auf Geschmack oder Nährwert nicht überzeugend. Mit diesen Cheeze-Würfeln, die nicht viel Platz im Tiefkühlfach benötigen, gelingen käsige Kaspressknödel (siehe Seite 221) oder Tortilla española mit flüssigem Käsekern (siehe Seite 210) einfach grandios.

Wichtig: Die Qualität der Würzhefeflocken ist hier entscheidend. Es gibt auch Sorten, die eher bitter und nach Hefe schmecken. Bitte darauf achten, dass die Flocken goldgelb aussehen und deutlich mehr nach Käse als nach Hefe schmecken. Besonders geeignet sind die Produkte von Erntesegen und Naturata.

ERGIBT CA. 500 G BRÜHEWÜRFEL

GEMÜSEBRÜHE-EISWÜRFEL

Zubereitungszeit
10 Minuten plus
Gefrierzeit ca. 8 Stunden

Zutaten
30 g Würzhefeflocken
1 EL Zwiebelpulver
1 EL Knoblauchpulver
4 Wacholderbeeren
4 Lorbeerblätter
2 Stangen Staudensellerie, gewürfelt (100 g)
1 Karotte (geschält 100 g), gewürfelt
1 große Zwiebel (geschält 100 g), gewürfelt
4 Knoblauchzehen, geschält
1 Bund glatte Petersilie (30 g), fein geschnitten
30 g Rosinen, fein gehackt
25 g Meersalz oder Steinsalz
50 ml Sojasauce
6 EL Olivenöl (48 g)

Hefeflocken, Zwiebelpulver, Knoblauchpulver, Wacholderbeeren und **Lorbeerblätter** im Mixer zu Pulver mixen und in eine Schüssel geben. • Das **Gemüse** mit **Petersilie** und **Rosinen** im Mixer zu einer grobkörnigen Paste mixen. Dafür mit dem Stößel arbeiten und die Masse immer wieder nach unten drücken. Wichtig ist, dass der Mixer auf relativ niedriger Stufe läuft, wenn es ein guter Mixer ist. • Das feinkrümelige Gemüse (1–2 mm groß) mit **Salz, Sojasauce** und **Öl** zum Gewürzpulver in die Schüssel geben und gut mischen. • Die Paste in Eiswürfelförmchen streichen und fest andrücken. Etwa 8 Stunden gefrieren lassen, dann auslösen und im Gefrierbeutel oder in einer Box im Tiefkühlfach bis zum Gebrauch lagern.

TIPPS

Die Brühepaste kann man auch direkt verwenden. Im Kühlschrank hält sie sich etwa 1 Woche.

Wenn man diese Würfel zur Hand hat, kann man daraus die Gemüsebrühe für die Rezepte in diesem Buch herstellen: Für eine milde Brühe einen Gemüsebrühe-Eiswürfel mit 1 l Wasser einfach 10 Minuten köcheln lassen.

FRÜHSTÜCKSKNALLER

In diesem Kapitel findet sich eine schöne Auswahl an süßen und deftigen Gerichten, die satt machen und schnell zubereitet sind. Es gibt beliebte Klassiker, aber auch kreative Neuinterpretationen, sodass man lange Freude an dieser Auswahl haben wird. In diesem und den folgenden neun Kapiteln sind alle Rezepte für zwei gute Esser ausgelegt.
Wenn man eher ein kleiner Esser ist, bleibt eventuell am Ende etwas übrig, was sich aber stets auch am nächsten Tag noch gut essen lässt.

TIPP

Die Muffins schmecken lauwarm mit der leicht kalten Salsa am besten.

ERGIBT 6 MUFFINS (à 85 g)

DEFTIGE FETA-PORRIDGE-MUFFINS MIT SPINAT UND TOMATEN-APFEL-SALSA

Zubereitungszeit
20 Minuten plus
Backzeit 20 Minuten

Teig
150 g zarte Haferflocken
50 g Sonnenblumenkerne oder Kürbiskerne
150 ml Sojadrink + Calcium
75 g TK-Blattspinat, aufgetaut
1 Knoblauchzehe, durch die Presse gedrückt
1 EL Apfelessig (10 ml)
1 EL Olivenöl (8 g) plus etwas mehr zum Einölen
1 EL Umamipaste (20 g; siehe Seite 73)
Salz
schwarzer Pfeffer aus der Mühle
1 TL Backpulver (4 g)
60 g Tofu-Feta (siehe Seite 242)

Salsa
120 g Tomaten
50 g süßsaurer Bioapfel
1 dünne Frühlingszwiebel
2–3 Stängel glatte Petersilie
1 EL Zitronensaft (10 ml)
1 Prise schwarzer Pfeffer aus der Mühle

Außerdem
6er-Muffinblech

Den Backofen auf 180 °C Umluft vorheizen. • Für den Teig 75 g **Haferflocken** in einem Mixer pulverig mixen und in eine Schüssel geben. Die **Sonnenblumenkerne** in einer Pfanne ohne Fett sanft anrösten, grob hacken und hinzufügen. • Die restlichen **Haferflocken** mit **Sojadrink,** aufgetautem **Spinat, Knoblauch, Essig, Öl, Umamipaste,** ½ TL **Salz** und ½ TL **Pfeffer** ebenfalls in die Schüssel geben, alles gut vermengen und kurz ziehen lassen. Mit **Salz** und **Pfeffer** abschmecken, dann das **Backpulver** untermischen. • Die Mulden des Muffinblechs leicht **einölen** und die Masse einfüllen. 30 g **Tofu-Feta** darauf verteilen und leicht andrücken. In den vorgeheizten Backofen auf die mittlere Schiene geben und 20 Minuten backen. Gegen Ende der Backzeit einen Stäbchentest machen. • Aus dem Ofen nehmen, die Muffins in der Form auskühlen lassen und dann vorsichtig herauslösen. • Inzwischen für die Salsa die **Tomaten** waschen und fein würfeln. Das **Apfelstück** ungeschält in feine Julienne (Stifte) schneiden. Die **Frühlingszwiebel** putzen und in feine Ringe schneiden. Die **Petersilie** hacken. Alles mit restlichem **Tofu-Feta, Zitronensaft** und **Pfeffer** in eine kleine Schüssel geben und vermengen. • Die Tomaten-Apfel-Salsa zu den Muffins servieren.

TIPPS

Wenn Tofu-Feta gerade nicht zur Hand ist, diesen einfach durch Räuchertofuwürfel ersetzen. Schmeckt dann anders, aber auch sehr lecker.

Wenn keine Zeit für das Auftauen des Spinats ist, diesen einfach beim Vorheizen mit in den Ofen geben. Er sollte aber nur auftauen, nicht heiß werden.

FÜR 2 PERSONEN

VEGANE UMAMI-METTBRÖTCHEN

Zubereitungszeit
15 Minuten plus
Kühlzeit mind. 30 Minuten

ca. ½ 400-g-Dose Kidneybohnen mit Kochwasser (120 g Abtropfgewicht Bohnen, 100 g Bohnen-Kochwasser)
35 g Umamipaste (siehe Seite 73)
10 g Tomatenmark (einfach konzentriert)
½ TL Cajun Spice (siehe Seite 69)
3 EL Olivenöl (24 g)
1 TL mittelscharfer Senf (10 g)
50 g weiße Reiswaffeln (siehe Tipp)
1 Zwiebel (geschält 50 g)
Salz
schwarzer Pfeffer aus der Mühle
2 (Vollkorn-)Brötchen (à 50–60 g) oder 4 dünne Scheiben (Vollkorn-)Brot
4 Essiggurken, angeschnitten und aufgefächert
4 EL Gartenkresse

Kidneybohnen, Bohnen-Kochwasser, Umamipaste, Tomatenmark, Cajun Spice, Öl und **Senf** mit 2 ½ EL Wasser (25 ml) im Mixer zu einer glatten Creme mixen. Die **Reiswaffeln** in eine große Schüssel bröseln, die Mischung aus dem Mixer darübergeben und gut zu einem Mett durchmischen. • Die Hälfte der **Zwiebel** sehr fein würfeln, unter das Mett heben und mindestens 30 Minuten kalt stellen. Die restliche Zwiebelhälfte in dünne Ringe schneiden und bis zum Servieren in etwas kaltem Wasser einlegen. Dann abgießen. • Das Mett mit **Salz** und **Pfeffer** abschmecken und dick auf die aufgeschnittenen **Brötchen** streichen. Mit Zwiebelringen, **Essiggurken** und **Kresse** garnieren.

TIPPS

Am besten schmeckt das vegane Mett, wenn es über Nacht im Kühlschrank durchzieht.

Das vegane Umami-Mett ist natürlich nicht als kulinarischer 1-zu-1-Ersatz für Mett aus Fleisch anzusehen, aber es transportiert dennoch ein daran angelehntes Geschmackserlebnis.

Man kann auch Vollkornreiswaffeln verwenden, diese haben aber mehr Eigengeschmack.

FÜR 2 PERSONEN

DEFTIGES KARTOFFELFRÜHSTÜCK

Zubereitungszeit
30 Minuten

500 g vorwiegend festkochende Kartoffeln (geschält 430 g)
2 TL Salz
2 Zwiebeln (geschält 175 g)
1 Knoblauchzehe
175 g Karotten (geschält 150 g)
120 g Tofu Natur
120 g Räuchertofu
3 EL Olivenöl (24 g)
2 EL Umamipaste (40 g; siehe Seite 73)
½ TL Cajun Spice (siehe Seite 69)
1 EL Apfelessig (10 ml)
50 ml Sojadrink + Calcium
Salz
schwarzer Pfeffer aus der Mühle
4 EL ungesüßter Sojajoghurt (80 g)
1 Stängel glatte Petersilie (2 g), fein gehackt

Die **Kartoffeln** schälen, mit Salz und 1 l Wasser in einen Topf geben und 15 Minuten kochen. • Währenddessen die **Zwiebeln** schälen, halbieren und in 1 cm dicke Ringe schneiden. Die **Knoblauchzehe** schälen und fein hacken. Die **Karotten** schälen und leicht diagonal in 3 cm lange Stücke schneiden. Die beiden **Tofusorten** zerkrümeln. • Die halbgaren Kartoffeln abgießen, kurz abschrecken und in 1,5 cm dicke Scheiben schneiden. • Eine beschichtete Pfanne erhitzen, Kartoffeln und Karotten hineingeben, mit dem **Öl** beträufeln und etwa 10 Minuten von allen Seiten knusprig goldbraun anbraten. Zwiebeln und Knoblauch mit beiden Tofusorten, **Umamipaste, Cajun Spice, Essig** und **Sojadrink** zugeben und etwa 5 Minuten weitergaren. Mit **Salz** und **Pfeffer** abschmecken. • Auf zwei Teller verteilen, mit **Sojajoghurt** und **Petersilie** garnieren und genießen.

TIPPS

Das Gericht funktioniert statt mit Karotten auch mit jeder anderen Gemüsesorte. Anstelle der Kartoffeln kann man auch Süßkartoffeln oder Kürbis verwenden. Diese müssen nicht vorgekocht werden.

Schmeckt auch prima als Mittag- oder Abendessen.

FÜR 2 PERSONEN

HIRSEPORRIDGE MIT BLAUBEER-BOHNENCREME UND APFEL-KÜRBIS-TOPPING

Zubereitungszeit
25 Minuten

Porridge
100 g Hirse (kleines Korn)
500 ml Sojadrink + Calcium
30 g Rosinen
1 Streifen dünn abgezogene Biozitronenschale (1 × 4 cm)
1 Prise Salz

Bohnencreme
60 g gekochte weiße Bohnen, gut und heiß abgebraust
60 ml Sojadrink + Calcium
80 g TK-Blaubeeren
1 Prise Salz
30 g Rosinen

Topping
½ Bioapfel (80 g)
20 g Kürbiskerne, geröstet
1 EL Zitronensaft

Für den Porridge die **Hirse** in ein feines Sieb geben und mit warmem Wasser zwei- bis dreimal gut waschen, um eventuelle Bitterstoffe zu entfernen. In einen Topf geben, **Sojadrink, Rosinen, Zitronenschale** und **Salz** hinzufügen und aufkochen. Die Hitze reduzieren und auf niedriger Stufe abgedeckt 20 Minuten zu einem Brei garen, dabei zwischendurch immer wieder umrühren, denn dadurch wird der Porridge cremiger – er soll schön dickflüssig sein. • Inzwischen für die Bohnencreme alle **Zutaten** im Mixer glatt mixen. Wenn der Mixer nicht so stark ist und die Rosinen recht trocken sind, diese vorher 10 Minuten in etwas Wasser köcheln lassen. • Für das Topping die **Apfelhälfte** ungeschält in feine Julienne (Stifte) schneiden. Das macht etwas mehr Arbeit, lohnt sich geschmacklich aber sehr. Mit gerösteten **Kürbiskernen** und **Zitronensaft** mischen. • Die Zitronenschale entfernen, Porridge in zwei Schalen füllen, die Blaubeer-Bohnencreme daraufgeben und mit dem Topping garnieren.

TIPPS

Statt der weißen Bohnen können auch andere Hülsenfrüchte verwendet werden.

Wichtig zu wissen: Hülsenfrüchte aus der Dose haben nach dem Öffnen immer ein sehr starkes Aroma. Deshalb am besten mit heißem Wasser gut abbrausen. Wer sichergehen möchte, lässt sie noch 10 Minuten in heißem Wasser ruhen und gießt dann ab. So verfliegt der Geschmack sehr schnell. Das Kochwasser der Hülsenfrüchte auf jeden Fall aufheben, denn das wird in vielen Rezepten dieses Buches benötigt.

FÜR 2 PERSONEN (ergibt 6 Pfannkuchen)

SCHNELLE PROTEINPANCAKES MIT CREMIGEM APFELTOPPING

Zubereitungszeit
20 Minuten

Teig
50 g Sonnenblumenkerne
1 Banane (geschält 130 g)
30 g Rosinen
700 ml Sojadrink + Calcium
200 g Weizenmehl (Type 550)
50 g Kichererbsenmehl
2 TL Backpulver (8 g)
2 EL Olivenöl (16 g)

Topping
1 süßer Bioapfel (120 g)
200 g ungesüßter Sojajoghurt
4 EL Orangensaft (40 ml)

Für den Teig die **Sonnenblumenkerne** mit **Banane, Rosinen** und **Sojadrink** im Hochleistungsmixer glatt pürieren. Ist der Mixer nicht stark genug, die Rosinen vorher 10 Minuten in kochend heißem Wasser einweichen. • **Weizen-** und **Kichererbsenmehl** hinzugeben und erneut durchmixen. Zum Schluss das **Backpulver** einarbeiten. • Eine kleinere beschichtete Pfanne (Ø 20 cm) erhitzen, mit etwas **Öl** ausstreichen, ein Sechstel des Teigs hineingeben und bei mittlerer Hitze etwa 2 Minuten von jeder Seite ausbacken. Nicht zu früh wenden, damit der Pfannkuchen schön stabil bleibt und fluffig wird. Zum Prüfen mit einem Pfannenwender anheben und die Unterseite kontrollieren. Auf die gleiche Weise fünf weitere Pfannkuchen backen. Die Pancakes stapeln und 5–10 Minuten bedeckt ruhen lassen, um die perfekte Konsistenz zu erreichen. • Währenddessen für das Topping den **Apfel** waschen, ungeschält in feine Julienne (Stifte) schneiden und mit **Sojajoghurt** und **Orangensaft** vermischen. Die Pancakes mit dem Topping servieren und genießen.

TIPP

Mit dem Mehl der Type 550 werden die Pancakes schön fluffig. Für mehr Vollwertigkeit einfach Vollkornmehl nehmen. Die Pancakes werden dann deutlich kompakter, aber auf eine andere Art und Weise ebenso lecker. Wenn Vollkornmehl verwendet wird, benötigt man circa 10 % mehr Flüssigkeit. Oder man nimmt eine Mischung aus 50 % Vollkornmehl und 50 % hellem Mehl.

FÜR 2 PERSONEN

LEICHTE VEGANE STREICHWURST AUF (VOLLKORN-)BROT

Zubereitungszeit
12 Minuten plus
Ruhezeit mind. 1–2 Stunden

Streichwurst
250 g gekochte Kidneybohnen
40 g Räuchertofu, zerbröselt
2 EL Umamipaste (40 g; siehe Seite 73)
2 ½ EL Bohnen-Kochwasser aus der Dose oder frisch gekocht (25 g)
1 EL Apfelessig (10 ml; eventuell etwas mehr)
½ Zwiebel (geschält 40 g), fein gewürfelt
1 kleine Knoblauchzehe, durch die Presse gedrückt (3 g)
2 EL Olivenöl (16 g)
3–4 Stängel glatte Petersilie (8 g), fein gehackt
1 TL getrockneter Majoran
Salz
schwarzer Pfeffer aus der Mühle
Zum Servieren
4 Scheiben (Vollkorn-)Brot (à ca. 50 g)
4 Essiggurken, angeschnitten und aufgefächert
2 EL Schnittlauchröllchen oder Sprossen
2 TL Turbo-Seeds (siehe Seite 69)

Für die Streichwurst 125 g **Kidneybohnen** mit **Räuchertofu, Umamipaste, Bohnen-Kochwasser** und **Essig** glatt pürieren. Eine beschichtete Pfanne erhitzen, **Zwiebeln** und **Knoblauch** hineingeben, das **Öl** darüberträufeln und 2 Minuten sanft anrösten. • Restliche **Bohnen** in eine Schüssel geben, die Zwiebelmischung hinzufügen und mit einem Kartoffelstampfer grob zerdrücken. **Petersilie, Majoran** und pürierte Bohnenmischung mit etwas **Salz** und **Pfeffer** zugeben, gut vermengen und mindestens 1–2 Stunden im Kühlschrank abgedeckt ziehen lassen (wichtig!). Dann noch mal mit **Salz, Pfeffer** und **Essig** abschmecken. • Zum Servieren die **Brote** kurz antoasten und großzügig mit je einem Viertel der Streichwurst bestreichen. Mit aufgefächerten **Essiggurken, Schnittlauch** und **Turbo-Seeds** garnieren.

TIPPS

Die Streichwurst hält sich in einem Schraubglas theoretisch gut 3 Tage, aber sie ist so lecker, dass sie meistens schneller weg ist.

Statt Kidneybohnen kann man jede Art von gekochten Hülsenfrüchten verwenden – die Farbe der Streichwurst verändert sich dadurch allerdings.

Das Bohnen-Kochwasser (Aquafaba) enthält viel Umami und ist für den Geschmack essenziell. In den Rezepten dieses Buches wird viel damit gearbeitet, da es ohne zusätzlichen Aufwand tolle Ergebnisse bringt.

ERGIBT 6 PORTIONEN FÜR JE 2 WURSTBROTE (weniger ist nicht sinnvoll)

PIKANTER KARTOFFEL-TOFU-AUFSCHNITT

Zubereitungszeit
15 Minuten plus
Ruhezeit 10 Minuten
Garzeit 90 Minuten und
Ruhezeit mind. 2 Stunden

400 g Räuchertofu
1 ½ EL Umamipaste (30 g; siehe Seite 73)
1 TL Salz
50 g Olivenöl
1 EL Sojasauce (10 ml)
2 EL Apfelessig (20 ml)
2 TL Cajun Spice (siehe Seite 69)
110 g vorwiegend festkochende Kartoffeln (geschält 85 g)
200 g Glutenpulver (auch Seitan-Fix genannt)

Außerdem
Frischhalte- und Alufolie (umweltfreundliche Alternative siehe Tipp)

Bis auf das Gluten alle **Zutaten** mit 150 ml Wasser im Mixer glatt mixen und in eine Schüssel füllen. Das **Gluten** zugeben und 5 Minuten gut durchkneten, bis ein fester Klumpen entsteht. 10 Minuten ruhen lassen. • Zu einer Wurst formen und straff in Frischhaltefolie einrollen. Dann fest in Alufolie einschlagen und die Enden gut eindrehen. Es ist wichtig, dass ein schön kompaktes Wurstpaket entsteht, damit das Ausdehnen der Masse bei Hitzeeinwirkung verhindert wird und ein fester Aufschnitt entsteht. • Wasser in einem ausreichend großen Topf zum Kochen bringen und die Wurst darin bei niedriger Hitze 90 Minuten abgedeckt garen. • Herausheben, im kalten Wasserbad auskühlen lassen und in der Folie mindestens 2 Stunden im Kühlschrank kalt stellen – besser noch über Nacht. • Die Wurst auspacken und dünne Scheiben abschneiden. Schmeckt superlecker auf Brot mit veganer Butter, etwas Essiggurke und frischer Kresse.

TIPPS

Gut eingepackt hält sich der Aufschnitt etwa 1 Woche im Kühlschrank. Der hauchdünn geschnittene Aufschnitt kann auch gut portionsweise eingefroren werden.

Die Verwendung von Frischhalte- und Alufolie kann mitunter praktischer sein, allerdings geht sie mit nicht unerheblichem Verpackungsmüll einher. Deshalb, wenn möglich, als umweltfreundlichere Alternative ein gerade geformtes 1-l-Sturzglas (Weckglas) verwenden, dieses mit der Masse für den Aufschnitt befüllen und (wichtig!) sehr gut verschließen. Dann in einen großen hohen Topf setzen, mit Wasser füllen, sanft zum Kochen bringen und 2,5 Stunden im leicht siedenden Wasser garen. Das Glas reduziert die Hitzeübertragung, daher dauert es deutlich länger.

FÜR 2 PERSONEN

RADIESERLQUARKBRÖTLI

Zubereitungszeit
10 Minuten plus
Abtropfzeit über Nacht

Radieschenquark
300 g ungesüßter Sojajoghurt
1 Minisalatgurke, längs halbiert und entkernt (65 g)
4 Radieschen, geputzt (65 g)
Salz
1 EL Dillspitzen (frisch oder TK)

Topping und Brot
4 Radieschen mit Grün (80 g)
4 Scheiben (Vollkorn-)Brot (à 50 g), getoastet
3 EL Turbo-Seeds (siehe Seite 69)
einige mit dem Sparschäler abgelöste Salatgurkenstreifen (20 g)
2 EL Sprossen (z. B. Sonnenblumensprossen)

Für den Radieschenquark ein Sieb mit zwei Lagen Küchenpapier auslegen und in eine Schüssel setzen. Den **Joghurt** hineingeben, mit einem Teller abdecken und über Nacht im Kühlschrank zu einem Quark abtropfen lassen. • Am nächsten Tag **Gurke** und **Radieschen** in sehr feine Stifte schneiden, mit 1 TL **Salz** vermengen, sanft kneten und 10 Minuten in einem Sieb abtropfen lassen. • Den Quark in eine Schüssel füllen. Das Wasser aus Gurke und Radieschen drücken und mit etwas **Salz** und **Dill** unter den Quark mischen. • Für das Topping an den Radieschen 1 cm vom Grün stehen lassen, gut putzen und längs in Scheiben schneiden. • Die **Vollkornbrotscheiben** mit dem Radieschenquark bestreichen und mit den **Turbo-Seeds** bestreuen. Mit Radieschenscheiben, **Gurkenstreifen** sowie **Sprossen** garnieren und genießen.

TIPP

Das abgeschnittene Radieschengrün kann man mit gerösteten Kürbiskernen, etwas Salz, Öl und einer entsteinten Dattel zu einem leckeren Pesto mixen. Dieses mit Salz, Zitronensaft und Pfeffer abschmecken.

FÜR 2 GROSSE PORTIONEN (à ca. 500 ml)

BOHNEN-BLAUBEER-SMOOTHIE

Zubereitungszeit
10 Minuten

150 g gekochte weiße Bohnen (siehe Tipp)
50 g entsteinte Datteln
120 g TK-Blaubeeren
40 g Kürbiskerne
10 g Leinsamen
2-cm-Scheibe Biozitrone (30 g)
1 kleine Banane, geschält (60 g)
40 g zarte oder kernige Haferflocken
2 EL Zitronensaft (20 ml)
1 Prise gemahlener Zimt
1 Prise gemahlene Kurkuma
550 ml Sojadrink

Die **Bohnen** in ein Sieb geben, mit heißem Wasser abbrausen und in einen leistungsstarken Mixer füllen. • Restliche **Zutaten** hinzufügen und alles etwa 1 Minute sehr glatt und cremig mixen. Den Smoothie in zwei sehr große Gläser füllen und genießen.

TIPPS

Dieser Smoothie ist ganz speziell auf Sättigung und Nährstoffe ausgerichtet, mit dem Fokus auf Proteine. Somit ist er also nicht mit leichten und fruchtigen Smoothies zu vergleichen, die man sonst gewöhnt ist. Dieser hier ist eine Mahlzeit.

Weiße Bohnen passen am besten für dieses Rezept, aber auch Kichererbsen funktionieren gut.

MEHR ALS SALAT

In diesem Kapitel geht es um Salate, die so viel mehr sind, als man klassisch von Salaten erwartet. Sie sind etwas wilder und gröber zubereitet, in großen Portionen, die satt machen. Einfach leckere Hingucker, die Freude bereiten.

FÜR 2 PERSONEN

FETA-MELONEN-SALAT MIT KNOBLAUCH-PITA

Zubereitungszeit
20 Minuten

Pita
4 Vollkorn-Pitas (à 60–70 g)
2 EL Olivenöl (16 g)
1 Knoblauchzehe, geschält und halbiert
Salz

Salat
300 g Wassermelonenfleisch
300 g Salatgurke
300 g Kirschtomaten, halbiert
4 EL Apfelessig (40 ml)
1 EL Olivenöl (8 g)
2 gestrichene TL getrockneter Oregano
½ TL Salz

Topping
1 kleine rote Zwiebel
Salz
3 EL Kürbiskerne (35 g)

Creme
350 g Tofu-Feta (mind. 2 Tage gereift; siehe Seite 242)

Für die Pita die **Brote** in 2 cm schmale Streifen schneiden. Eine Pfanne erhitzen, die Pitastreifen hineingeben, mit dem **Öl** beträufeln und die **Knoblauchhälften** dazugeben. Auf mittlerer Hitze 6–8 Minuten knusprig braten und leicht **salzen.** • Inzwischen für den Salat die **Wassermelone** in 2 cm große Rauten schneiden. Die **Gurke** gestreift schälen und in 3 cm große Dreiecke schneiden. Beides mit **Tomatenhälften, Essig, Öl, Oregano** und **Salz** mischen und kurz ziehen lassen. • Für das Topping die **Zwiebel** schälen, in hauchdünne Ringe schneiden und 2–3 Minuten in eiskaltes und leicht **gesalzenes** Wasser einlegen. Dann abgießen. • Für die Creme 300 g **Tofu-Feta** zu einer glatten Creme pürieren. Die Creme auf zwei großen Tellern als Swirl verstreichen. Den Salat daraufsetzen, Pitastreifen und restliche **Tofu-Fetawürfel** darauf anrichten und mit Zwiebelringen und **Kürbiskernen** toppen.

TIPP

Für diesen Salat ist der selbst gemachte Tofu-Feta ein Muss und auch die Mindestreifezeit ist extrem wichtig.

FÜR 2 PERSONEN

QUINOASALAT MIT RUSTIKALEN GRÜNEN BOHNEN UND PONZU-SPINAT

Zubereitungszeit
35 Minuten

Bohnen
300 g grüne Bohnen (geputzt 250 g)
Salz
1 EL Olivenöl (8 g)
1 Knoblauchzehe, fein gehackt
150 g Räuchertofu, fein gewürfelt
schwarzer Pfeffer aus der Mühle

Quinoasalat
150 g Quinoa
300 ml milde Gemüsebrühe
25 g Rosinen, grob gehackt
3 ½ EL Olivenöl (28 g)
3 EL Apfelessig (30 ml)
3 EL Zitronensaft (30 ml)
1 ½ EL mittelscharfer Senf (30 g)
2 Stängel glatte Petersilie, fein geschnitten
Salz
schwarzer Pfeffer aus der Mühle

Spinat und Topping
1 Zwiebel (geschält 60 g), in feine Halbringe geschnitten
1 EL Olivenöl (8 g)
400 g TK-Blattspinat, aufgetaut
80 g Ponzu-Style-Sauce (siehe Seite 74)
Salz
schwarzer Pfeffer aus der Mühle
4 EL geröstete Sonnenblumenkerne (50 g)

Außerdem
großer Speisering (Ø ca. 15 cm)

Den Backofen auf 200 °C Umluft vorheizen. • Die **Bohnen** 3 Minuten in leicht **gesalzenem** Wasser kochen. Abgießen, in eine Auflaufform geben, mit **Öl, Knoblauch** und **Räuchertofu** vermengen und im vorgeheizten Ofen 15 Minuten garen, dabei nach etwa 7 Minuten einmal durchmischen und wenden. Die Grillfunktion des Ofens hinzuschalten und weitere 3 Minuten backen. Mit **Salz** und **Pfeffer** abschmecken. • Währenddessen für den Quinoasalat die **Quinoa** in einem feinen Sieb heiß waschen, mit der **Brühe** in einen Topf geben und 12 Minuten sanft köcheln, bis die Flüssigkeit absorbiert ist. Die **Rosinen** locker untermischen und abgedeckt 5 Minuten ziehen lassen. • Inzwischen **Öl, Essig, Zitronensaft, Senf** und **Petersilie** zu einem Dressing mischen. Zwei Drittel des Dressings unter die Quinoa mischen und zum Ausdampfen auf einen großen Teller geben. • Für den Spinat eine beschichtete Pfanne erhitzen, die **Zwiebel** hineingeben, das **Öl** darübertäufeln und anbraten, bis sich Röstaromen bilden. Den **Spinat** hinzugeben und 2 Minuten mitbraten. Mit der **Ponzu-Style-Sauce** ablöschen und etwas Flüssigkeit verkochen lassen. Mit **Salz** und **Pfeffer** abschmecken. • Den Quinoasalat ebenfalls abschmecken. • Den Speisering mittig auf einen Teller setzen, die Hälfte des Quinoasalats einfüllen, leicht andrücken und den Ring abziehen. Auf die gleiche Weise die zweite Portion vorbereiten. Aus dem Spinat mit einer Gabel Nester formen und auf sowie neben die Quinoakreise setzen. Dann mit Bohnen und Räuchertofuwürfeln dekorativ anrichten und mit den **Sonnenblumenkernen** bestreuen. Mit dem restlichen Dressing beträufeln und genießen.

TIPP

Wichtig: Damit Quinoa richtig lecker wird, dürfen die Körner bei leichter Wasserbewegung wirklich nur sanft köcheln. Das gilt für alle kleinkörnigen Getreidesorten.

TIPP

Statt Quinoa kann man auch wunderbar Hirse verwenden.

FÜR 2 PERSONEN

KRÄUTER-REIS-SALAT MIT BLUMENKOHLSTEAKS UND KICHERERBSEN-FARINATA

Reis

150 g Vollkornreis

Salz

Dressing

3 EL Olivenöl (24 g)

3 EL Apfelessig (30 ml)

4 entsteinte Deglet-Nour-Datteln (ca. 40 g), fein gewürfelt

50 ml Zitronensaft

1 TL getrockneter Thymian

1 TL getrockneter Oregano

4 EL fein geschnittene glatte Petersilie (mit Stiel)

2 EL fein geschnittener Dill (mit Stiel)

1 Prise Salz

Blumenkohl

300 g Blumenkohl, in kleine, 2 cm dicke Steak-Scheiben geschnitten

200 g Kichererbsen-Farinata (siehe Seite 241; alternativ Tofu Natur oder Tempeh)

1 EL Olivenöl (8 g)

50 ml Orangensaft

1 TL Gyros-Rub (siehe Seite 69)

Topping

2 EL ungesüßter Sojajoghurt (40 g)

10 g Haselnusskerne, geröstet und zerdrückt

etwas frische Kräuter

Zubereitungszeit 20 Minuten plus *Garzeit* 45 Minuten

Den **Vollkornreis** in einem Sieb gut waschen, in leicht **gesalzenem** Wasser zum Kochen bringen und nach Packungsanleitung bei niedriger Hitze abgedeckt 45 Minuten garen. • Für das Dressing alle **Zutaten** vermischen und ziehen lassen. • Wenn der Reis gar ist, zum Ausdampfen auf einem Backblech verteilen. Nach 10 Minuten das Dressing über den noch heißen Reis geben und locker vermischen. • Für den Blumenkohl eine beschichtete Pfanne erhitzen, die **Blumenkohlsteaks** mit der **Kichererbsen-Farinata** hineingeben, das **Öl** darüberträufeln und kräftig anbraten. Sobald die Kichererbsen-Farinata knusprig ist, aus der Pfanne nehmen, abkühlen lassen, in Würfel schneiden und beiseitestellen. Die Blumenkohlsteaks mit dem **Orangensaft** ablöschen, mit dem **Gyros-Rub** bestreuen und gut durchschwenken. Dann fertig garen, bis sie leicht bissfest sind und die Flüssigkeit größtenteils verkocht ist. • Alles noch mal abschmecken. Den Reissalat locker flach auf zwei Tellern anrichten. Die Blumenkohlsteaks ansetzen und mit den knusprigen Kichererbsen-Farinatawürfeln toppen. Mit **Sojajoghurt, Haselnüssen** und **Kräutern** garnieren und genießen.

TIPPS

Den Vollkornreis am besten vorab 2–12 Stunden in kaltem Wasser einweichen. Dadurch kocht er viel gleichmäßiger und schmeckt einfach besser. Die Kochzeit reduziert sich dann auf etwa 30 Minuten.

Man kann gleich eine ganze Packung Reis kochen und diesen dann im Laufe von 2 bis 4 Tagen aufbrauchen. Mit vorgekochtem Reis würde dieses Gericht in etwa 20 Minuten auf dem Tisch stehen.

FÜR 2 PERSONEN

KARTOFFELCREME MIT GEBRATENEN ZUCCHINI, PFIRSICH UND KRÄUTERDRESSING

Kartoffelcreme

500 g mehligkochende Kartoffeln (geschält 450 g), in 2-cm-Würfel geschnitten
2 Karotten (geschält 200 g), in dünne Scheiben geschnitten
2 Knoblauchzehen, geschält
Salz
250 g ungesüßter Sojajoghurt
1 EL Olivenöl (8 g)
schwarzer Pfeffer aus der Mühle

Topping

100 g rote Linsen
1 Prise Salz
3 EL Turbo-Seeds (siehe Seite 69)

Dressing

10 Minzeblätter
15 Basilikumblätter
30 g Rucola, gewaschen
2 Streifen dünn abgezogene Schale und Saft von 1 Biozitrone
1 TL mittelscharfer Senf (10 g)
2 EL Olivenöl (16 g)
2 EL Apfelessig (20 ml)
5 EL Orangensaft (50 ml)
½ TL Salz
schwarzer Pfeffer aus der Mühle

Zucchini und Pfirsich

2 Zucchini (insgesamt 400 g)
2 Knoblauchzehen
1 EL Olivenöl (8 g)
Salz
2 Pfirsiche, entsteint und geviertelt (insgesamt 140 g)

Zubereitungszeit 35 Minuten

Für die Kartoffelcreme die **Kartoffelwürfel** mit **Karotten, Knoblauch,** 1 TL **Salz** und 1 l Wasser in einen Topf geben und etwa 10 Minuten gar köcheln. Abgießen, das Gemüse mit **Joghurt** und **Öl** grob stampfen und mit **Salz** und **Pfeffer** abschmecken. Beiseitestellen. • Inzwischen für das Topping die **Linsen** waschen, in 1 l Wasser kurz aufkochen, dann bei niedriger Hitze ohne Deckel 7 Minuten garen. Sie sollen noch ganz sein und leichten Biss haben. In ein Sieb abgießen, mit warmem Wasser abschrecken, wieder in den Topf geben, mit **Salz** würzen und den Deckel aufsetzen, damit die Linsen lauwarm bleiben. • Alle **Zutaten** für das Dressing im Mixer zu einer grünen Sauce mixen und mit **Salz** und **Pfeffer** abschmecken. • Die **Zucchini** waschen, die Enden abschneiden und das Fruchtfleisch schräg (im 45°-Winkel) in etwa 3 cm dicke Scheiben schneiden. Die Schnittflächen von beiden Seiten im Abstand von 3 mm etwa 3 mm tief einschneiden. Dann um 45° versetzt einschneiden, sodass ein feines Rautenmuster entsteht. • Eine große Pfanne erhitzen. Die **Knoblauchzehen** ungeschält andrücken, sodass die Schalen leicht aufgebrochen werden. Mit den Zucchinischeiben in die Pfanne geben, das **Öl** darüberträufeln und 4 Minuten von allen Seiten goldbraun anbraten, sodass das Rautenmuster gut zur Geltung kommt – die Zucchini sollen noch bissfest sein. Aus der Pfanne nehmen und etwas **salzen.** Den Knoblauch aus den Schalen drücken und fein zerdrückt unter die Kartoffelcreme heben. • Die **Pfirsichviertel** in die heiße Pfanne geben und scharf anbraten, bis sie etwas weich werden und sich Röstaromen bilden. Vom Herd nehmen. • Die Kartoffelcreme abschmecken und auf zwei großen Tellern als Swirl verteilen. Dann an drei Punkten am Swirl-Rand die Linsen verteilen. Die Zucchini in der Mitte anrichten und die Pfirsiche daraufsetzen. Mit dem Dressing beträufeln und mit den **Turbo-Seeds** garnieren.

TIPP

Ein wunderschönes sommerliches Gericht, das aber auch im Winter mit Rotkohlspalten statt Zucchini und gebratener Birne statt Pfirsich super schmeckt. Für mehr Umami sind auch knusprig gebratene Räuchertofuwürfel ein Traum.

TIPPS

Anstelle von Eisbergsalat kann man auch Chinakohl oder Romanaherzen verwenden.

Wenn keine Wassermelonensaison ist, kann auch Apfel oder Birne verwendet werden.

FÜR 2 PERSONEN (reichliche Portionen)

EISBERGSALAT MIT UMAMI-JOGHURTDRESSING UND BROTSALAT

Zubereitungszeit 30 Minuten

Kichererbsen

240 g gekochte Kichererbsen
2 TL Olivenöl (8 g)
1 EL Ponzu-Style-Sauce (10 g; siehe Seite 74) oder Sojasauce

Schmorzwiebeln

2 Zwiebeln (geschält 170 g), in Ringe geschnitten
1 TL Olivenöl (4 g)
½ TL Cajun Spice (siehe Seite 69)

Dressing

300 g ungesüßter Sojajoghurt
1 EL mittelscharfer Senf (20 g)
1 EL Umamipaste (20 g; siehe Seite 73)
2 EL Olivenöl (16 g)
4 EL Apfelessig (40 ml)
30 g entsteinte Deglet-Nour-Datteln (ca. 3 Stück)
1 EL Würzhefeflocken (5 g)
Salz
schwarzer Pfeffer aus der Mühle

Brotsalat

200 g Vollkorn-Bauernbrot, in 1-cm-Würfel geschnitten
1 TL Olivenöl (4 g)
1 Knoblauchzehe, gewürfelt
Salz
200 g Wassermelonenfleisch, in 2-cm-Würfel geschnitten
1 Tomate, gewürfelt (100 g)
20 g Rucola, fein geschnitten
2 EL Zitronensaft (20 ml)

Eisbergsalat

1 kleiner Kopf Eisbergsalat (400 g)

Die **Kichererbsen** trocken tupfen, mit dem **Öl** marinieren und in einer Pfanne bei mittlerer Hitze etwa 10 Minuten rösten. Wenn sie knusprig goldbraun sind, mit **Ponzu-Style-Sauce** ablöschen, verkochen lassen und vom Herd nehmen. • Parallel dazu für die Schmorzwiebeln eine Pfanne erhitzen, die **Zwiebelringe** hineingeben, mit dem **Öl** beträufeln, mischen und auf Stufe 7 von 9 je nach Pfanne 10–15 Minuten goldbraun rösten. Mit **Cajun Spice** würzen und zu den Kichererbsen in die Pfanne geben, dabei die Kichererbsen auf die eine Pfannenhälfte schieben und die Zwiebeln auf die andere geben. Warm halten. • Inzwischen für das Dressing alle **Zutaten** im Mixer glatt mixen und mit **Salz** und **Pfeffer** abschmecken. • Für den Brotsalat die Zwiebelpfanne auswischen, erhitzen, die **Brotwürfel** mit dem **Öl** hineingeben und bei mittlerer Hitze knusprig rösten. **Knoblauch** hinzufügen, 2 Minuten mitrösten und dezent **salzen.** In eine Schüssel geben und mit den restlichen **Salatzutaten** mischen. • Den **Eisbergsalat** im Ganzen gut waschen. Den Strunk herausschneiden, sodass der Kopf ganz bleibt. Dann längs vierteln , quer halbieren und auf eine große Platte setzen. • Etwas Dressing über die Salatviertel träufeln, dann den Brotsalat darauf verteilen und mit Kichererbsen und Schmorzwiebeln toppen. Das restliche Dressing außen herum auf der Platte angießen, sodass ein schöner Saucenspiegel entsteht, alternativ separat in einer Sauciere reichen. Es soll etwas rustikaler und wilder aussehen. Die Platte wird auf den Tisch gestellt und jeder bedient sich nach Lust und Laune. So macht Salat Freude.

TIPP

Die Kichererbsen kann man auch bei 150 °C im Backofen rösten.

FÜR 2 PERSONEN

WARMER LINSENSALAT AUF KNOBI-BAUERN-BROT MIT ROTKOHL, APFEL UND PILZEN

Zubereitungszeit
25 Minuten

Linsensalat
150 g rote Linsen
50 g Ponzu-Style-Sauce (siehe Seite 74)
1 EL Apfelessig (10 ml)
3 EL Orangensaft (30 ml)
1 EL Olivenöl (8 g)

Rotkohlsalat
1 Rotkohlblatt (75 g)
Salz
2 EL ungesüßter Sojajoghurt (40 g)
1 TL Zitronensaft (5 ml)
1 ½ EL feine grüne Frühlingszwiebelringe (10 g)
schwarzer Pfeffer aus der Mühle

Brote
1 EL Olivenöl (8 g)
4 Scheiben (Vollkorn-)Bauernbrot (à 50 g)
1 kleine Knoblauchzehe (2 g)

Topping
1 Bioapfel (130 g)
2 EL Zitronensaft (20 ml)
3 EL frisch gehacktes Koriandergrün (10 g)
50 g Champignons, in feine Scheiben geschnitten
1 TL Olivenöl (4 g)
1 TL Cajun Spice (siehe Seite 69)
2 EL Turbo-Seeds (siehe Seite 69)

Für den Linsensalat die **Linsen** waschen, mit der dreifachen Menge Wasser in einen Topf geben und sanft aufkochen. Dann (wichtig!) bei geringer Hitze leicht siedend 7 Minuten sanft gar kochen. Das Wasser darf nicht sprudeln. Den Vorgang beobachten und ohne Deckel arbeiten. Hier entscheidet sich die Qualität der Gerichts. Die Linsen in ein Sieb abgießen und mit kaltem Wasser abschrecken, sodass sie noch lauwarm sind. In eine Schüssel geben, **Ponzu-Style-Sauce, Essig, Orangensaft** und **Öl** unterheben und ziehen lassen. • Für den Rotkohlsalat das **Rotkohlblatt** in kochendem **Salzwasser** 60 Sekunden blanchieren, kalt abschrecken und in feinste Streifen schneiden. Mit **Sojajoghurt, Zitronensaft** und **Frühlingszwiebelringen** in einer Schüssel vermengen und mit **Salz** und **Pfeffer** abschmecken. • Für die Brote das **Öl** in eine große Pfanne geben und die **Brotscheiben** darin auf einer Seite vorsichtig anrösten. Herausnehmen und die **Knoblauchzehe** auf den krossen Seiten verreiben. • Für das Topping den **Apfel** waschen, ungeschält in feine Julienne (Stifte) schneiden und sofort mit **Zitronensaft** und gehacktem **Koriander** vermengen. • Die **Pilze** mit dem **Öl** in die gleiche Pfanne geben und kräftig 1 Minute anrösten, sodass sie Farbe annehmen, aber noch bissfest sind. Mit **Cajun Spice** würzen. • Alles noch mal abschmecken. • Je zwei Brotscheiben leicht überlappend mit den krossen Seiten nach unten auf einen Teller geben und dann den Linsensalat in kleinen Portionen darauf verteilen. Den Rotkohlsalat darauf anrichten, mit Apfelstiften und Pilzen toppen und mit **Turbo-Seeds** bestreut genießen.

TIPP

Statt Rotkohl funktioniert auch Weißkraut. Oder man nimmt Fenchel oder Karotten, die man mit dem Sparschäler in dünne Tagliatelle hobelt.

TIPP

Der Apfel ist wichtig für das Geschmacksbild. Orangenfilets oder Birnen funktionieren jedoch auch hervorragend.

FÜR 2 GROSSE PORTIONEN (à ca. 500 g)

TIKKA-BOHNENSALAT MIT BANANE, GEBRATENER SÜSSKARTOFFEL UND REISNUDELN

Zubereitungszeit
25 Minuten

Salat
3 EL Kürbiskerne (35 g)
Salz
350 g gekochte Riesenbohnen (oder andere Hülsenfrüchte)
2 Bananen (à 170 g; geschält 280 g)
1 kleiner Bund Koriandergrün (15 g)
1 kleine Süßkartoffel (mit Schale 260 g), in 1 cm dicke und 5 cm lange Stifte geschnitten
1 TL Olivenöl (4 g)
3 EL Ponzu-Style-Sauce (30 g; siehe Seite 74)

Dressing
2 EL Tikka-Currypaste (40 g; siehe Seite 70)
2 EL Olivenöl (16 g)
50 ml Apfelessig (eventuell etwas mehr zum Abschmecken)
100 ml Orangensaft
½ TL Salz

Reisnudeln
150 g Reisbandnudeln oder andere (Vollkorn-)Nudeln
3 EL Ponzu-Style-Sauce (20 g; siehe Seite 74)

Für den Salat eine Pfanne erhitzen, die **Kürbiskerne** darin 2 Minuten anrösten und mit einer Prise **Salz** würzen. Aus der Pfanne nehmen. • **Bohnen** in eine Schüssel geben. • Für das Dressing die **Tikka-Currypaste** mit dem **Öl** in die Pfanne geben und 2 Minuten sanft anrösten. Mit **Essig** und **Orangensaft** ablöschen. Gut vermengen, mit **Salz** würzen, dann das Dressing über die Bohnen geben und gut vermischen. • Die **Bananen** schälen und leicht schräg (45°-Winkel) in 1 cm breite Scheiben schneiden. Unter die Bohnen heben und ziehen lassen. • Die **Korianderblätter** abzupfen, die Stiele fein schneiden und beides getrennt beiseitestellen. • Die **Reisnudeln** mit kochendem Wasser übergießen und nach Packungsanleitung gar ziehen lassen. Dann in ein Sieb abgießen, kalt abschrecken, abtropfen lassen und in eine Schüssel geben. Die **Ponzu-Style-Sauce** darüberträufeln und die Korianderstiele unterheben. • Eine Pfanne erhitzen, die **Süßkartoffelstifte** hineingeben, mit dem **Öl** beträufeln und etwa 8 Minuten anbraten, bis sie schön goldbraun und weich sind. Mit der **Ponzu-Style-Sauce** ablöschen, einkochen lassen und vom Herd nehmen. Die gerösteten Kürbiskerne mit der Hand zerbröseln und zu den Süßkartoffelstiften geben. Gut mischen, sodass die Stifte mit den Kernkrümeln überzogen sind. • Den Tikka-Bohnensalat noch mal mit **Salz** und **Essig** abschmecken. Die Reisnudeln auf zwei Teller verteilen, Bohnensalat und Süßkartoffelstifte darauf anrichten, mit den Korianderblättern garnieren und genießen.

TIPP

Wenn man keine Tikka-Currypaste zur Hand hat, kann man auch eine gute, aber milde Thai-Currypaste nehmen. Die Ponzu-Style-Sauce ist allerdings unerlässlich.

FÜR 2 PERSONEN

SPAGHETTISALAT MIT JOGHURTDRESSING, GESCHMORTER BETE UND RÄUCHERTOFU

Zubereitungszeit
25 Minuten

Salat
250 g (Vollkorn-)Spaghetti
Salz
10 Kirschtomaten (150 g), halbiert

Beten
2 Rote Beten (insgesamt 485 g; geschält 400 g), in 5-mm-Scheiben geschnitten
1 EL Olivenöl (8 g)
1 kleine Knoblauchzehe, durch die Presse gedrückt

Tofu-Julienne
200 g Räuchertofu
1 EL Olivenöl (8 g)

Dressing
200 g ungesüßter Sojajoghurt
2–3 Stängel glatte Petersilie (5 g), fein geschnitten
1 EL Olivenöl (8 g)
2 EL Zitronensaft (20 ml) plus etwas mehr zum Abschmecken
Salz
schwarzer Pfeffer aus der Mühle

Garnierung
20 g Rucola, gewaschen
1 kleine Frühlingszwiebel (5 g), sehr fein geschnitten

Den Backofen auf 200 °C Umluft vorheizen. • Für den Salat die **Spaghetti** in leicht **gesalzenem** Wasser bissfest kochen, in ein Sieb abgießen, kalt abschrecken, abtropfen lassen und beiseitestellen. • Inzwischen für die Beten die **Bete-Scheiben** mit **Öl** und **Knoblauch** in einer Auflaufform vermengen und im vorgeheizten Ofen 15–20 Minuten garen. • Währenddessen für die Tofu-Julienne den **Räuchertofu** mit der Mandoline oder Aufschnittmaschine in hauchdünne Scheiben schneiden (alternativ ein scharfes Messer verwenden) und dann der Länge nach in feine Julienne (Stifte) schneiden. Wichtig ist, dass die Tofu-Julienne so fein und so lang wie möglich sind. Eine beschichtete Pfanne erhitzen, die Julienne hineingeben, mit dem **Öl** beträufeln und rundum knusprig goldbraun braten. • Für das Dressing **Sojajoghurt, Petersilie, Öl, Zitronensaft,** ½ TL **Salz** und eine gute Prise **Pfeffer** glatt pürieren. • Die Spaghetti in eine Schüssel füllen, **Kirschtomaten** zugeben, das Dressing darübergießen und vermengen, dabei die Tomatenhälften mit der Hand etwas andrücken. Mit **Salz, Pfeffer** und **Zitronensaft** abschmecken. • Die gebackenen Betescheiben in einer Linie leicht überlappend auf zwei Tellern anrichten. Den Spaghettisalat mit einer Zange aufdrehen und wie Nester auf die Beten setzen. Mit **Rucola** und **Frühlingszwiebeln** garnieren und mit den knusprigen Tofu-Julienne toppen.

TIPPS

Statt Spaghetti kann man auch (Vollkorn-)Reis für den Salat verwenden.

Der Räuchertofu lässt sich durch Tempeh oder fein geschnittenes Seitansteak (siehe Seite 245) ersetzen. Man könnte auch eine in Streifen geschnittene Zwiebel anbraten und statt Tofu weiße Bohnen kurz mit den Zwiebeln anrösten. Dann mit etwas Pfeffer und frisch geriebenem Knoblauch abschmecken.

TIPP

Es schmeckt auch hervorragend, wenn man die Kirschtomaten in den letzten 5 Minuten mit zur Bete in den Ofen gibt und dann unter die Spaghetti mischt.

TIPP

Auch hier kann man jegliches Vollkorngetreide statt Couscous verwenden.

FÜR 2 PERSONEN

GEBRATENE ROMANAHERZEN IN ORANGENSAUCE MIT COUSCOUS UND PONZU-SEITAN

Zubereitungszeit
30 Minuten

Couscous
450 ml Gemüsebrühe
180 g Vollkorn-Couscous
2 Bund glatte Petersilie (insgesamt 50 g), fein geschnitten
1 EL Zitronensaft (10 ml; eventuell etwas mehr zum Abschmecken)
1 EL abgeriebene Biozitronenschale
1 kleiner Bioapfel, ungeschält fein gewürfelt (80 g)
1 EL Olivenöl (8 g)
Salz
schwarzer Pfeffer aus der Mühle

Salat
2 kleine und kompakte Romanasalatherzen (à 150 g)
3 EL Olivenöl (24 g)
200 ml Orangensaft
50 ml Apfelessig
Salz
schwarzer Pfeffer aus der Mühle
2 EL Turbo-Seeds (siehe Seite 69)

Seitan
300 g Seitansteak de luxe (siehe Seite 245), in 2-cm-Streifen geschnitten
1 EL Olivenöl (8 g)
3 EL Ponzu-Style-Sauce (30 g; siehe Seite 74)

Für den Couscous die **Brühe** in einem Topf aufkochen und direkt vom Herd nehmen. **Couscous** hineingeben und abgedeckt 10 Minuten quellen lassen. • Die restlichen **Zutaten** mit etwas **Salz** und **Pfeffer** zum Couscous geben, locker durchmischen und auf einem Backblech verteilen, damit alles schnell ausdampfen kann. • Für den Salat die **Romanaherzen** waschen, den Strunkansatz knapp abschneiden, je zwei Blätter lösen und beiseitelegen. Die Herzen längs halbieren. Eine Pfanne erhitzen, den Salat hineingeben, mit 1 EL **Öl** beträufeln und von beiden Seiten je 2 Minuten goldgelb anbraten. Mit **Orangensaft** und **Essig** ablöschen und etwa 10 Minuten sanft köcheln lassen, dabei ab und zu wenden. • Währenddessen für den Seitan eine beschichtete Pfanne erhitzen, die **Seitanstreifen** hineingeben, mit dem **Öl** beträufeln und knusprig goldbraun braten. Mit der **Ponzu-Style-Sauce** ablöschen und verkochen lassen, bis ein schöner Glanz entsteht. Bei niedriger Hitze warm halten. • Die Romanaherzen aus der Pfanne nehmen, mit einer Prise **Salz** würzen und beiseitestellen. Das restliche **Öl** zur Orangensauce geben und stark einkochen, bis sie leicht andickt und als Test einen Löffelrücken überzieht. Mit **Salz** und **Pfeffer** abschmecken. Die Sauce soll süß, sauer und leicht bitter sein. • Die beiseitegelegten Salatblätter in feine Streifen schneiden. • Den Couscous mit **Salz, Pfeffer** und eventuell **Zitronensaft** abschmecken und auf zwei Schalen verteilen. Je zwei Salathälften leicht versetzt auf dem Couscous anrichten. Mit Seitanstreifen, Salatstreifen und **Turbo-Seeds** garnieren und mit Orangensauce beträufeln.

TIPPS

Statt Romanasalatherzen schmecken auch gebratene, 1 cm dicke Fenchelscheiben in der Sauce.

Wenn kein Seitansteak vorhanden ist, kann man dieses durch gekauften, qualitativ hochwertigen Seitan, Tofu oder Kräuterseitlinge ersetzen.

MEHR ALS SUPPE UND EINTOPF

Suppen und Eintöpfe können so viel mehr, als nur Gemüse in flüssiger Form sein. Hier kommen Variationen, die ordentlich Wumms haben und dazu richtig schön satt machen. Manchmal kalt, aber meistens kochend heiß mit vielen Einlagen und wundervollen Geschmackskombinationen. Da ist für jeden etwas dabei.

SEBASTIAN
COPIEN
KOCHEN NACH DEINER NATUR

TIPP

Der Geschmack der Gazpacho steht und fällt mit der Qualität der Paprika. Sie muss intensiv aromatisch und süß sein.

FÜR 2 PERSONEN

PAPRIKA-BOHNEN-GAZPACHO MIT BIRNEN-PAPRIKA-SALSA

Zubereitungszeit
20 Minuten plus
Kühlzeit mind. 60 Minuten

Gazpacho
400 ml kräftige, kalte Gemüsebrühe
1 EL Umamipaste (20 g; siehe Seite 73)
4–6 EL Apfelessig (40–60 ml; eventuell etwas mehr zum Abschmecken)
300 ml kalter, milder Orangensaft
3 EL Olivenöl (24 g)
2 ½ große rote Paprika (entkernt insgesamt 400 g), grob gewürfelt
½ Stange Staudensellerie, grob gewürfelt (30 g)
200 g gekochte weiße Bohnen
30 g Cashewbruch (siehe Tipp)
Salz
schwarzer Pfeffer aus der Mühle
10 Basilikumblätter

Salsa
2 reife Birnen (geschält 280 g), in 2-cm-Würfel geschnitten
1 rote Paprika (entkernt 150 g), in feine Streifen geschnitten
2 EL Zitronensaft (20 ml)
50 g gekochte weiße Bohnen
10 Basilikumblätter, grob zerzupft

Brot und Topping
4 Scheiben Bauern-(Vollkorn-) Brot (à ca. 50 g)
1 kleine Knoblauchzehe, geschält
Salz
4 EL Turbo-Seeds (siehe Seite 69)

TIPP

Statt Orangensaft kann man auch 300 g süße Kirschtomaten verwenden.

Für die Gazpacho bis auf das Basilikum alle **Zutaten** mit etwas **Salz** und **Pfeffer** fein zu einer cremigen Kaltschale pürieren. Die **Basilikumblätter** hinzugeben und noch mal mit der Pulsfunktion kurz mixen. Mit **Essig, Salz** und **Pfeffer** abschmecken und mindestens 60 Minuten kalt stellen – sie muss richtig schön kalt sein. • Für die Salsa alle **Zutaten** vermengen. • Das **Brot** toasten, mit der **Knoblauchzehe** einreiben und leicht **salzen.** • Die Gazpacho noch mal mit **Salz, Pfeffer** und **Essig** abschmecken. In zwei Schalen füllen, mit Birnen-Paprika-Salsa garnieren, mit **Turbo-Seeds** toppen und mit dem knusprigen Brot genießen.

TIPP

Falls kein Hochleistungsmixer zur Verfügung steht, die Cashews über Nacht in ausreichend Wasser einweichen. Alternativ 5 Minuten kochen.

FÜR 2 PERSONEN

MINESTRONE MIT TOFUSPECK UND VOLLKORN-CROÛTONSTICKS

Zubereitungszeit
30 Minuten

Suppe
100 g (Vollkorn-)Makkaroni oder (Vollkorn-)Penne
Salz
1 große Zwiebel (geschält 100 g), grob gewürfelt
1 kleine Knoblauchzehe, gehackt
1 Karotte (geschält 80 g), in 1-cm-Würfel geschnitten
200 g gekochte weiße Bohnen
1 EL Olivenöl (8 g)
1 EL Tomatenmark (einfach konzentriert)
200 g Rispentomaten, grob gewürfelt
750 ml würzige Gemüsebrühe
100 g Kochwasser von weißen Bohnen (Aquafaba)
1 TL getrockneter Thymian
1 TL getrockneter Oregano
½ Rosmarinzweig
4 EL gehackte glatte Petersilie
½ Zucchini, schräg in 1-cm-Scheiben geschnitten (100 g)
50 g Fenchel, in feine Streifen geschnitten
schwarzer Pfeffer aus der Mühle
etwas Basilikum

Tofuspeck
100 g Räuchertofu
1 EL Olivenöl (8 g)

Croûtonsticks
100 g (Vollkorn-)Baguette
1 EL Olivenöl (8 g)
1 kleine Knoblauchzehe, gehackt

Für die Suppe die **Makkaroni** in leicht **gesalzenem** Wasser etwa 6–8 Minuten kochen, bis sie etwas fester als bissfest sind. In ein Sieb abgießen, kalt abschrecken und beiseitestellen. • In der Zwischenzeit einen Topf erhitzen, **Zwiebeln, Knoblauch, Karotten** und 100 g **Bohnen** dazugeben, das **Öl** darüberträufeln und anrösten, bis sich schöne Röstaromen bilden. **Tomatenmark** und **Tomatenwürfel** einrühren und kurz mitrösten. Mit **Brühe** und **Bohnen-Kochwasser** ablöschen, **Thymian, Oregano, Rosmarin** und 2 EL **Petersilie** hinzugeben und bei niedriger Hitze 5 Minuten köcheln lassen. • Inzwischen für den Tofuspeck eine beschichtete Pfanne erhitzen. Den **Räuchertofu** in kurze Streifen schneiden, hineingeben, das **Öl** darüberträufeln und rundum 6–7 Minuten knusprig goldbraun braten. Die Hälfte davon zur Suppe geben, den Rest beiseitestellen. • Für die Croûtons das **Baguette** in Sticks schneiden, in dieselbe Pfanne geben, mit **Öl** beträufeln, **Knoblauch** zugeben und vorsichtig rundum knusprig rösten. • Makkaroni, restliche **Bohnen, Zucchini** und **Fenchel** in die Suppe geben und 3 Minuten köcheln. Mit **Salz** und **Pfeffer** abschmecken. • Die Minestrone in vier Suppenschalen füllen, mit restlichem Tofuspeck, restlicher Petersilie und Croûtonsticks bestreuen, mit **Basilikum** garnieren und genießen.

TIPP

Minestrone ist eine Suppe, die nur mit so vielen Gemüsesorten wunderbar funktioniert. Ein wirklicher Klassiker, der bei guter Zubereitung pures Soulfood ist.

TIPP

Statt Lauch kann man auch einfach Zwiebeln oder Fenchel verwenden.

FÜR 2 PERSONEN

LAUCH-HACK-EINTOPF AUF PELLKARTOFFELN

Zubereitungszeit
35 Minuten

Kartoffeln
500 g mehligkochende Kartoffeln
Salz

Eintopf
500 ml kräftige Gemüsebrühe
150 g Sojagranulat
2 EL Olivenöl (16 g)
1 Knoblauchzehe, durch die Presse gedrückt
Salz
schwarzer Pfeffer aus der Mühle
250 g Lauch, in feine Ringe geschnitten
200 ml Sojadrink + Calcium
500 ml würzige Gemüsebrühe
2 EL Würzhefeflocken (10 g)
7 Cheeze-Eiswürfel (105 g; siehe Seite 77)
1 TL Apfelessig (5 ml)
2 EL gehackte glatte Petersilie

Die **Kartoffeln** gut waschen und ungeschält in **Salzwasser** je nach Größe 25–35 Minuten gar kochen. • Für den Eintopf die **Brühe** aufkochen und das **Sojagranulat** nach Packungsanleitung darin einweichen bzw. garen. Die überschüssige Brühe abgießen und aus dem Hack ausdrücken. • Eine beschichtete Pfanne erhitzen, das Sojahack zugeben, mit 1 ½ EL **Öl** beträufeln und etwa 10 Minuten knusprig anbraten. Den **Knoblauch** dazugeben und mitrösten. Mit **Salz** und **Pfeffer** abschmecken. Ein Drittel vom knusprigen Hack beiseitestellen. • Das restliche **Öl** in einen Topf geben und den **Lauch** darin bei mittlerer Hitze 5 Minuten glasig anbraten. **Sojadrink, Brühe, Hefeflocken** und Sojahack einrühren und abgedeckt 5–7 Minuten sanft köcheln lassen. • Die **Cheeze-Eiswürfel** dazugeben und aufkochen, bis eine dickflüssige Konsistenz entsteht. Mit **Salz, Pfeffer** und **Essig** abschmecken – es soll würzig, cremig und leicht sauer sein. • Das beiseitegestellte Sojahack mit der gehackten **Petersilie** vermengen und mit **Salz** und **Pfeffer** würzen. • Die gar gekochten Kartoffeln mit einer Gabel halbieren, auf zwei Teller verteilen und den Lauch-Hack-Eintopf darübergeben.

TIPPS

Wenn kein Sojagranulat vorhanden ist, funktioniert auch zerbröselter Tofu oder zerkrümeltes Seitansteak (siehe Seite 245) super.

Falls keine Cheeze-Eiswürfel vorrätig sind, kann man diese durch 130 ml Sojasahne und 3 EL Würzhefeflocken ersetzen – nicht genauso lecker, aber für die schnelle Küche akzeptabel.

FÜR 2 PERSONEN

MASALA-DAL MIT ROTER BETE, JOGHURT UND GESCHMORTEN KAROTTEN

Zubereitungszeit
25 Minuten plus
Garzeit ca. 45 Minuten

Topping
80 g Vollkornreis
Salz
6 Stängel Koriandergrün, Blätter abgezupft und Stiele fein geschnitten
100 g ungesüßter Sojajoghurt
1 Limette, halbiert

Dal
3 kleine Zwiebeln (geschält 100 g), gewürfelt
200 g Rote Beten (geschält 150 g), in 3-cm-Stifte geschnitten
2 EL Olivenöl (16 g)
2 ½ EL Tikka-Currypaste (50 g; siehe Seite 70)
100 ml Gemüsebrühe
200 g stückige Tomaten aus der Dose
200 g Kokosmilch
400 g gekochte rote Linsen
ca. 1 TL Salz

Karotten
6 kleine Karotten mit Grün (geschält je ca. 40 g)
1 TL Olivenöl (4 g)
1 TL Cajun Spice (siehe Seite 69)
1 gute Prise Salz

Für das Topping den **Reis** gut waschen und in 1 l leicht **gesalzenem** Wasser aufkochen. Die Hitze reduzieren und je nach Sorte 35–45 Minuten abgedeckt ganz sanft gar köcheln lassen. Das restliche Wasser abgießen, den Reis auf ein Blech geben und 10 Minuten ausdampfen lassen. • Inzwischen für das Dal einen Topf erhitzen. **Zwiebeln** und **Rote Beten** hineingeben, das **Öl** darüberträufeln und kräftig goldbraun rösten. **Tikka-Currypaste** dazugeben und 30 Sekunden mitrösten. Mit **Brühe** und **Tomaten** ablöschen und die Röstaromen lösen. Den Deckel aufsetzen und bei niedriger Hitze 15 Minuten köcheln lassen. • **Kokosmilch, Linsen** und **Korianderstiele** hinzugeben und abgedeckt weitere 15 Minuten sanft garen. Warm halten. • Die **Karotten** schälen, 2 cm vom Grün dranlassen und gut säubern. Der Länge nach halbieren und in eine Schüssel geben. **Öl, Cajun Spice** und **Salz** zugeben, einreiben und auf einem Backblech verteilen. Den Backofen auf 200 °C Ober-/Unterhitze vorheizen. • Kurz bevor der Reis gar ist, die Karotten in den vorgeheizten Ofen schieben und 15 Minuten schön goldbraun rösten. Je nach Ofen muss man am Schluss noch den Grill dazuschalten, damit die Karotten Farbe bekommen. • Das Dal mit **Salz** würzen und in zwei Schalen füllen. Mit Reis, Karotten, Joghurt und **Korianderblättern** anrichten, mit Saft von den **Limettenhälften** beträufeln und genießen.

TIPP

Man kann die Linsen natürlich auch direkt mitkochen (mit der Brühe hineingeben). Dazu allerdings die vierfache Menge Brühe nehmen und die Kokosmilch mit den Korianderstielen erst dazugeben, wenn die Linsen nach 15 Minuten zerkocht sind.

TIPP

Klassisch wird die Ribollita über Nacht in den Kühlschrank gegeben und am nächsten Tag noch mal aufgekocht. Daher kommt auch der Name. Wenn man sie über Nacht in den Kühlschrank gibt, muss die Brühemenge erhöht werden.

FÜR 2 PERSONEN

RIBOLLITA MIT ZITRONEN-PETERSILIE-TOPPING

Zubereitungszeit
30 Minuten plus
Garzeit 30 Minuten

Ribollita
- 1 Zwiebel (geschält 80 g), fein gewürfelt
- 2 Knoblauchzehen, geschält
- 1 große festkochende Kartoffel (geschält 140 g), gewürfelt
- 1 große Karotte (geschält 160 g), fein gewürfelt
- 1–2 Stangen Staudensellerie, fein gewürfelt (60 g)
- 2 TL getrockneter Thymian
- 3 EL Olivenöl (24 g)
- 1 l Gemüsebrühe
- 3 große Frühlingszwiebeln, in feine Ringe geschnitten (110 g)
- 80 g stückige Tomaten aus der Dose
- 150 g Kochwasser von weißen Bohnen (Aquafaba)
- 150 g Rotkohl, in Streifen geschnitten (alternativ Weißkohl oder Grünkohl, vom Stängel gezogen, oder Wirsing)
- 150 g TK-Blattspinat
- 200 g gekochte weiße Bohnen
- Salz
- schwarzer Pfeffer aus der Mühle

Brot und Topping
- 200 g (Vollkorn-)Sauerteigbrot, in 5-mm-Scheiben geschnitten
- 2 EL Würzhefeflocken (10 g)
- abgeriebene Schale von 1 Biozitrone
- 8 Kirschtomaten, fein gewürfelt
- 3 EL Zitronensaft (30 ml)
- 1 kleiner Bund glatte Petersilie (20 g), fein geschnitten

Für die Ribollita einen großen Topf erhitzen, **Zwiebeln, Knoblauch, Kartoffeln, Karotten, Sellerie** und **Thymian** hineingeben, mit dem **Öl** beträufeln und 10 Minuten scharf anrösten. Wenn eine gleichmäßig dunkle Farbe entsteht, einen kleinen Schuss **Brühe** angießen. Die Röstaromen mit einem Holzschaber vom Topfboden lösen und wieder goldbraun anrösten. Erneut mit etwas **Brühe** ablöschen und die Röstaromen lösen. • Die **Frühlingszwiebeln** dazugeben, mit restlicher **Brühe, Tomaten** und **Bohnen-Kochwasser** ablöschen und ohne Deckel 30 Minuten sanft köcheln lassen, sodass etwa 20 % Flüssigkeit verdampfen. • **Rotkohl** und **TK-Spinat** dazugeben und 5 Minuten sanft köcheln lassen. • Inzwischen die **Brotscheiben** in einer Pfanne ohne **Öl** leicht anrösten. • Die Suppenmischung durch ein Sieb abgießen und die Brühe in einem Topf auffangen. 100 g **Bohnen** zur Brühe geben, glatt mixen, aufkochen und mit **Salz** und **Pfeffer** würzig abschmecken. Das heiße Gemüse aus dem Sieb in eine Schüssel geben und die restlichen **Bohnen** unterheben. • Zwei tiefe Teller mit der Hälfte der Brotscheiben auslegen. Mit einer Schicht Gemüse-Bohnen-Mischung bedecken, wieder eine Schicht Brot daraufgeben und mit Gemüse-Bohnen-Mischung abschließen. Mit der kochenden Brühe angießen. Mit **Hefeflocken, Zitronenschale** und **Kirschtomaten** bestreuen, mit **Zitronensaft** beträufeln und mit **Petersilie** garnieren.

FÜR 2 PERSONEN

SCHNELLES BOHNENCHILI MIT CHIMICHURRI UND REIS

Zubereitungszeit
35 Minuten

Chili
1 große Zwiebel (geschält 100 g), fein gewürfelt
1 Kohlrabi (geschält 150 g), in 5-mm-Würfel geschnitten
2 Stangen Staudensellerie, fein gewürfelt (85 g)
1 rote Paprika (entkernt 230 g), in feine Julienne (Stifte) geschnitten
3 EL Olivenöl (24 g)
2 EL Umamipaste (40 g; siehe Seite 73)
1 EL Cajun Spice (siehe Seite 69)
1 TL Paprikapulver
150 g stückige Tomaten aus der Dose
100 ml Orangensaft
150 g Bohnen-Kochwasser (Aquafaba)
240 g gekochte Riesenbohnen
Salz
schwarzer Pfeffer aus der Mühle

Chimichurri
1 kleiner Bund glatte Petersilie (20 g), sehr fein geschnitten
1 kleine Knoblauchzehe, fein gerieben
Saft von 1 Zitrone (ca. 30 ml)
1 EL fein abgeriebene Biozitronenschale
1 Frühlingszwiebel, weißer Teil fein geschnitten, grüner Teil sehr fein geschnitten (20 g)
2 EL Olivenöl (16 g)
1 TL Cajun Spice (siehe Seite 69)
1 EL Rosinen oder 2 entsteinte Datteln, sehr fein gehackt
Salz

Topping
200 g frisch gekochter (Vollkorn-)Reis
100 g ungesüßter Sojajoghurt

Für das Chili einen Topf stark erhitzen, **Zwiebeln, Kohlrabi, Sellerie** und die Hälfte der **Paprika** hineingeben, mit dem **Öl** beträufeln und 5 Minuten scharf anbraten. Wenn deutliche Röstspuren zu sehen sind, **Umamipaste** dazugeben und 30 Sekunden mitrösten. Dann **Cajun Spice** und **Paprikapulver** einrühren, 10 Sekunden mitrösten und sofort mit **Tomaten, Orangensaft** und **Bohnen-Kochwasser** ablöschen. Restliche **Paprika** dazugeben, die Röstaromen lösen und abgedeckt 15 Minuten bei mittlerer Hitze köcheln lassen. • Inzwischen für das Chimichurri alle **Zutaten** mit etwas **Salz** mischen und ziehen lassen. • Am Ende der Garzeit einige **Riesenbohnen** zerdrücken und mit den restlichen **Riesenbohnen** zum Chili geben – so bekommt es eine schöne Bindung. Mit **Salz** und **Pfeffer** abschmecken. • Auf zwei Schalen verteilen. In die Mitte den **Reis** geben, mit **Joghurt** toppen und mit Chimichurri bestreuen.

TIPP

Statt Vollkornreis kann jede Art von gekochtem Getreide oder auch Vollkornbrot verwendet werden.

FÜR 2 PERSONEN

REISSUPPE MIT GEBRATENEN SEITANSTEAK-STREIFEN

Zubereitungszeit
25 Minuten plus
Garzeit 45 Minuten

Reissuppe
1 große Zwiebel (geschält 105 g), fein gewürfelt
6 Knoblauchzehen, fein gehackt
½ milde rote Chilischote (8 g), in feine Ringe geschnitten
2 EL Olivenöl (16 g)
1,5 l kräftige Gemüsebrühe
1 EL Umamipaste (20 g; siehe Seite 73)
100 g Vollkornreis
2 Karotten (geschält 120 g), schräg in feine Scheiben geschnitten
200 g Rotkohlblätter, in mundgerechte Dreiecke geschnitten
3 gehäufte EL gehackter Koriander (15 g)
3 gehäufte EL gehackter Dill (12 g)
Salz
schwarzer Pfeffer aus der Mühle
4 hauchdünne Biozitronenscheiben

Seitan
200 g Seitansteak de luxe (siehe Seite 245)
1 EL Olivenöl (8 g)
4 EL Orangensaft (40 ml)
2 EL Sojasauce (20 ml)

Für die Reissuppe einen Topf erhitzen, **Zwiebeln, Knoblauch** und **Chiliringe** hineingeben, mit dem **Öl** beträufeln und anbraten, bis sich Röstspuren zeigen. Mit einem Schuss **Brühe** ablöschen, die Röstaromen lösen und die Flüssigkeit verkochen lassen. **Umamipaste** einrühren und noch mal kräftig anrösten, bis eine schöne goldbraune Farbe entsteht. Mit der restlichen **Brühe** ablöschen, den **Reis** hinzugeben und 45 Minuten abgedeckt sanft köcheln lassen. • Etwa 15 Minuten vor Ende der Garzeit für den Seitan das **Seitansteak** in grobe, mundgerechte Stücke reißen. Eine beschichtete Pfanne erhitzen, den Seitan hineingeben, das **Öl** darüberträufeln und kross anbraten. **Orangensaft** und **Sojasauce** vermengen und den Seitan damit ablöschen. Kurz schwenken, um die Flüssigkeit etwas zu reduzieren, und dann aus der Pfanne nehmen. • Sobald der Reis leicht bissfest gekocht ist, **Karotten** und **Rotkohl** hinzugeben und 3–5 Minuten mitköcheln. Kurz vor dem Servieren je 2 EL **Koriander** und **Dill** in die Suppe geben und mit **Salz** und **Pfeffer** abschmecken. • In zwei tiefe Teller füllen und die Seitanstreifen darauf anrichten. Die restlichen **Kräuter** darüberstreuen, mit den **Zitronenscheiben** garnieren und genießen.

TIPPS

Die Zitronenscheiben sehen nicht nur schön aus, sondern geben auch einen tollen Geschmack ab. Dazu am besten Biozitronen verwenden oder eine konventionelle Zitrone gut und gründlich waschen (Tipps dazu siehe Seite 32).

Statt Umamipaste kann auch Tikka-Currypaste verwendet werden. So bekommt die Suppe einen leicht orientalischen Touch.

Falls kein Seitansteak vorhanden ist, kann man auch gekauften Seitan oder Tempehstreifen nehmen.

FÜR 2 PERSONEN

HIRSE-LINSEN-SUPPE MIT KRAUT-PILZ-TOPPING UND APFELJULIENNE

Zubereitungszeit 50 Minuten

Suppe
2 Zwiebeln (geschält 180 g), fein gewürfelt
4 Karotten (geschält 250 g), in 3-cm-Stücke geschnitten
3 Stangen Staudensellerie, fein gewürfelt (180 g)
3 EL Olivenöl (24 g)
1,5 l kräftige Gemüsebrühe
2 TL Cajun Spice (siehe Seite 69)
3 Wacholderbeeren
3 Lorbeerblätter
80 g Hirse, gewaschen
150 g rote Linsen, gewaschen
3–4 EL Apfelessig (30–40 ml)
Salz
schwarzer Pfeffer aus der Mühle

Topping
1 Zwiebel, halbiert und längs in feine Streifen geschnitten
240 g Rotkohl, in feine Streifen geschnitten
200 g Champignons, in 2-cm-Stücke gerissen
1 EL Olivenöl (8 g)
1 TL Cajun Spice (siehe Seite 69)
1 Prise Salz

Garnierung
1 Bioapfel (120 g)
1 EL Zitronensaft (10 ml)
100 g ungesüßter Sojajoghurt
2 EL fein geschnittene glatte Petersilie

Für die Suppe einen Topf erhitzen, **Zwiebeln, Karotten** und **Sellerie** hineingeben, mit dem **Öl** beträufeln und goldbraun anrösten. Mit einem Schuss **Brühe** ablöschen, die Flüssigkeit verkochen lassen und erneut anrösten. Den Vorgang noch zweimal wiederholen, um die Röstaromen zu maximieren. Beim letzten Röstvorgang **Cajun Spice** dazugeben und kurz mitrösten. Die restliche **Brühe** angießen, **Wacholderbeeren** und **Lorbeerblätter** dazugeben und aufkochen. Die **Hirse** einrühren und 10 Minuten bei niedriger Hitze köcheln lassen. Die **Linsen** hinzufügen und weitere 10 Minuten sanft köcheln lassen. Mit **Essig, Salz** und **Pfeffer** abschmecken. • Während die Suppe köchelt, für das Topping eine beschichtete Pfanne erhitzen, **Zwiebeln, Rotkohl** und **Pilze** zugeben, mit dem **Öl** beträufeln und 3 Minuten kräftig anbraten. **Cajun Spice** einrühren, kurz mitrösten und vom Herd nehmen. Mit **Salz** abschmecken. • Für die Garnierung den **Apfel** waschen, ungeschält in feine Julienne (Stifte) schneiden und mit dem **Zitronensaft** marinieren. • Die Suppe in zwei Schalen füllen und das Kraut-Pilz-Topping daraufgeben. Mit Apfeljulienne, **Joghurt** und **Petersilie** garnieren und genießen.

TIPP

Das Topping entfaltet erst so richtig seinen Charme, wenn die Apfeljulienne sehr fein geschnitten sind. Dazu am besten den Apfel auf ein Brett stellen und von einer Seite mit einem scharfen Messer dünne Scheiben abschneiden, bis man auf das Kerngehäuse gelangt. Das Gleiche auf der anderen Seite weiterführen. Die Scheiben stapeln und erneut in feine Streifen schneiden. Den Vorgang mit den beiden anderen (kurzen) Apfelseiten wiederholen.

TIPP

Man kann auch direkt die doppelte Menge Suppe zubereiten, denn sie schmeckt am nächsten Tag sogar noch besser.

TIPP

Der Orangensaft ist für die Fruchtigkeit der Suppe extrem wichtig. Am besten einen milden Saft verwenden, der ein ausgewogenes Süße-Säure-Verhältnis hat.

FÜR 2 PERSONEN

TOMATENCREMESUPPE MIT GRIESSNOCKEN, KNOBI-BOHNEN UND RUCOLA-PESTO

Gnocchi

80 g Hartweizengrieß
160 ml Sojadrink + Calcium
2 EL Würzhefeflocken (10 g)
½ TL Salz (3 g)
schwarzer Pfeffer aus der Mühle

Suppe

1 Zwiebel (geschält 80 g), fein gewürfelt
1 Knoblauchzehe, fein gehackt
1 EL Olivenöl (8 g)
250 ml Gemüsebrühe
500 g gewürfelte italienische Tomaten aus der Dose
150 ml Orangensaft
1 TL getrockneter Thymian
½ TL getrockneter Oregano
½ TL getrockneter Rosmarin
4 Cheeze-Eiswürfel (60 g; siehe Seite 77)
Salz
schwarzer Pfeffer aus der Mühle

Bohnen

4 Knoblauchzehen, fein gehackt
2 EL Olivenöl (16 g)
250 g gekochte weiße Bohnen
1 Prise gemahlener Zimt

Pesto

30 g Sonnenblumenkerne, geröstet
1 EL Würzhefeflocken (5 g)
2 EL gehackte glatte Petersilie
1 TL Zitronensaft (5 ml)
1 EL Olivenöl (8 g)
10 g Rucola, grob gehackt

Zubereitungszeit 35 Minuten

Für die Gnocchi **Grieß, Sojadrink, Hefeflocken, Salz** und **Pfeffer** in einen Topf geben und köcheln lassen, dabei immer gut rühren, bis die Flüssigkeit vollständig gebunden ist und alles gut zusammenklebt. Etwas abkühlen lassen und aus der Masse Gnocchi oder kleine Nocken formen. • In der Zwischenzeit für die Suppe einen Topf erhitzen, **Zwiebeln** und **Knoblauch** hineingeben, mit dem **Öl** beträufeln und anbraten. Sobald sich die ersten Röstaromen bilden, mit der **Brühe** ablöschen und den Röstansatz vom Boden lösen. **Tomaten, Orangensaft** und **Gewürze** hinzugeben und gut verrühren. 5 Minuten sanft köcheln lassen, dann mit dem Stabmixer leicht stückig mixen. • Die Gnocchi dazugeben und 10 Minuten auf mittlerer Stufe sanft köcheln. Die **Cheeze-Eiswürfel** hinzufügen und bei niedriger Hitze weiter simmern lassen, dabei gelegentlich umrühren. • Inzwischen für die Bohnen eine beschichtete Pfanne erhitzen, den **Knoblauch** mit dem **Öl** hineingeben und anbraten. Sobald der Knoblauch Farbe bekommt, **Bohnen** und **Zimt** hinzugeben und bei reduzierter Hitze 2 Minuten garen. • Für das Pesto **Sonnenblumenkerne, Hefeflocken, Petersilie, Zitronensaft** und **Öl** in einem Mörser grob zerstoßen oder im Mixer kurz anmixen. Mit **Rucola** vermengen und beiseitestellen. • Die Suppe mit **Salz** und **Pfeffer** abschmecken, in zwei tiefe Teller füllen, Bohnen und Pesto darauf anrichten und genießen.

TIPP

Falls keine Cheeze-Eiswürfel vorrätig sind, kann man auch etwas Sojasahne in die Suppe geben. Nicht gleichwertig, aber auch lecker.

AUF DIE HAND

In diesem Kapitel gibt es günstige Soulfood-Gerichte, die am besten mit und aus der Hand gegessen werden. Einfach zuzubereiten und so lecker! Hier werden viele Klassiker und einige neue Interpretationen vorgestellt, die richtig Freude bereiten.

TIPP

Zum Mitnehmen die Wraps in Backpapier einrollen, dann schräg durchschneiden und in die To-go-Box legen. So fallen sie nicht auseinander und sehen später noch schön aus.

FÜR 2 PERSONEN (ergibt 4 Pancakes)

GEFÜLLTE PANCAKES MIT BOHNENCREME, BRATGEMÜSE UND DILLSALAT

Zubereitungszeit
35 Minuten

Pancakes
50 g Weizenmehl (Type 550)
50 g Vollkornweizenmehl
20 g Speisestärke
160 ml Sojadrink + Calcium
1 EL Olivenöl (8 g) plus etwas mehr zum Ausstreichen
1 Prise gemahlene Kurkuma

Bohnencreme
1 Zwiebel (geschält 70 g), fein gewürfelt
1 Knoblauchzehe, fein gewürfelt
1 EL Olivenöl (8 g)
300 g gekochte weiße Bohnen
100 ml Gemüsebrühe
Salz
schwarzer Pfeffer aus der Mühle

Bratgemüse
3 Stangen Staudensellerie, in feine Julienne (Stifte) geschnitten (150 g)
1 große Karotte (geschält 150 g), in feine Julienne (Stifte) geschnitten
Salz
schwarzer Pfeffer aus der Mühle
1 EL Olivenöl (8 g)

Dillsalat und Rucola
240 g Salatgurke, grob geraspelt
120 g Radieschen, grob geraspelt
3 Stängel Dill (6 g), fein geschnitten
4 EL ungesüßter Sojajoghurt (80 g)
Salz
60 g Rucola, gewaschen
1 EL Zitronensaft (10 ml)

Für die Pancakes alle **Zutaten** mit 40 ml Wasser im Mixer mit der Pulsfunktion zu einem geschmeidigen Teig mixen. Eine beschichtete Pfanne erhitzen und mit etwas **Öl** ausstreichen. Ein Viertel des Teigs in die Pfanne gießen, sehr dünn verteilen und bei mittlerer Hitze von beiden Seiten einen Pfannkuchen backen, der gerade einige Röstspuren zeigt, aber noch schön flexibel ist. Auf die gleiche Weise drei weitere Pfannkuchen backen. Stapeln und mit einem großen Deckel abdecken. • Für die Bohnencreme einen Topf erhitzen, **Zwiebeln** und **Knoblauch** hineingeben, mit dem **Öl** beträufeln und goldbraun rösten. Die **Bohnen** dazugeben und mit der **Brühe** ablöschen. Einkochen, bis die Flüssigkeit fast komplett reduziert ist. Mit dem Stampfer zu einer leicht stückigen Creme zerdrücken und mit **Salz** und **Pfeffer** abschmecken. • Für das Bratgemüse eine Pfanne erhitzen. **Sellerie-** und **Karottenjulienne** mit **Salz** und **Pfeffer** würzen, in die Pfanne geben, mit dem **Öl** beträufeln und kurz und kräftig anbraten, bis sie zusammenfallen, aber noch Biss haben. Mit **Salz** und **Pfeffer** abschmecken • Für den Dillsalat **Gurke, Radieschen, Dill** und **Sojajoghurt** vermengen und mit **Salz** abschmecken. Den **Rucola** mit dem **Zitronensaft** mischen. • Die Pfannkuchen mit der Bohnencreme bestreichen und mit Bratgemüse, Dillsalat und Rucola belegen. Eine Umdrehung straff aufrollen, die Seiten einschlagen und weiter straff aufrollen. In der Mitte schräg durchschneiden und genießen.

FÜR 2 PERSONEN

FLATBREADS MIT LINSENSALAT, BLUMENKOHL UND TIKKA-JOGHURT

Zubereitungszeit 35 Minuten

Linsensalat
150 g Belugalinsen
2 EL Olivenöl (16 g)
3 EL Zitronensaft (30 ml; eventuell etwas mehr)
abgeriebene Schale von ½ Biozitrone (2 g)
3 EL Ponzu-Style-Sauce (30 g; siehe Seite 74)
2 EL gehacktes Koriandergrün (8 g)
Salz
schwarzer Pfeffer aus der Mühle

Flatbreads
100 g Weizenvollkornmehl
100 g Weizenmehl (Type 550)
1 TL Backpulver (4 g)
2 EL Olivenöl (16 g)
100 ml Sojadrink + Calcium
Salz
schwarzer Pfeffer aus der Mühle

Blumenkohl
300 g Blumenkohl
1 EL Olivenöl (8 g)
Salz
schwarzer Pfeffer aus der Mühle

Zum Servieren
2 EL Tikka-Currypaste (40 g; siehe Seite 70)
150 g ungesüßter Sojajoghurt
1 Avocado (250 g)
einige Korianderblätter

Für den Linsensalat die **Linsen** in mindestens 500 ml Wasser 15–18 Minuten sanft sprudelnd kochen. • Inzwischen für die Flatbreads beide **Mehle** und **Backpulver** mischen. 1 EL **Öl** und **Sojadrink** mit ½ gestrichenen TL **Salz** mixen. Zur Mehlmischung geben und 10 Minuten zu einem glatten Teig kneten. • Die Linsen in ein Sieb abgießen, mit kaltem Wasser abschrecken und abtropfen lassen. In eine Schüssel geben, **Öl, Zitronensaft, Zitronenschale, Ponzu-Style-Sauce** und **Koriander** hinzufügen und vermischen. Mit **Salz, Pfeffer** und eventuell noch etwas **Zitronensaft** abschmecken. • Für den Blumenkohl eine beschichtete Pfanne erhitzen. Den **Blumenkohl** in 3 cm dicke Scheiben schneiden, in die Pfanne geben, das **Öl** darüberträufeln und pro Seite 2–3 Minuten anbraten. Mit einer Prise **Salz** und **Pfeffer** würzen. • Parallel dazu eine zweite beschichtete Pfanne erhitzen. Aus dem Teig zwei ovale Flatbreads formen, mit dem restlichen **Öl** in die Pfanne geben und von beiden Seiten je 2–3 Minuten backen. Mit einer Prise **Salz** und **Pfeffer** würzen. • Inzwischen zum Servieren die **Tikka-Currypaste** in den **Joghurt** rühren. Die **Avocado** halbieren, entkernen, das Fruchtfleisch mit einem Löffel vorsichtig auslösen und in feine Scheiben schneiden. • Linsensalat und Blumenkohl auf den fertigen Flatbreads anrichten, die Avocado fächerartig daraufsetzen und mit Tikka-Joghurt und **Koriander** garnieren.

TIPP

Wenn es schneller gehen soll, statt selbst gemachter Flatbreads einfach zwei fertige Vollkorn-Pitabrote anbraten.

TIPPS

Nach 2–3 Minuten Rösten kann man einen Topf auf die Sojastreifen stellen, so haben sie mehr Kontakt zum Pfannenboden. Alle 30 Sekunden den Topf abnehmen und die Streifen wenden.

Bei diesem Gericht spart man natürlich einiges an Arbeit, wenn man eine fertige BBQ-Sauce verwendet.

FÜR 2 PERSONEN

BURGER MIT PULLED-SOY-STEAKS UND KRAUTSALAT

Zubereitungszeit 45 Minuten plus
Backzeit 20 Minuten

BBQ-Sauce
2 Zwiebeln (geschält 120 g), fein gewürfelt
2 Knoblauchzehen, fein gewürfelt
1 EL Olivenöl (8 g)
100 ml Orangensaft
1 EL Cajun Spice (siehe Seite 69)
½ TL geräuchertes Paprikapulver
25 g Rosinen
2 EL Umamipaste (40 g; siehe Seite 73)
100 ml Gemüsebrühe
2 EL Sojasauce (20 ml)
300 g stückige Tomaten aus der Dose
Salz
schwarzer Pfeffer aus der Mühle
2 EL Balsamico-Essig (20 ml)

Steakstreifen
140 g Soja-Big-Steaks (aufgekocht und ausgedrückt 350 g)
1 l kräftige Gemüsebrühe
1 große Zwiebel (geschält 100 g), längs in Streifen geschnitten
3 EL Olivenöl (24 g)
1 EL Umamipaste (20 g; siehe Seite 73)
½ TL Salz
schwarzer Pfeffer aus der Mühle

Krautsalat
200 g Rotkohl, in 2-mm-Streifen geschnitten
1 gute Prise Salz
1 EL Zitronensaft (10 ml)
1 kleiner Bioapfel (100 g), ungeschält geraspelt

Burger
2 große (Vollkorn-)Burger-Buns (à 70 g)
40 g Rucola, gewaschen

Für die BBQ-Sauce einen Topf erhitzen, **Zwiebeln** und **Knoblauch** mit **Öl** hineingeben und 5 Minuten braun anrösten. Mit 50 ml **Orangensaft** ablöschen, Röstaromen vom Boden lösen, einkochen und anrösten. **Cajun Spice, Paprikapulver, Rosinen** und **Umamipaste** dazugeben und kräftig mitrösten. Mit restlichem **Orangensaft** ablöschen, Röstaromen lösen, einkochen und noch mal anrösten. Mit **Brühe** ablöschen, Röstaromen lösen. **Sojasauce** und **Tomaten** dazugeben und ohne Deckel bei mittlerer Hitze 10 Minuten sanft köcheln und auf die Hälfte reduzieren. Im Mixer pürieren und mit **Salz, Pfeffer** und **Essig** abschmecken. • Inzwischen für die Steakstreifen die **Soja-Big-Steaks** in der **Brühe** 10 Minuten kochen. Die Brühe abgießen und fürs nächste Mal einfrieren oder für eine Suppe verwenden. Die Steaks etwas ausdrücken – Achtung, heiß! Horizontal halbieren und in 3 mm feine (wichtig!) Streifen schneiden. • Den Backofen auf 190 °C Ober-/Unterhitze vorheizen. Ein Backblech mit Backpapier auslegen. • Eine beschichtete Pfanne erhitzen. Sojastreifen und **Zwiebeln** mit **Öl** hineingeben und 10 Minuten scharf braun rösten (siehe Tipp). Vom Herd nehmen, **Umamipaste, Salz** und etwas **Pfeffer** einrühren und die Streifen etwas zerkleinern. Zwei Drittel der BBQ-Sauce einrühren, auf das Backblech geben und im vorgeheizten Ofen 20 Minuten backen. • Inzwischen für den Krautsalat alle **Zutaten** mischen und kneten. • Für die Burger die **Buns** aufschneiden, mit den Schnittflächen in eine Pfanne legen und abgedeckt bei mittlerer Hitze rösten – so wird es innen schön knusprig (sehr wichtig) und außen soft. • Das Blech aus dem Ofen nehmen und die restliche BBQ-Sauce unter die Sojastreifen mischen. • Auf den Brötchenunterseiten den **Rucola** verteilen, die Steakstreifen daraufgeben, mit Krautsalat toppen und die oberen Brötchenhälften aufsetzen.

FÜR 2 PERSONEN

TACOS MIT SELLERIE-LINSEN-CREME, RÖSTKOHL, PFIRSICH UND SALSA VERDE

Zubereitungszeit 35 Minuten

Creme
½ Zwiebel (geschält 30 g), fein gewürfelt
1 Knoblauchzehe, geschält
100 g Knollensellerie, in 1-cm-Würfel geschnitten
1 EL Olivenöl (8 g)
100 g rote Linsen, gewaschen
300 ml Gemüsebrühe
5 Eiswürfel
Salz
schwarzer Pfeffer aus der Mühle

Salsa verde
1 kleine Stange Staudensellerie, grob gewürfelt (40 g)
100 g Salatgurke, gewürfelt
1 Knoblauchzehe, fein gehackt
1-cm-Stück grüne Chilischote
10 g Rosinen
4 EL Orangensaft (40 ml)
3 EL grob gehacktes Koriandergrün (10 g)
5 Stängel glatte Petersilie (8 g), gehackt
1 Prise Salz
3 EL Limettensaft (30 ml)

Röstkohl
80 g Champignons, halbiert
500 g TK-Rosenkohl, aufgetaut und halbiert
2 EL Olivenöl (16 g)
2 EL Sojasauce (20 ml)
Salz
schwarzer Pfeffer aus der Mühle

Tortillas und Frucht
4 (Vollkorn-)Tortillas (à ca. 60 g)
1 Pfirsich (entsteint 100 g) oder 100 g Ananasfleisch, in 2-cm-Stücke geschnitten

Für die Creme einen kleinen Topf erhitzen, **Zwiebeln, Knoblauch** und **Sellerie** hineingeben, das **Öl** darüberträufeln und leicht goldbraun rösten. Die **Linsen** dazugeben und mit der **Brühe** ablöschen. Ohne Deckel sanft 12 Minuten köcheln lassen, bis die Flüssigkeit verdampft ist. • Die Linsenmischung in eine große Schüssel geben, damit sie lauwarm ausdampft. Dann mit den **Eiswürfeln** im Mixer zu einer glatten Creme mixen. Alternativ den Stabmixer verwenden. ***Wichtig:*** Bei leistungsstarken Mixern nie „Vollgas" geben, sonst verschleimt das Ganze. Die Eiswürfel sollen genau dieses Verschleimen verhindern. Mit **Salz** und **Pfeffer** abschmecken. • Inzwischen für die Salsa verde eine unbeschichtete Pfanne stark erhitzen, **Sellerie, Gurke** und **Knoblauch** hineingeben und etwa 1 Minute ohne Öl anrösten, bis deutliche Röstspuren zu sehen sind. Mit **Chili, Rosinen, Orangensaft, Koriander** und **Petersilie** im Mixer zu einer glatten grünen Sauce mixen. Mit **Salz** und **Limettensaft** abschmecken. • Für den Röstkohl eine beschichtete Pfanne erhitzen, **Champignons** und **Rosenkohl** zugeben, das **Öl** darüberträufeln und 6 Minuten goldbraun rösten. Mit **Sojasauce** ablöschen und mit **Salz** und **Pfeffer** abschmecken. Durchschwenken und in eine Schüssel geben. • Die Pfanne auswischen, die **Tortillas** darin kurz von jeder Seite anrösten, auf einem Teller stapeln und mit einem Küchentuch abdecken. • Die **Pfirsichstücke** in der gleichen Pfanne ohne Fett kurz scharf anrösten. • Die Salsa noch mal abschmecken. • Die Tortillas mit Creme bestreichen, den Röstkohl mit den Pfirsichstücken daraufsetzen, leicht zusammenklappen und je zwei Tacos auf zwei Teller geben. Die Füllung mit Salsa verde beträufeln.

TIPPS

Das Anrösten der Zutaten in einer heißen Pfanne ist essenziell für den Geschmack der Salsa.

Die feste Konsistenz und das Mundgefühl von Tiefkühlrosenkohl sind deutlich anders als von frischem und erinnern fast schon an tierische Produkte. Eine super Kombi auch mit der Frucht!

FÜR 2 PERSONEN

BAGUETTE MIT CAJUN-STEAK, PAPRIKA UND DEM WELTBESTEN CREMEDRESSING

Zubereitungszeit
20 Minuten plus
Ruhezeit 10 Minuten

Cremedressing
100 ml Sojadrink + Calcium
20 g Cashewbruch
30 g Tofu Natur
10 g Rosinen
1 EL Olivenöl (8 g)
1 ½ TL Dijonsenf (15 g)
1 EL Apfelessig (10 ml)

Baguette
1 großes und weiches (Vollkorn-)Baguette

Rucola
50 g Rucola, gewaschen
1 EL Zitronensaft (10 ml)
1 Prise Salz
1 TL Olivenöl (4 g)

Steak und Paprika
250 g Seitansteak de luxe (siehe Seite 245)
2 EL Olivenöl (16 g)
1 rote Paprika (geschält und entkernt 160 g), längs in 3-cm-Streifen geschnitten
1 TL Cajun Spice (siehe Seite 69)

Den Backofen auf 170 °C Ober-/Unterhitze vorheizen. • Für das Cremedressing den **Sojadrink** kurz aufkochen, **Cashews, Tofu** und **Rosinen** hineingeben und 10 Minuten ziehen lassen. Dann mit den restlichen **Zutaten** im Mixer zu einer glatten Creme mixen. Auf einen Teller gießen und zum Abkühlen in den Kühlschrank oder ins Tiefkühlfach geben. • Inzwischen das Baguette im vorgeheizten Ofen 3–4 Minuten aufbacken. • Für den Rucola alle **Zutaten** mischen. • Das **Steak** in zwei Stücke schneiden und diese waagerecht mit einem scharfen Messer halbieren. Eine beschichtete Pfanne erhitzen, die Steakstücke hineingeben, das **Öl** darübergießen und von jeder Seite 3 Minuten knusprig braten. In der letzten Minute die **Paprikastreifen** dazugeben und mitbraten. Mit ½ TL **Cajun Spice** bestreuen, wenden und restliches **Cajun Spice** dazugeben. Die Steakstücke von beiden Seiten 10 Sekunden rösten und aus der Pfanne nehmen. • Das Baguette in der Mitte durchschneiden, dann beide Hälften längs halbieren, dabei nicht ganz durchschneiden. Beide Schnittflächen mit etwa zwei Dritteln des Cremedressings bestreichen. Mit Steaks, Paprikastreifen und Rucola füllen, mit dem restlichen Dressing beträufeln und genießen.

TIPPS

Wenn kein Seitansteak vorhanden ist, einfach einen guten Seitan oder Tempeh verwenden. Auch Soja-Big-Steak funktioniert super.

Das Cremedressing kann in anderen Gerichten als Sauce verwendet werden. Man kann auch gern die doppelte oder dreifache Menge auf Vorrat zubereiten.

FÜR 2 PERSONEN

LEMON-COCO-TOFU IN DER PITATASCHE

Zubereitungszeit
25 Minuten

Tofu
300 g Tofu Natur, in 2-cm-Würfel geschnitten
200 g Kokosmilch
1 Zwiebel (geschält 75 g), halbiert in Ringe geschnitten
1 Knoblauchzehe, fein gehackt
2 Tomaten (160 g), in 2-cm-Würfel geschnitten
3 EL Zitronensaft (30 ml)
Salz
2 EL Cajun Spice (siehe Seite 69)
abgeriebene Schale von ½ Biozitrone
1 TL Speisestärke (5 g)
schwarzer Pfeffer aus der Mühle

Pitas und Füllung
4 (Vollkorn-)Pitabrote (à 60–70 g)
100 g Spitzkohl, in feinste Streifen geschnitten
1 Prise Salz
1 Pfirsich (entsteint 120 g), in 2-cm-Scheiben geschnitten
½ Bund Koriandergrün (12 g), grob gehackt
1 Frühlingszwiebel (20 g), schräg in feine Ringe geschnitten

Den **Tofu** mit 100 g **Kokosmilch** in eine Pfanne geben und die Flüssigkeit verkochen lassen, bis der Tofu im übrig bleibenden Fett anbraten kann. Die Würfel 7–10 Minuten unter Wenden rundum knusprig goldbraun anbraten. • **Zwiebeln** und **Knoblauch** hinzugeben und einige Minuten mit anbraten. **Tomaten, Zitronensaft,** ½ TL **Salz, Cajun Spice** und **Zitronenschale** hinzugeben und die Hitze reduzieren. Die **Stärke** mit der restlichen **Kokosmilch** klümpchenfrei verrühren und einrühren. 5 Minuten bei geringer Hitze simmern lassen, dabei gelegentlich umrühren. Mit **Salz** und **Pfeffer** abschmecken. • In der Zwischenzeit die **Pitabrote** in einer zweiten Pfanne oder auf dem Toaster erwärmen. • Die **Spitzkohlstreifen** mit dem **Salz** leicht verkneten, damit der Kohl etwas weicher wird. • Die **Pfirsichscheiben** in einer kleinen Pfanne kurz grillen. • Die Pitas mit Kokos-Tofu, Kohl, **Koriander, Frühlingszwiebeln** und gegrillten Pfirsichen füllen und genießen.

TIPPS

Statt Pfirsich kann man jede andere reife Frucht verwenden.

Wenn keine Pitas vorhanden sind, geht auch Vollkornbaguette oder einfach nur Reis dazu.

FÜR 2 PERSONEN

REUBEN-SANDWICHES MIT DRESSING RUSSIAN STYLE

Zubereitungszeit
20 Minuten

Dressing
150 g ungesüßter Sojajoghurt
15 g Cashewbruch (eventuell eingeweicht)
2 EL Umamipaste (40 g; siehe Seite 73)
15 g Tomatenmark
1 Prise Salz

Sandwiches
6 Scheiben (Vollkorn-)Sauerteigbrot (à ca. 50 g)
2 EL Olivenöl (16 g)
12 Cheeze-Eiswürfel (180 g; siehe Seite 77)
300 g Räuchertofu, hauchdünn geschnitten
300 g Sauerkraut
1 Prise Salz

Für das Dressing alle **Zutaten** im Mixer glatt pürieren. Falls kein Hochleistungsmixer vorhanden ist, die Cashews eventuell über Nacht einweichen. Das Dressing bis zur Verwendung kalt stellen. • Für die Sandwiches die **Brotscheiben** portionsweise von einer Seite mit dem **Öl** bestreichen, mit der eingeölten Seite in eine große Pfanne legen und bei mittlerer Hitze kross anrösten. Dabei je zwei **Cheeze-Eiswürfel** auf die Brotscheiben geben und verstreichen, sobald sie geschmolzen sind. Aus der Pfanne nehmen. • Drei fertig geröstete **Brotscheiben** auf der nicht gerösteten Cheeze-Seite mit je 100 g **Räuchertofu-Aufschnitt** überlappend belegen, je 100 g **Sauerkraut** daraufgeben, mit je 2–3 EL Dressing beträufeln und die restlichen gebratenen Brotscheiben mit der Cheeze-Seite nach unten darauflegen. • Die Sandwiches jeweils in der Mitte vorsichtig durchschneiden und mit kleinen Holzspießen fixieren.

TIPP

Alternativ eignet sich hauchdünn geschnittener, selbst gemachter Kartoffel-Tofu-Aufschnitt (siehe Seite 95). Hat man diesen gerade nicht zur Hand, ist es am besten und schnellsten, einen guten Räuchertofu zu kaufen und diesen in hauchdünne Scheiben zu schneiden.

FÜR 2 PERSONEN (ergibt 4 Stück)

OFEN-EMPANADAS

Zubereitungszeit
40 Minuten plus
Backzeit 25 Minuten

Teig
100 g Weizenvollkornmehl
100 g Weizenmehl (Type 550) plus etwas mehr zum Bestäuben
1 TL Backpulver (4 g)
1 EL Olivenöl (8 g) plus etwas mehr zum Bepinseln
90 ml Sojadrink + Calcium
3 TL ungesüßter Sojajoghurt (25 g)
½ gestrichener TL Salz

Füllung
300 g Tofu Natur, zu Hack zerkrümelt
3 EL Olivenöl (24 g)
2 Zwiebeln (geschält 150 g), fein gewürfelt
1 Knoblauchzehe, fein gewürfelt
30 g Tomatenmark
2 EL Cajun Spice (siehe Seite 69)
100 g Weißkohl, fein gewürfelt
1 rote Paprika (entkernt 150 g), fein gewürfelt
2 EL Sojasauce (20 ml)
Salz
schwarzer Pfeffer aus der Mühle

Außerdem
Speisering (Ø ca. 14 cm) oder eine gleich große Schüssel

Für den Teig beide **Mehle** und **Backpulver** in einer Schüssel mischen. **Öl, Sojadrink, Joghurt** und **Salz** mixen. Zur Mehlmischung geben und 10 Minuten zu einem glatten Teig kneten. Mit Frischhaltefolie oder einer Schüssel abdecken und 20 Minuten ruhen lassen. • Inzwischen für die Füllung eine große beschichtete Pfanne erhitzen, den zerkrümelten **Tofu** hineingeben, das **Öl** darübergießen und 10 Minuten knusprig goldbraun braten. **Zwiebeln** und **Knoblauch** hinzufügen und 3 Minuten anrösten. Das **Tomatenmark** einrühren, dann **Cajun Spice** und **Weißkohlstreifen** dazugeben und scharf anrösten. **Paprika** einrühren und mit **Sojasauce, Salz** und **Pfeffer** abschmecken. Die Hälfte der Masse mit dem Stabmixer glatt mixen und mit dem Rest vermengen, sodass die Füllung besser zusammenhält. • Den Backofen auf 190 °C Ober-/Unterhitze vorheizen. Ein Backblech mit Backpapier auslegen. • Den Teig auf einer leicht bemehlten Arbeitsfläche mit einem Nudelholz 3 mm dünn ausrollen, dabei immer wieder vorsichtig wenden. Mit dem Speisering vier Kreise ausstechen. Jeweils ein Viertel der Füllung auf die Teigkreise setzen, zuklappen und die Teigränder fest zusammendrücken. Vorsichtig etwas flach drücken. • Die Empanadas mit etwas **Öl** bepinseln, auf das Backblech setzen und im vorgeheizten Ofen 20 Minuten backen. Den Backofengrill zuschalten und bei 230 °C noch 5 Minuten backen, bis die Empanadas etwas knusprig goldbraun werden. • Herausnehmen, abkühlen lassen und lauwarm oder kalt genießen.

TIPPS

Zu den Empanadas passt auch hervorragend die Salsa verde vom Tacos-Rezept (siehe Seite 148).

Aus den Teigresten kann man übrigens super Flatbread machen (siehe Seite 144).

GEMÜSE ALS STAR

Dieses Kapitel liegt uns sehr am Herzen, denn für uns ist Gemüse ein wirklicher Star auf dem Teller. Klassischerweise ist Gemüse für die meisten Menschen aufgrund der „tierischen Stars" oft nichts anderes als eine viel zu klein geschnittene Beilage – so schmeckt es dann leider auch manchmal. Mit diesen Rezepten wollen wir zeigen, dass es auch anders geht. Hier findet man großstückiger zubereitetes Gemüse im Zentrum des Tellers und immer mit dem gewissen Twist. Die Zubereitungszeiten sind manchmal etwas länger, dafür entstehen edle und sehr ansehnliche Gerichte, die auch Gäste begeistern. Viel Freude beim Nachkochen!

TIPP

Diese Backmethode für die Roten Beten eignet sich auch für Sellerie, Kohlrabi oder Pastinake. Die Schale verbrennt dabei immer leicht und der Innenteil wird schön intensiv im Aroma.

FÜR 2 PERSONEN

ROTE BETE MIT KERNDLREIS UND GEMÜSE-BOHNEN-PÜREE

Zubereitungszeit
65 Minuten

Beten
2 große Rote Beten (ungeschält 650 g), gut gewaschen
1 EL Olivenöl (8 g)
1 gute Prise Salz

Kerndlreis
200 g Vollkornreis
600 ml Gemüsebrühe
1 kleiner Bund glatte Petersilie (20 g), fein gehackt
20 g Kürbiskerne
1 EL Sesam (10 g)
3 EL Zitronensaft (30 ml)
1 EL abgeriebene Biozitronenschale
1 EL Olivenöl (8 g)
1 EL Würzhefeflocken (5 g)

Püree
½ kleine rote Paprika, entkernt und fein gewürfelt (40 g)
1 kleine Zwiebel (geschält 40 g), fein gewürfelt
1 Knoblauchzehe, gewürfelt
1 kleine Karotte, fein gewürfelt (50 g)
1 Stange Staudensellerie, fein gewürfelt (50 g)
2 EL Olivenöl (16 g)
250 g gekochte weiße Bohnen
200 ml Gemüsebrühe
Salz
schwarzer Pfeffer aus der Mühle

Bete-Sauce
100 g ungesüßter Sojajoghurt
1-mm-Scheibe Knoblauch
50 g rohe Rote Bete, gerieben
1 EL Zitronensaft (10 ml)
Salz
schwarzer Pfeffer aus der Mühle

Topping
10 Basilikumblätter
½ Bund glatte Petersilie (15 g), grob zerzupft
1 EL Zitronensaft (10 ml)

Den Backofen auf 190 °C Umluft vorheizen. Ein Backblech mit Backpapier auslegen. • Für die Beten die **Knollen** waschen, ungeschält mit **Öl** und **Salz** einreiben, auf das Backblech setzen und im vorgeheizten Ofen 60 Minuten backen. • Währenddessen für den Kerndlreis den **Reis** gut waschen, mit **Brühe** und **Petersilie** in einen Topf geben und abgedeckt 45 Minuten sanft köcheln. • Inzwischen **Kürbiskerne** hacken, mit dem **Sesam** in einer Pfanne rösten und beiseitestellen. • Für das Püree eine große Pfanne erhitzen, das gewürfelte **Gemüse** hineingeben, das **Öl** darüberträufeln und kräftig anrösten. **Bohnen** dazugeben, mit **Brühe** ablöschen und einkochen lassen, bis der Boden der Pfanne gerade noch mit Flüssigkeit bedeckt ist. Mit dem Kartoffelstampfer zu einem stückigen Püree zerdrücken. Mit **Salz** und **Pfeffer** würzen und warm halten. • Für die Bete-Sauce **Joghurt, Knoblauch** und **Bete** glatt mixen und mit **Zitronensaft , Salz** und **Pfeffer** abschmecken. • Für das Topping die **Zutaten** mischen. • Wenn der Reis gar ist, das Kochwasser abgießen und den Reis auf einem Backblech etwas ausdampfen lassen. Kürbiskern-Sesam-Mischung, **Zitronensaft, Zitronenschale, Öl** und **Hefeflocken** zugeben, mischen und warm halten. • Die gebackenen Beten aus dem Ofen nehmen, schälen und in je vier dicke Spalten schneiden. • Das Püree auf zwei große Teller streichen. Den Kerndlreis zugeben und die Bete-Spalten darauf anrichten. Das Topping als kleines Nest daraufsetzen und mit der Bete-Sauce garnieren.

FÜR 2 PERSONEN

BLUMENKOHL IM BLÄTTERTEIGMANTEL MIT KÜRBISKERN-SENF-SAUCE

Zubereitungszeit
30 Minuten plus
Backzeit 40–45 Minuten

Farce
1 Zwiebel (geschält 60 g), fein gewürfelt
200 g Champignons, fein gehackt
200 g Räuchertofu, fein gehackt
2 EL Sojasauce (20 ml)
60 g Semmelbrösel
4 EL fein gehackte glatte Petersilie
Salz
schwarzer Pfeffer aus der Mühle

Blumenkohl
1 Blumenkohl (800 g, geputzt und Strunk reduziert 570 g)
Salz
1 Pck. veganer Blätterteig (Rolle; 270 g)
2 EL Sojadrink + Calcium (20 ml)

Sauce
20 g Kürbiskerne, geröstet
100 ml kräftige Gemüsebrühe
1 EL Olivenöl (8 g)
1 TL mittelscharfer Senf (10 g)
1 TL Zitronensaft (10 ml)
Salz
schwarzer Pfeffer aus der Mühle

Für die Farce in einer beschichteten Pfanne **Zwiebeln, Pilze** und **Tofu** bei mittlerer Hitze 5 Minuten unter ständigem Wenden anrösten. Vom Herd nehmen, **Sojasauce, Semmelbrösel, Petersilie** und 60 ml Wasser hinzufügen und entweder in einem Mixer oder mit dem Stabmixer nicht zu glatt pürieren. Mit **Salz** und **Pfeffer** würzen, zum Auskühlen auf einen Teller geben und im Kühlschrank kalt stellen. • Den Backofen auf 180 °C Umluft vorheizen. Ein Backblech mit Backpapier auslegen. • Den **Blumenkohl** putzen, waschen und möglichst viel Strunk entfernen, aber darauf achten, dass der Kopf noch gut zusammenhält. 2 l **gesalzenes** Wasser in einem großen Topf zum Kochen bringen und den Blumenkohl darin 5 Minuten garen. Abgießen, mit viel kaltem Wasser abschrecken und gut abtropfen lassen. • Den **Blätterteig** entrollen, einige Löffel von der kalten Pilzfarce in der Mitte verstreichen, den Blumenkohl mit dem Strunk nach oben darauf platzieren, rundum dick mit der Pilzfarce einstreichen und die Strunkmulde ebenfalls füllen. Den Blätterteig um den Blumenkohl einschlagen und gut andrücken. Umdrehen, auf das Backblech setzen und mit einer Gabel rundum mehrfach einstechen. Mit **Sojadrink** bestreichen und 40–45 Minuten im vorgeheizten Ofen knusprig goldbraun backen. • Währenddessen für die Sauce die **Kürbiskerne** mit **Brühe, Öl, Senf** und **Zitronensaft** glatt pürieren und mit **Salz** und **Pfeffer** abschmecken. • Den Blumenkohl aus dem Ofen nehmen, halbieren oder in Scheiben schneiden, auf zwei Teller verteilen und einen Saucenspiegel angießen. Das sieht superpuristisch, aber wunderschön aus.

TIPP

Statt Räuchertofu kann man auch gekochte Bohnen und ½ TL geräuchertes Paprikapulver verwenden.

TIPP

Sobald der Blätterteig aus dem Kühlschrank genommen wird, muss schnell gearbeitet werden, denn sonst wird er sehr weich und lässt sich nur noch schwer verarbeiten.

TIPPS

Wenn man in den letzten 10 Backminuten etwas Ponzu-Style-Sauce (siehe Seite 74) über die Süßkartoffelstücke gibt, bekommen diese einen schönen Glanz.

Die asiatische Pfanne muss man ziemlich direkt nach dem finalen Mischen und Würzen anrichten. Mit dem Dressing also warten, bis die Süßkartoffel fertig gebacken ist.

FÜR 2 PERSONEN

ASIATISCHE SÜSSKARTOFFEL-STEAK-PFANNE MIT SÜSSKARTOFFEL IM KRÄUTERMANTEL

Zubereitungszeit
50 Minuten

Süßkartoffel
- 1 große Süßkartoffel (820 g, geschält 700 g)
- 1 EL Olivenöl (8 g)
- 1 gute Prise Salz

Asiatische Pfanne
- 125 g Soja-Big-Steaks (aufgekocht und ausgedrückt 300 g)
- 1 l würzige Gemüsebrühe
- 3 EL Olivenöl
- 1 Zwiebel (geschält 60 g), in feine Streifen geschnitten

Marinade
- 2 EL Umamipaste (40 g; siehe Seite 67)
- 100 ml Orangensaft
- 10 g frischer Ingwer, sehr fein gewürfelt
- ½ TL Salz

Kräutermantel
- 1 EL geröstete Sesamsamen (10 g)
- 1 EL Sojasauce (10 ml)
- 1 EL abgeriebene Biozitronenschale
- 3 EL fein gehacktes Koriandergrün (10 g)

Dressing
- 2 EL Sesamsamen (20 g)
- 1 EL Olivenöl (8 g)
- 4 EL Zitronensaft (40 ml)
- 1 EL Sojasauce (10 ml)
- 50 ml Orangensaft
- Salz
- 1 Frühlingszwiebel, sehr fein geschnitten
- 3 EL fein gehacktes Koriandergrün (10 g)

Den Backofen auf 160 °C Umluft vorheizen. Ein Backblech mit Backpapier auslegen. • Die **Süßkartoffel** schälen, längs halbieren und zwei 7 × 4 cm große Rechtecke herausschneiden, die oben noch die bauchige Wölbung haben. Bauchige Seiten im 1-cm-Abstand rautenartig 3 mm tief einritzen. Mit **Öl** einreiben, mit **Salz** würzen. Die Rechtecke (Wölbungen oben) auf das Backblech geben und im vorgeheizten Ofen 30 Minuten backen. Die Hitze auf 190 °C regeln und weitere 15 Minuten backen. • Inzwischen den Rest der Süßkartoffel in dünne Julienne (Stifte) schneiden. • Für die asiatische Pfanne die **Soja-Big-Steaks** in der **Brühe** 10 Minuten kochen, abgießen, kalt abschrecken. Zwischen zwei Küchentüchern gut ausdrücken und in 5 mm breite und 5 cm lange Streifen schneiden. • Eine große beschichtete Pfanne erhitzen. Die Sojastreifen mit dem **Öl** hineingeben und scharf anbraten. Am besten einen großen Topf auf das Gargut in der Pfanne stellen, damit es gleichmäßig an den Boden gedrückt wird. Nach jeweils 1 Minute wenden, bis alles schön goldbraun ist – das dauert insgesamt etwa 5 Minuten. Die **Zwiebeln** dazugeben und 2 Minuten mitbraten. • Für die Marinade **Umamipaste, Orangensaft, Ingwer** und **Salz** mischen. Zu den Sojastreifen geben und ablöschen. Die Süßkartoffeljulienne hinzufügen, 1 Minute mitgaren und vom Herd nehmen. • Für den Kräutermantel **Sesam, Sojasauce, Zitronenschale** und **Koriander** mischen. • Für das Dressing den **Sesam** in einer kleinen Pfanne kurz anrösten, mit 200 ml Wasser ablöschen und auf die Hälfte einkochen lassen. Den weichen Sesam mit **Öl, Zitronensaft, Sojasauce, Orangensaft** und einer guten Prise **Salz** im Mixer zu einem cremigen Dressing mixen. Ebenfalls in die Pfanne gießen, dann **Frühlingszwiebeln** und **Koriandergrün** einrühren. • Auf zwei Teller verteilen. Die Süßkartoffelstücke in der Kräutermischung wälzen und daraufsetzen.

FÜR 2 PERSONEN

GEBACKENER ROTKOHL AUF BOHNEN-GEMÜSE-RISOTTO

Zubereitungszeit
35 Minuten

Rotkohl
1 kleiner Rotkohl (500 g)
1 TL Gyros-Rub (siehe Seite 69)
1 ½ EL Olivenöl (12 g)
Salz

Risotto
900 ml milde Gemüsebrühe
200 g Bohnen-Kochwasser (Aquafaba)
1 Zwiebel (geschält 75 g), fein gewürfelt
2 kleine Karotten (geschält 100 g), fein gewürfelt
1 Frühlingszwiebel, fein gewürfelt (20 g)
1–2 Stangen Staudensellerie, fein gewürfelt (70 g)
2 EL Olivenöl (16 g)
180 g Risottoreis
2 Cheeze-Eiswürfel (30 g; siehe Seite 77)
200 g gekochte weiße Bohnen
1 TL abgeriebene Biozitronenschale
Salz
schwarzer Pfeffer aus der Mühle
1 EL Zitronensaft (10 ml)

Topping
30 g Kürbiskerne, geröstet
30 g Rucola, gewaschen
Salz

Den Backofen auf 210 °C Ober-/Unterhitze vorheizen. Ein Backblech mit Backpapier auslegen. • Den **Rotkohl** waschen und durch den Strunk vierteln. Mit **Gyros-Rub** und **Öl** gut einreiben und mit **Salz** würzen. Auf das Backblech geben und im vorgeheizten Ofen 30 Minuten goldbraun rösten. • Währenddessen für das Risotto **Gemüsebrühe** und **Bohnen-Kochwasser** in einem Topf aufkochen. Eine große Pfanne erhitzen, **Zwiebeln, Karotten, Frühlingszwiebeln** und **Sellerie** hineingeben, das **Öl** darüberträufeln und leicht goldbraun rösten. Den **Reis** dazugeben und kurz mitrösten. Die Hälfte der heißen Brühemischung angießen und 10 Minuten ohne Deckel köcheln lassen, dabei ab und zu umrühren. • Inzwischen für das Topping **Kerne** und **Rucola** zusammen fein hacken und mit etwas **Salz** würzen. • Wenn die Flüssigkeit in der Pfanne fast verkocht ist, die restliche Brühemischung angießen und unter ständigem Rühren garen. Nach 5 Minuten **Cheeze-Eiswürfel, Bohnen** und **Zitronenschale** dazugeben, mit **Salz** und **Pfeffer** würzen und rühren, bis der Reis leicht bissfest und das Risotto schön schlotzig ist. Mit dem **Zitronensaft** abschmecken – das unterbricht den Reisgarprozess. • Das cremige Risotto auf zwei tiefe Teller verteilen, den gebackenen Rotkohl darauf anrichten, mit dem Topping garnieren und genießen.

TIPPS

Es ist wichtig, dass der Rotkohl in schöne und dicke Spalten geschnitten wird. So gibt es dicke und dünne Stellen, die Textur wechselt sich ab und der Kohl wird wirklich zum Star auf dem Teller.

Statt Rotkohl kann man natürlich auch Weißkohl oder Chinakohl verwenden.

FÜR 2 PERSONEN

OFENFENCHEL AUF KARTOFFEL-BOHNEN-STAMPF

Zubereitungszeit
35 Minuten

Ofenfenchel
1 sehr großer Fenchel (ca. 500 g) oder 2 kleinere
4 EL Tikka-Currypaste (80 g; siehe Seite 70)
1 EL Olivenöl (8 g)
2 EL Turbo-Seeds (siehe Seite 69)

Stampf
500 g mehligkochende Kartoffeln (geschält 450 g), in 1-cm-Würfel geschnitten
Salz
240 g gekochte weiße Bohnen
3 EL Olivenöl (24 g)
160 ml Sojadrink + Calcium, aufgekocht
1 Prise frisch geriebene Muskatnuss
1 Prise schwarzer Pfeffer aus der Mühle

Sauce
100 g ungesüßter Sojajoghurt
1 kleiner Bund glatte Petersilie (20 g)
1-mm-Scheibe Knoblauch
Salz
schwarzer Pfeffer aus der Mühle
etwas Limettensaft

Den Backofen auf 170 °C Ober-/Unterhitze vorheizen. Ein Backblech mit Backpapier auslegen. • Den **Fenchel** waschen, das feine Fenchelgrün abzupfen und beiseitelegen. Die grünen Triebe oben ebenfalls abschneiden und beiseitelegen. Die Knolle durch den Strunk halbieren und in eine Auflaufform geben. **Tikka-Currypaste** und **Öl** mischen, den Fenchel damit einreiben, aufs Blech setzen und im vorgeheizten Ofen 30 Minuten backen. In den letzten 5 Minuten die Grillfunktion des Ofens hinzuschalten, um noch mehr Röstaromen zu erzeugen. • Inzwischen für den Stampf die **Kartoffelwürfel** in **gesalzenem** Wasser gar kochen. Die **Bohnen** dazugeben und kurz mitkochen. Abgießen, dann **Öl, Sojadrink, Muskat** und **Pfeffer** zur Bohnen-Kartoffel-Mischung im Topf geben und zerstampfen. Etwas Fenchelgrün zurückbehalten, den Rest hacken, die Fencheltriebe fein schneiden, beides zum Stampf geben und abschmecken. Warm halten. • Für die Sauce **Joghurt, Petersilie** und **Knoblauch** im Mixer zu einer grünen Sauce mixen und mit **Salz, Pfeffer** und **Limettensaft** abschmecken. • Den Fenchel aus dem Ofen nehmen, die Hälften halbieren oder vierteln, sodass es eine schöne Optik von hellem Innenteil und braunem Außenteil ergibt. • Den Kartoffel-Bohnen-Stampf auf zwei Teller streichen und die Fenchelstücke daraufsetzen. Mit Sauce und Fenchelgrün garnieren und mit Turbo-Seeds toppen.

TIPP

Selbst die meisten derjenigen, die keinen Fenchel mögen, verlieben sich in diese Zubereitung. Falls das nicht der Fall sein sollte, kann man den Fenchel durch eine andere große Gemüsesorte ersetzen, zum Beispiel durch einen großen Kohlrabi oder eine Sellerieknolle.

FÜR 2 PERSONEN

GEFÜLLTE GURKEN MIT ASIATISCHER GURKEN-SAUCE UND REISNUDELN

Zubereitungszeit 45 Minuten

Gurken
100 g trockenes Knödelbrot
150 ml Sojadrink + Calcium
1 Zwiebel, fein gewürfelt
1 EL Olivenöl (8 g) plus etwas mehr zum Einölen
200 g Räuchertofu, zerkrümelt
2 TL mittelscharfer Senf (20 g)
1 mehligkochende Kartoffel (geschält 100 g), fein gerieben
1 EL fein geriebener Ingwer
Salz
schwarzer Pfeffer aus der Mühle
eventuell 1 EL Weizenmehl (Type 405)
2 Salatgurken (à ca. 20 cm lang)

Sauce
100 ml Gemüsebrühe
20 g Rosinen
2 EL Olivenöl (16 g)
1-cm-Stück frischer Ingwer
1 TL Speisestärke (4 g)
25 g Tomatenmark
2 EL Apfelessig (20 ml)
2 EL Sojasauce (20 ml)

Reisnudeln
200 g (Vollkorn-)Reisnudeln
1 ½ EL Sesamsamen (16 g)
1 EL Olivenöl (8 g)
1 kleine Knoblauchzehe, durch die Presse gedrückt
Salz
schwarzer Pfeffer aus der Mühle

Topping
100 g Salatgurke, in feine Julienne (Stifte) geschnitten
1-cm-Stück milde rote Chilischote, fein gewürfelt
1 kleine Frühlingszwiebel, schräg in feine Scheiben geschnitten
1 kleine Karotte (geschält 50 g), in feine Julienne (Stifte) geschnitten
3 EL fein geschnittenes Koriandergrün (10 g)
Salz
schwarzer Pfeffer aus der Mühle
Saft von ½ Limette

Den Backofen auf 180 °C Umluft vorheizen. Ein Backblech mit Backpapier auslegen. • Für die Gurken das **Knödelbrot** mit **Sojadrink** begießen und vollsaugen lassen. • Eine Pfanne erhitzen, **Zwiebeln** mit **Öl** und **Räuchertofu** hineingeben und kräftig anbraten. Zum Knödelbrot geben, **Senf, Kartoffeln** und **Ingwer** hinzufügen, gut durchkneten und mit **Salz** und **Pfeffer** würzen. Je nach Konsistenz noch etwas **Mehl** einarbeiten. • Die **Gurken** schälen, längs halbieren, die Kerne mit einem Löffel auskratzen und beiseitelegen (es sollten 150 g sein). Die Gurkenhälften mit der Brot-Tofu-Masse füllen und wieder zusammensetzen. Etwas **einölen,** auf das Backblech legen, mit **Salz** würzen und im vorgeheizten Ofen 15–20 Minuten backen. Für schöne Röstspuren eventuell in den letzten 5 Minuten noch den Obergrill einschalten. • Inzwischen für die Sauce die Gurkenkerne mit **Brühe, Rosinen, Öl** und **Ingwer** im Mixer glatt mixen. In einen Topf geben und aufkochen. Die **Stärke** mit 2 EL Wasser anrühren und mit dem **Tomatenmark** hinzugeben. Die Sauce etwas einkochen lassen, bis sie andickt, dann **Essig** und **Sojasauce** einrühren. • Die **Reisnudeln** nach Packungsanleitung zubereiten. **Sesam** und **Öl** in einer Pfanne anrösten. **Knoblauch** dazugeben, **salzen** und sanft gar rösten. Unter die Reisnudeln mischen, mit **Salz** und **Pfeffer** abschmecken. • Für das Topping **Gurken, Chili, Frühlingszwiebeln, Karotten** und **Koriander** mit 100 g Sauce mischen, mit **Salz** und **Pfeffer** würzen. • Die gefüllten Gurken aus dem Ofen nehmen, jeweils schräg halbieren und mit etwas Sauce bepinseln. • Die Reisnudeln in zwei Schalen füllen, das Topping darübergeben, die Gurken darauf anrichten und mit **Limettensaft** beträufeln. Die restliche Sauce separat dazu servieren.

TIPPS

Übrig gebliebene Brot-Tofu-Mischung kann man als Pflanzerln (Buletten oder Frikadellen) ausbraten.

Auch wenn durch das Schälen der Gurke Nährstoffe verloren gehen, sollte sie nicht mit Schale zubereitet werden, da diese sonst leicht bitter wird.

TIPPS

Die Bohnen in dieser Zubereitung werden klassisch auch für Tacos verwendet und schmecken außerdem super auf Sandwiches.

Statt Lauch kann man auch wunderbar Fenchel, Chinakohl oder große Karotten im Orangensud garen.

FÜR 2 PERSONEN

ORANGEN-LAUCH MIT SAUREN GRAUPEN UND SCHWARZE-BOHNEN-CREME

Zubereitungszeit 35 Minuten

Graupen
150 g Graupen
500 ml kräftige Gemüsebrühe
90 g Fenchel, fein gewürfelt
2 EL Olivenöl (16 g)
3 EL Zitronensaft (30 ml)
1 EL Umamipaste (20 g; siehe Seite 73)
Salz
schwarzer Pfeffer aus der Mühle

Lauch
helle Teile von 2 Lauchstangen (380 g)
250 ml milder Orangensaft
450 ml kräftige Gemüsebrühe
1 EL Umamipaste (20 g; siehe Seite 73)

Bohnencreme
3 Knoblauchzehen
½ TL gemahlener Kreuzkümmel (Cumin)
1 EL Olivenöl (8 g)
150 g Kochwasser von schwarzen Bohnen (Aquafaba)
240 g gekochte schwarze Bohnen
½ Bund Koriandergrün (10 g), fein geschnitten, plus einige Korianderblätter
1 Prise geräuchertes Paprikapulver
1 EL Limettensaft (10 ml)
1 EL Sojasauce (10 ml)

Topping
1 TL Semmelbrösel (5 g)
1 EL Sesamsamen (5 g)
2 TL Würzhefeflocken (4 g)

Die **Graupen** in einem Sieb kräftig mit kaltem Wasser abbrausen. In einen Topf geben, die **Brühe** zugießen und leicht sprudelnd 30 Minuten bissfest kochen. • Währenddessen den **Lauch** waschen und leicht schräg in 10 cm lange Stücke schneiden. Mit **Orangensaft, Brühe** und **Umamipaste** in einen Topf geben und abgedeckt 20 Minuten sanft köcheln lassen. Den Deckel abnehmen und den Lauchsud 5–10 Minuten leicht einkochen lassen. • Inzwischen für die Bohnencreme **Knoblauchzehen** und **Kreuzkümmel** mit dem **Öl** in eine Pfanne geben und leicht goldbraun rösten. Mit dem **Bohnen-Kochwasser** ablöschen und die Röstaromen vom Boden lösen. **Bohnen, Koriander** und **Paprikapulver** hinzufügen und 10 Minuten sanft köcheln. Die Bohnenmischung mit einem Kartoffelstampfer grob zerdrücken und einkochen, bis eine stückige Creme entsteht. **Limettensaft** und **Sojasauce** einrühren. • In der Zwischenzeit für das Topping **Semmelbrösel, Sesam** und **Hefeflocken** in einer kleinen beschichteten Pfanne anrösten und in einem Mörser grob zerreiben oder im Mixer mit der Pulsfunktion kurz mixen. • Die gekochten Graupen in ein Sieb abgießen, mit kaltem Wasser abschrecken und abtropfen lassen. In eine Schüssel geben, **Fenchel, Öl, Zitronensaft, Umamipaste** und 2 EL vom Lauchsud zugeben und vermengen. Mit **Salz** und **Pfeffer** abschmecken. • Zunächst die Bohnencreme auf zwei Teller streichen, dann die sauren Graupen daraufsetzen und die Lauchstücke anlegen. Mit dem Topping bestreuen und mit **Korianderblättern** garnieren.

FÜR 2 PERSONEN

HASSELBACK-BUTTERNUT MIT FETA-SPINAT-CRESPELLE

Zubereitungszeit 55 Minuten

Kürbis

1 kleiner Butternut-Kürbis (830 g, entkernt und geschält 700 g)
1 EL Olivenöl (8 g)
1 gute Prise Salz
3 EL Ponzu-Style-Sauce (30 g; siehe Seite 74)

Salsa

½ Bund glatte Petersilie (15 g), fein gehackt
2–3 Stangen Staudensellerie, fein gewürfelt (120 g)
½ Bioapfel, ungeschält fein gewürfelt (45 g)
1-cm-Stück milde rote Chilischote, fein gewürfelt
1 Tomate, fein gewürfelt (90 g)
1 EL Olivenöl (8 g)
3 EL Zitronensaft (30 ml)

Crespelle-Füllung

1 Zwiebel, fein gewürfelt
1 kleine Knoblauchzehe, fein gewürfelt
1 EL Olivenöl (8 g)
300 g TK-Blattspinat, aufgetaut
200 g Tofu-Feta (siehe Seite 242)
Salz
schwarzer Pfeffer aus der Mühle

Spinat-Crespelle

100 g Weizenvollkornmehl
20 g Speisestärke
30 g TK-Blattspinat, aufgetaut
170 ml Sojadrink + Calcium
1 EL Olivenöl (8 g) plus etwas mehr zum Ausbacken
1 Prise Salz
1 Prise schwarzer Pfeffer aus der Mühle
1 Prise frisch gemahlene Muskatnuss

Den Backofen auf 180 °C Ober-/Unterhitze vorheizen. Ein Backblech mit Backpapier auslegen. • Den **Kürbis** schälen, der Länge nach halbieren und mit einem Löffel entkernen. Dann mit der Schnittfläche auf ein großes Schneidebrett legen, an die Seiten der Kürbishälfte zwei Holzkochschaber legen, die etwa 4 mm dick sind. Den Kürbis mit einem scharfen Messer quer im Abstand von 3 mm bis zu den Holzschabern fächerartig einschneiden – die Holzkochschaber verhindern, dass man den Kürbis durchschneidet. Auf die gleiche Weise die andere Kürbishälfte einschneiden. Mit **Öl** und **Salz** einreiben, mit den Schnittflächen auf das Backblech setzen und im vorgeheizten Ofen 45 Minuten backen, dabei alle 15 Minuten mit der **Ponzu-Style-Sauce** bepinseln. • Inzwischen für die Salsa **Petersilie, Sellerie, Apfel, Chili, Tomate** und **Öl** in eine Schüssel geben, mit der Hand kurz durchkneten und mit **Zitronensaft** abschmecken. • Für die Crespelle-Füllung eine Pfanne erhitzen, **Zwiebeln** und **Knoblauch** mit dem **Öl** hinzugeben und leicht goldbraun anrösten. Den **Spinat** hineingeben und kurz mitrösten. Den **Feta** unterheben und mit **Salz** und **Pfeffer** abschmecken. • Für die Spinat-Crespelle alle **Zutaten** im Mixer zu einem glatten Teig mixen. Eine große beschichtete Pfanne erhitzen, mit etwas **Öl** ausstreichen, ein Viertel des Teigs hineingeben, schwenken und einen superdünnen Pfannkuchen von beiden Seiten backen. Auf die gleiche Weise drei weitere dünne Pfannkuchen backen. Je ein Viertel der Füllung auf die Pfannkuchen geben und straff aufrollen. • Die Butternut-Hälften mit den Crespelle und der Salsa auf zwei Tellern anrichten und genießen.

TIPP

Statt Butternut- kann man auch Hokkaido-Kürbis nehmen. Dieser muss dann nicht geschält werden.

TIPPS

Statt Sellerie kann man auch einen Blumenkohl, einen großen Kohlrabi, eine große Steckrübe oder dicke Pastinaken verwenden.

Die Marinade für den Sellerie ist einfach großartig und schmeckt mit jedem Gemüse, aber auch Tofu und Tempeh kann man damit aufs nächste Level bringen.

FÜR 2 PERSONEN

SELLERIEBRATL MIT KARTOFFEL-ZWIEBEL-STAMPF UND KAROTTEN-JUS

Zubereitungszeit
30 Minuten plus
Backzeit 55 Minuten

Gemüse
1 Sellerieknolle (ungeschält 750 g, geschält ca. 500 g)
200 g Räuchertofu
600 g mehligkochende Kartoffeln (geschält 550 g), grob gewürfelt
2 Karotten (geschält 200 g), schräg in 3-cm-Stücke geschnitten
1 Zwiebel, geschält und geviertelt
1 l sehr milde Gemüsebrühe, aufgekocht
2 EL Umamipaste (40 g; siehe Seite 73)
1 EL Olivenöl (8 g)
Salz
schwarzer Pfeffer aus der Mühle
eventuell 1 Schuss Sojadrink + Calcium

Marinade
20 g Räuchertofu
1 TL getrockneter Majoran
1 TL Kümmelsamen
2 Knoblauchzehen
3 EL Olivenöl (24 g)
1 TL Salz

Den Backofen auf 230 °C Ober-/Unterhitze vorheizen. • Für das Gemüse den **Sellerie** schälen und rautenförmig einschneiden. Dazu im 1,5-cm-Abstand vorsichtig schräg nach unten bis zur Hälfte der Knolle einschneiden – so bleiben 3–4 cm nach unten hin ganz. Das Gleiche um 90° versetzt wiederholen, sodass ein schönes Rautenmuster entsteht. Den Sellerie in eine Auflaufform setzen. • Für die Marinade alle **Zutaten** mit 2 EL Wasser glatt pürieren und die Hälfte der Marinade über den Sellerie gießen, dabei die Schnittstellen etwas öffnen, sodass die Marinade hineinlaufen kann. • 100 g **Räuchertofu** in 2 mm dünne Scheiben schneiden, die 4 cm lang und 2 cm breit sein sollten. Den restlichen **Tofu** in 3 cm große Würfel schneiden. • Die dünnen Tofustreifen in die Sellerieschnitte stecken und diese dabei immer vorsichtig öffnen. Die Tofuwürfel mit **Kartoffeln, Karotten, Zwiebeln** und restlicher Marinade mischen und um den Sellerie herum verteilen. • Im vorgeheizten Ofen 25 Minuten backen. Dann die heiße **Brühe** angießen, dabei etwas davon über den Sellerie gießen. Die Hitze auf 190 °C reduzieren und weitere 30 Minuten backen, bis der Sellerie schön goldbraun ist. • Herausnehmen, den Sellerie aus der Auflaufform nehmen, die Brühe aus der Form in einen Messbecher abgießen und den Sellerie wieder zum Gemüse geben. • Einen kleinen Topf erhitzen, die **Umamipaste** mit dem **Öl** hineingeben und leicht goldbraun rösten. Die Brühe aus dem Messbecher zugießen und auf die Hälfte einkochen. Die Karotten aus der Auflaufform zufügen, zu einer glatten dicklichen Jus (Sauce) mixen und abschmecken. • Kartoffeln und Zwiebeln aus der Auflaufform zerstampfen und abschmecken. Wenn der Stampf zu trocken ist, etwas **Sojadrink** einarbeiten. • Den Selleriebratl halbieren, mit Kartoffel-Zwiebel-Stampf, Tofuwürfeln und Karotten-Jus auf zwei Tellern anrichten und genießen.

ALLES AUS DEM OFEN

Dieses Kapitel beinhaltet neun großartige Rezepte, die natürlich aus dem Backofen kommen. Mal süß, mal deftig. Hier ist wirklich einiges dabei. Die aktiven Zubereitungszeiten sind immer sehr überschaubar und der Ofen macht dann den Rest. Perfekt für den Feierabend.

FÜR 2 PERSONEN

SEITAN-SCHASCHLIK MIT OFEN-LETSCHO UND RÖSTBROT

Zubereitungszeit 25 Minuten plus *Backzeit* 20 Minuten

Schaschlik

200 g Seitansteak de luxe (siehe Seite 245), grob gewürfelt
6 EL Umamipaste (120 g; siehe Seite 73)
2 kleine Zwiebeln (geschält 100 g), in Spalten geschnitten
1 grüne oder gelbe Paprika (entkernt 150 g), grob gewürfelt
150 g Champignons, halbiert bzw. geviertelt
2 EL Olivenöl (16 g)
Salz
schwarzer Pfeffer aus der Mühle
100 g ungesüßter Sojajoghurt

Letscho

1 Zwiebel (geschält 80 g), grob gewürfelt
1 rote Paprika (entkernt 150 g), grob gewürfelt
150 g Kirschtomaten
1 EL Olivenöl (8 g)
Salz
schwarzer Pfeffer aus der Mühle
1 große Knoblauchzehe (4 g)
1 TL Paprikapulver edelsüß

Röstbrote

4 Scheiben (Vollkorn-)Brot (à 50 g)
1 EL Olivenöl (8 g)
1 TL gehackter Rosmarin

Außerdem

6–8 Schaschlikspieße

Den Backofen auf 200 °C Umluft/Grillfunktion vorheizen. • Für das Schaschlik die **Seitanwürfel** mit der **Umamipaste** marinieren. **Zwiebeln, Paprika** und **Champignons** mit dem **Öl** beträufeln, mischen und mit einer Prise **Salz** und **Pfeffer** würzen. Seitanwürfel und Gemüsestücke abwechselnd auf sechs bis acht Schaschlikspieße stecken. • Für das Letscho **Zwiebeln, Paprika** und **Kirschtomaten** in eine Auflaufform geben, das **Öl** darüberträufeln, vermengen und mit **Salz** und **Pfeffer** würzen. Im vorgeheizten Ofen 10 Minuten grillen. • Den **Knoblauch** schälen und fein hacken, mit dem **Paprikapulver** in die Auflaufform geben und einmal durchmischen. Die Schaschlikspieße auf das Gemüse setzen und weitere 10 Minuten grillen. • Für die Röstbrote die Brotscheiben mit dem **Öl** bestreichen und mit dem **Rosmarin** bestreuen. Auf ein Backblech geben und die letzten 5 Minuten im Ofen mitbacken. • Auflaufform und Backblech aus dem Ofen nehmen und die Schaschlikspieße auf zwei Teller geben. Das Letschogemüse grob zerstampfen, mit **Salz** und **Pfeffer** abschmecken, auf die Brotscheiben geben und neben die Spieße setzen. Mit dem **Sojajoghurt** garniert servieren.

TIPPS

Wer dem Letscho einen Schakschuka-artigen Touch verleihen möchte, gibt einfach mit dem Knoblauch noch eine Prise gemahlenen Zimt, eine gute Prise gemahlenen Kreuzkümmel (Cumin) und eine Prise Chiliflocken dazu.

Statt Seitansteak kann man auch wunderbar Tempehwürfel, Soja-Big-Steaks oder gewürfelte große Pilze verwenden.

FÜR 2 PERSONEN

KARTOFFEL-KÜRBIS-GRATIN MIT UMAMI-TOPPING UND BIRNENSALSA

Zubereitungszeit
30 Minuten plus
Backzeit 60 Minuten und
Ruhezeit 10 Minuten

Sahnecreme
800 ml Sojadrink + Calcium
30 g Speisestärke
60 g Cashewbruch
80 g geschälte Kartoffel
30 g Würzhefeflocken
40 g Weizenmehl (Type 405)
1 TL Salz
1 gute Prise frisch geriebene Muskatnuss

Gratin
600 g vorwiegend festkochende Kartoffeln (geschält 550 g)
450 g Butternut-Kürbis (entkernt und geschält 320 g)
Salz

Topping
1 große Zwiebel (geschält 100 g), gewürfelt
100 g Räuchertofu, grob zerbröselt
1 EL Olivenöl (8 g)
40 g Kürbiskerne
Salz
schwarzer Pfeffer aus der Mühle

Salsa
4–5 Stängel glatte Petersilie (10 g), fein geschnitten
2–3 Stängel Dill (5 g), fein geschnitten
1 kleine Birne (100 g), geschält, entkernt, fein gewürfelt (82 g)
1 TL fein abgeriebene Biozitronenschale
2 EL Zitronensaft (20 ml)

Außerdem
2 kleine Auflaufformen (ca. 12 × 10 × 6 cm)

Für die Sahnecreme alle **Zutaten** im leistungsstarken Mixer glatt mixen. In eine beschichtete Pfanne geben und unter ständigem Rühren sanft einkochen lassen, bis eine dicke Creme entstanden ist. • Den Backofen auf 150 °C Umluft vorheizen. • Für das Gratin die **Kartoffeln** schälen, in hauchdünne Scheiben hobeln und in kaltes Wasser legen. Den **Kürbis** in 3 mm dünne Scheiben schneiden und **salzen,** sodass er Wasser zieht. Nach 10 Minuten abbrausen und trocken tupfen. • Die Kartoffeln in ein Sieb abgießen, mit Kürbis zur Sahnecreme geben und vermengen. Kartoffel- und Kürbisscheiben im Wechsel etwa 4 cm hoch in die Auflaufformen schichten und die restliche Sahnecreme darübergießen – zum oberen Rand sollte noch 1 cm Platz sein. Die Formen auf den Tisch klopfen, damit sich die Creme gleichmäßig verteilt. Im vorgeheizten Ofen 60 Minuten backen, dabei in den letzten 5 Minuten die Grillfunktion des Ofens dazuschalten, damit die Gratins schön bräunen. • Inzwischen für das Topping die **Zwiebeln** mit **Räuchertofu** und **Öl** mischen, auf ein Backblech geben und im Ofen 15 Minuten mitbacken. Dann die **Kürbiskerne** dazugeben, mischen und noch mal 10 Minuten backen. Aus dem Ofen nehmen und mit **Salz** und **Pfeffer** würzen. • Für die Salsa alle **Zutaten** mischen. • Das Gratin aus dem Ofen nehmen und 10 Minuten ruhen lassen. Auf zwei Tellern anrichten, mit Umami-Topping und Birnensalsa garnieren und genießen.

TIPP

Das Gratin kann man auch nur mit Kürbis oder mit anderen Gemüsesorten zubereiten. Wichtig ist immer: Je mehr Feuchtigkeit die Gemüsesorten haben, desto besser muss man sie mit dem Salz „schwitzen lassen“, sonst verwässert alles.

TIPP

Anstelle von Couscous könnte man auch Hirse verwenden. Diese aber bereits gegart mit der Flüssigkeit aufkochen. Und beim Orangen-Tofu-Sud muss die Flüssigkeitsmenge dann auf 100 ml Orangensaft und 50 ml Wasser reduziert werden.

FÜR 2 PERSONEN

SÜSSER COUSCOUS-AUFLAUF MIT ORANGE UND KÜRBIS

Zubereitungszeit
25 Minuten plus
Backzeit 30 Minuten

Orangen-Tofu-Sud
150 ml Orangensaft
100 g Tofu Natur
1 Prise Salz
20 g entsteinte Datteln (ca. 2 Stück)
1 EL Olivenöl (8 g)

Couscous
2 Bioorangen
120 g Kürbis (entkernt und geschält 100 g)
125 g Vollkorn-Couscous
etwas Olivenöl
1 EL Rosinen

Glasur
300 ml Orangensaft
1 EL Rosinen
1 Prise gemahlener Zimt

Topping
50 g Mandelblättchen, geröstet
200 g ungesüßter Sojajoghurt

Den Backofen auf 170 °C Ober-/Unterhitze vorheizen. • Für den Orangen-Tofu-Sud alle **Zutaten** mit 150 ml Wasser im leistungsstarken Mixer glatt mixen. • Für den Couscous eine **Orange** gut waschen und die Hälfte der Schale abreiben. Dann die Frucht so schälen, dass auch die weiße Haut vollständig entfernt wird. Mit einem scharfen Messer die Segmente aus den Häuten herausschneiden – das sollte 90–100 g Orangenfilets ergeben. Die andere **Orange** „normal" schälen und quer in 5 mm dünne Scheiben schneiden. • Das **Kürbisstück** grob raspeln, mit 2–3 EL Wasser in einen Topf geben und 3 Minuten andünsten. Den Orangen-Tofu-Sud hineingießen und kurz aufkochen. Dann **Couscous,** Orangenschale und Orangenfilets dazugeben und 1 Minute kräftig rühren, damit der Couscous etwas Stärke abgibt und alles gut zusammenklebt. • Eine kleine ofenfeste Pfanne (Ø 15 cm) mit Backpapier auslegen, dabei etwas **Öl** an den Pfannenboden streichen, damit das Papier haftet, und den Überstand abschneiden. Mit den Orangenscheiben überlappend belegen und die **Rosinen** dazwischenstreuen. Die Couscous-Mischung daraufgießen, glatt streichen und im vorgeheizten Ofen 30 Minuten backen. • Inzwischen für die Glasur den **Orangensaft** mit **Rosinen** und **Zimt** so lange einkochen, bis der Saft etwas dicker wird und schön glänzt. • Die Pfanne aus dem Ofen nehmen, einen großen Teller darauflegen, festhalten, mit Schwung wenden und die Couscous-Schnitte auf den Teller stürzen. Das Backpapier abziehen und in vier Stücke schneiden. Jeweils zwei Stücke auf einem Teller anrichten, mit der Orangenglasur beträufeln und mit **Mandelblättchen** und **Joghurt** garniert servieren.

TIPP

Statt Orange kann man auch Apfel verwenden. Am besten schmeckt der Auflauf, wenn er lauwarm ist.

FÜR 2 PERSONEN

VOLLKORNFOCACCIA MIT ANTIPASTI UND FETA

Zubereitungszeit
30 Minuten plus
3 Stunden und
Ruhezeit über Nacht

Focaccia
250 g Weizenvollkornmehl
1 TL Trockenhefe (4 g)
1 ½ EL Olivenöl (12 g)
1 TL Salz
1 TL Würzhefeflocken (2 g)
1 TL getrockneter Thymian

Antipasti
1 Karotte (geschält 100 g), mit dem Sparschäler in „Tagliatelle" gehobelt
2 Stangen Staudensellerie, schräg in 1-cm-Scheiben geschnitten (80 g)
250 g Rote Beten (geschält 200 g), in 5-mm-Scheiben geschnitten
200 g Champignons, halbiert
100 g Wirsing, in 2-cm-Streifen geschnitten
1 Knoblauchzehe, fein gewürfelt
2 EL Olivenöl (16 g)
1 Zweig Rosmarin
½ TL Salz

Marinade
Saft von 1 Zitrone
1 EL abgeriebene Biozitronenschale
20 g entsteinte grüne Oliven, fein gehackt
1 kleine Knoblauchzehe, durch die Presse gedrückt
1 Prise Salz

Zum Servieren
300 g Tofu-Feta (siehe Seite 242)
10 Basilikumblätter

Am Vortag für die Focaccia **Mehl, Hefe,** 1 EL **Öl** und **Salz** mit 160 ml handwarmem Wasser mischen und 10 Minuten zu einem homogenen Teig kneten. Zu einer Kugel formen, in eine Schüssel legen, mit Frischhaltefolie oder einem Teller abdecken und 60 Minuten an einem warmen Ort gehen lassen, bis sich das Teigvolumen verdoppelt hat. • Den Teig mehrfach falten, wieder zu einer Kugel rollen, mit beiden Händen den Rand nach unten hin zur Mitte einarbeiten, damit der Teig Spannung bekommt. Abgedeckt über Nacht im Kühlschrank ruhen lassen. • Am nächsten Tag den Teig wieder falten, straffen, auf ein mit Backpapier ausgelegtes Backblech setzen und abgedeckt 2 Stunden bei Zimmertemperatur gehen lassen. Dann mit allen Fingern zu einem 2 cm dicken Fladen drücken, sodass überall schöne Mulden entstehen. Mit dem restlichen **Öl** bepinseln, mit **Hefeflocken** und **Thymian** bestreuen und abdecken. • Den Backofen auf 200 °C Ober-/Unterhitze vorheizen. • Für die Antipasti alle **Zutaten** mischen, auf ein Backblech geben und im vorgeheizten Ofen 20 Minuten goldbraun rösten. Herausnehmen. • Die Focaccia in den Ofen geben und 20 Minuten backen, dabei eine mit 50 ml heißem Wasser gefüllte hitzebeständige Schale mit in den Ofen geben – der Wasserdampf sorgt dafür, dass die Focaccia schöner aufgeht. • Für die Marinade alle **Zutaten** mischen, über das warme Antipastigemüse geben und vermengen. • Die Focaccia aus dem Ofen nehmen, 10 Minuten abkühlen lassen und vierteln. Je zwei Stücke auf zwei Teller setzen, Antipastigemüse und **Fetawürfel** darauf anrichten und mit **Basilikum** garnieren.

TIPPS

Die Gehzeit für den Vollkornteig ist zwar sehr lang, aber es lohnt sich. Einfach am Vortag ansetzen und am nächsten Tag den Rest erledigen. Am besten die doppelte Menge zubereiten, denn die Focaccia lässt sich gut einfrieren.

Wer keine Lust auf Vollkorn hat, kann die Focaccia natürlich auch klassisch mit Weizenmehl (Type 550) zubereiten. Diese wird deutlich fluffiger.

FÜR 2 PERSONEN

SPANAKOPITKA-TARTE

Zubereitungszeit 25 Minuten plus
Backzeit 40–45 Minuten

Fetacreme
100 g Tofu-Feta (siehe Seite 242)
25 g Speisestärke
75 g TK-Blattspinat, aufgetaut
1 EL Würzhefeflocken (5 g)
2 EL fein gehackter Dill
2 EL fein gehackte glatte Petersilie
Salz
schwarzer Pfeffer aus der Mühle

Tarte
2 Zwiebeln (geschält 140 g), fein gewürfelt
1 Knoblauchzehe, fein gehackt
Salz
1 EL Olivenöl (8 g) plus etwas mehr zum Einölen
330 g TK-Blattspinat, aufgetaut
schwarzer Pfeffer aus der Mühle
1 Zucchini, in 1-cm-Scheiben geschnitten (200 g)
1 Pck. veganer Blätterteig (Rolle; 270 g)

Topping
100 g Tofu-Feta (siehe Seite 242)
30 g Sonnenblumenkerne, geröstet
10 Kirschtomaten, halbiert
2 EL fein gehackte glatte Petersilie

Außerdem
Tarte- oder Pie-Form (Ø ca. 24 cm)

Den Backofen auf 180 °C Umluft vorheizen. • Für die Fetacreme **Tofu-Feta, Stärke, Spinat** und **Hefeflocken** mit 75 ml Wasser zu einer glatten Masse pürieren. **Dill** und **Petersilie** unter die Creme mischen und mit **Salz** und **Pfeffer** würzen. • Für die Tarte eine Pfanne erhitzen, **Zwiebeln** und **Knoblauch** mit 1 gestrichenen TL **Salz** zugeben, das **Öl** darüberträufeln und anrösten, bis die Zwiebeln glasig sind. **Spinat** einrühren und mit **Salz** und **Pfeffer** abschmecken. • Die Backform leicht **einölen,** mit den Zucchinischeiben auslegen, etwas **salzen** und **pfeffern,** die Fetacreme darauf verteilen und dann mit der Spinatmischung bedecken. Den **Blätterteig** in 2 cm breite Streifen schneiden und als Gitter über die Tartefüllung legen. • Im vorgeheizten Ofen 35–45 Minuten backen. Herausnehmen und 10 Minuten abkühlen lassen. • Für das Topping **Tofu-Feta,** geröstete **Sonnenblumenkerne, Tomaten** und **Petersilie** mischen. • Die Tarte in Stücke schneiden und mit dem Topping servieren.

TIPP

Mittlerweile gibt es immer öfter veganen Vollkornblätterteig zu kaufen. Dieser wäre natürlich zu bevorzugen.

FÜR 2 PERSONEN

BLAUBEER-QUARK-GRIESSAUFLAUF MIT APFELRÖSTER

Zubereitungszeit
25 Minuten plus
Backzeit 50–55 Minuten

Auflauf
300 g ungesüßter Sojajoghurt
1 Banane (geschält 120 g)
2 ½ EL Zitronensaft (25 ml)
70 g entsteinte weiche Datteln
2 EL Speisestärke (15 g)
100 g Hartweizengrieß
1 TL Backpulver (4 g)
100 g TK-Blaubeeren, aufgetaut
30 g Kürbiskerne, geröstet

Apfelröster
1 Bioapfel (ca. 150 g)
20 g Rosinen
1 TL Speisestärke (5 g)
1 Prise gemahlener Zimt
100 ml Orangensaft

Außerdem
2 kleine Auflauf- oder Backformen (ca. 12 × 10 × 6 cm)

Den Backofen auf 180 °C Umluft vorheizen. • Für den Auflauf den **Joghurt** mit **Banane, Zitronensaft, Datteln** und **Stärke** zu einer glatten Masse pürieren. • Den **Grieß** in einer Schüssel mit 250 ml heißem Wasser überbrühen, gut vermischen und etwas abkühlen lassen. • Währenddessen die beiden Auflaufformen mit zurechtgeschnittenem Backpapier auslegen. • Das **Backpulver** in die Joghurtmasse rühren, zum abgekühlten Grieß geben und vermischen. Die Masse in die Förmchen füllen, die **Blaubeeren** daraufgeben und mit einem Löffel vorsichtig einrühren, sodass eine attraktive Marmorierung zu sehen ist. Im vorgeheizten Backofen 35–40 Minuten backen – je länger die Backzeit, umso fester wird der Auflauf. • Inzwischen für den Röster den **Apfel** waschen und ungeschält in feine Julienne (Stifte) schneiden – es sollten 120 g sein. Die **Rosinen** mittelfein hacken. Die **Stärke** mit 1 EL Wasser anrühren, dann mit Apfelstiften, Rosinen, **Zimt** und **Orangensaft** mischen und in eine kleine ofenfeste Pfanne (Ø etwa 15 cm) geben. • Die Auflaufformen aus dem Ofen nehmen und mindestens lauwarm abkühlen lassen. • Die Pfanne mit dem Röster in den Ofen schieben, die Hitze auf 220 °C erhöhen und etwa 15 Minuten backen, bis die Flüssigkeit schön angedickt ist und etwas Röstfarbe entstanden ist. • Den Grießauflauf mit dem Apfelröster auf zwei Tellern anrichten und mit den **Kürbiskernen** bestreuen.

TIPPS

Wenn die Datteln für den Mixer zu hart sind, einfach über Nacht in Wasser einweichen oder 5 Minuten kochen.

Anstelle von Grieß kann man auch Polenta verwenden.

Statt Apfel funktionieren auch Pfirsich, Ananas oder Zwetschgen wunderbar.

TIPPS

Mit Sternanis nicht übertreiben, sonst schmeckt es sehr weihnachtlich.

Statt Räuchertofu kann man auch Seitan, Sojagranulat, Tempeh oder gegarte Linsen verwenden.

FÜR 2 PERSONEN

PILAW MIT TOFUHACK UND GURKENSALAT

Pilaw

1 Zwiebel (geschält 80 g), in Streifen geschnitten
1 Knoblauchzehe, gewürfelt
2 EL Olivenöl (16 g)
160 g Karotte (geschält 130 g), in 3-cm-Rauten geschnitten
100 g Staudensellerie, schräg in 2-cm-Stücke geschnitten
½ rote Paprika (entkernt ca. 100 g), in 2-cm-Stücke geschnitten
100 g Wirsing, in 3-cm-Streifen geschnitten
200 g Basmatireis
1 kleiner Bund Koriandergrün (15 g), gehackt
1 Prise gemahlener Sternanis
1 Zimtstange
400 ml Gemüsebrühe

Hack

200 g Räuchertofu, zerbröselt
1 TL Gyros-Rub (siehe Seite 69)
2 EL Olivenöl (16 g)
½ TL Salz

Gurkensalat

300 g Salatgurke
Salz
3 EL gehacktes Koriandergrün (10 g)
1-cm-Stück milde grüne Chilischote, fein gehackt
10 g Rosinen, superfein gehackt
1 ½ EL Apfelessig (15 ml)
1 TL Olivenöl (4 g)

Zubereitungszeit 25 Minuten plus
Backzeit ca. 25–30 Minuten

Den Backofen auf 180 °C Ober-/Unterhitze vorheizen. • Für den Pilaw einen Bräter auf dem Herd erhitzen, **Zwiebeln** und **Knoblauch** hinzugeben, mit dem **Öl** beträufeln und kurz anrösten. **Karotten** und **Sellerie** dazugeben und mit anrösten. **Paprika, Wirsing, Reis, Koriander** und **Gewürze** einrühren, die **Brühe** angießen und kurz aufkochen. Den Deckel auflegen und im vorgeheizten Ofen 20 Minuten garen. • Währenddessen für das Hack die **Zutaten** gut durchkneten und beiseitestellen. • Für den Gurkensalat die **Salatgurke** schälen, halbieren und die Kerne mit einem Löffel herauskratzen. In feine Scheiben schneiden, mit einer Prise **Salz** bestreuen und 5 Minuten ziehen lassen. Dann ausdrücken, **Koriander, Chili, Rosinen, Essig** und **Öl** zugeben, mischen und abschmecken. • Nach 20 Minuten Garzeit den Deckel vom Bräter nehmen, den Inhalt locker durchmischen und das Hack darauf verteilen. Die Hitze auf 220 °C Obergrill stellen und je nach Ofen 6–10 Minuten ohne Deckel knusprig goldbraun backen. • Pilaw auf zwei Teller verteilen und mit dem Gurkensalat angerichtet genießen.

TIPPS

Diese Technik, Reis im Ofen zu garen, ist einfach super. Wenn es ganz schnell gehen soll, kann man auch alle Pilaw- und Hackzutaten mischen, mit heißer Brühe angießen und in den Ofen schieben. Nicht ganz so gut, aber eine clevere Abkürzung.

Das Gemüse im Pilaw kann nach Lust und Laune durch andere Sorten ausgetauscht werden.

FÜR 2 PERSONEN

GEBACKENER TOFU MIT OFENPILAW UND APFELTOPPING

Zubereitungszeit 25 Minuten plus *Backzeit* 40 Minuten

Pilaw
150 g weißer Langkornreis
300 ml kräftige Gemüsebrühe
2 große Frühlingszwiebeln, in feine Ringe geschnitten (60 g)
2 Karotten (geschält 150 g), klein gewürfelt
½ Bund glatte Petersilie (15 g), fein geschnitten
1 EL Umamipaste (20 g; siehe Seite 73)
1 EL Olivenöl (8 g)
1 gestrichener TL Salz
1 Prise schwarzer Pfeffer aus der Mühle

Tofu
400 g Tofu Natur
1 EL Umamipaste (20 g; siehe Seite 73)
1 Knoblauchzehe, durch die Presse gedrückt
2 EL Olivenöl (16 g) plus etwas mehr zum Einölen
2 EL Zitronensaft (20 ml)
15 g Rosinen, fein gehackt
1 Zweig Rosmarin (5 g)

Apfeltopping
1 Bioapfel (entkernt 120 g), ungeschält in feine Julienne (Stifte) geschnitten
2 EL fein gehackte glatte Petersilie
1 EL Zitronensaft (10 ml)
1 TL abgeriebene Biozitronenschale

Den Backofen auf 200 °C Ober-/Unterhitze vorheizen. • Für den Pilaw alle **Zutaten** in einer Schüssel vermengen. • Den **Tofu** auf der Oberseite schachbrettförmig im Abstand von 1 cm tief einschneiden (bis auf drei Viertel zum Boden) und in eine Schüssel geben. **Umamipaste, Knoblauch, Öl, Zitronensaft** und **Rosinen** gut zu einer Marinade verrühren. Über den Tofu geben und vor allem in die Einschnitte reiben. • Eine ofenfeste Schmorpfanne etwas **einölen,** den marinierten Tofu hineinsetzen (die Marinadereste aufbewahren), den **Rosmarin** darauflegen und die Pilawmischung gleichmäßig um den Tofu verteilen. Den Deckel aufsetzen und im vorgeheizten Ofen 30 Minuten garen. • Den Deckel abnehmen, den Rosmarinzweig neben den Tofu legen, damit er nicht verbrennt, und die restliche Marinade über den Tofu träufeln. Die Hitze auf 230 °C Obergrill regeln und 10 Minuten ohne Deckel leicht knusprig backen. • Währenddessen für das Apfeltopping alle **Zutaten** vermischen. • Den Pilawreis auf zwei Teller verteilen, je eine Tofuhälfte daraufsetzen und mit dem Apfeltopping servieren.

TIPPS

Damit der Tofu während der Zubereitung nicht zu trocken wird, sollte eine Sorte gewählt werden, die etwas saftiger ist.

Als Variante kann man zum Beispiel einen kleinen entkernten Kürbis füllen: Den Tofu zerbröseln, mit der Marinade mischen, in den Kürbis geben und diesen in die Mitte der Pilawpfanne setzen.

TIPP

Das Gemüse kann nach Lust und Laune durch andere Gemüsesorten ausgetauscht werden.

FÜR 2 PERSONEN

TEMPEH UND POLENTA-BAKE MIT FENCHEL-APFEL-SALAT

Zubereitungszeit
20 Minuten plus
Backzeit 35 Minuten

Polenta-Bake
240 g Minuten-Polenta
800 ml kräftige Gemüsebrühe, aufgekocht
1 TL Cajun Spice (siehe Seite 69)
1 EL Olivenöl (8 g)
Einlagen
3 Champignons, halbiert
6 Kirschtomaten
150 g Tempeh (gute Qualität, siehe Tipp Seite 223), in 1-cm-Sticks geschnitten
1 kleine Zwiebel, in Spalten geschnitten
2 ½ EL Olivenöl (20 g)
1 EL Würzhefeflocken (5 g)
1 Prise geräuchertes Paprikapulver
1 Zweig Rosmarin, zerzupft
Salat
1 kleiner Fenchel, sehr fein gehobelt (150 g)
Salz
1 kleiner Bioapfel (100 g), in feine Julienne (Stifte) geschnitten
1 EL Apfelessig (10 ml)
1 TL Olivenöl (4 g)
schwarzer Pfeffer aus der Mühle

Den Backofen auf 180 °C Ober-/Unterhitze vorheizen. • **Polenta,** heiße **Brühe, Cajun Spice** und **Öl** in einer mittelgroßen Auflaufform oder einer ofenfesten Pfanne mischen und zum Andicken kurz ruhen lassen. • Währenddessen für die Einlagen **Champignons, Kirschtomaten, Tempeh** und **Zwiebeln** mit ½ EL **Öl** mischen und dekorativ in die Polentamischung legen, sodass die Stücke zur Hälfte einsinken. Mit dem restlichen **Öl** beträufeln, mit **Hefeflocken** und **Paprikapulver** bestreuen und den **Rosmarin** darauf verteilen. • Im vorgeheizten Ofen 25 Minuten backen. Dann den Grill dazuschalten und weitere 10 Minuten backen, bis der Polenta-Bake leicht knusprig ist. • Inzwischen für den Salat den **Fenchel** mit einer Prise **Salz** gut durchkneten und 10 Minuten ziehen lassen. Dann die restlichen **Zutaten** hinzufügen, locker mischen und mit **Salz** und **Pfeffer** abschmecken. • Den Polenta-Bake aus dem Ofen nehmen und 5–10 Minuten ruhen lassen. In vier Stücke schneiden, vorsichtig auf zwei Teller heben, den Fenchel-Apfel-Salat daneben anrichten und genießen.

TIPPS

Am schönsten ist es, wenn man die Polenta-Zutaten auf zwei kleine, etwa 15–20 cm große Auflaufformen oder kleine ofenfeste Pfannen verteilt, dann muss man das Kunstwerk beim Anrichten nicht zerstören.

Minuten-Polenta ist hier wichtig, denn diese ist schon vorgedämpft und schneller gar. Mit normaler Polenta wäre die Backzeit deutlich länger und die Flüssigkeitsmenge würde nicht stimmen.

„In Julienne schneiden" heißt, Gemüse oder Obst in feine, streichholzartige Stifte zu schneiden, die etwa 4 cm lang sein sollten.

ALLES AUS DER PFANNE

In diesem Kapitel widmen wir uns voll und ganz der Pfanne als primäres Kochutensil. Pfannengerichte sind meistens schnell zubereitet und machen Freude. Hier findet man eine Auswahl an schönen pflanzlichen Gerichten, die geschmacklich richtig was draufhaben. Viel Freude beim Braten!

COPIEN

TIPP

Das Gemüse kann saisonal nach Belieben durch andere Sorten ausgetauscht werden.

FÜR 2 PERSONEN (reichliche Portionen)

GEBRATENE KARTOFFEL-GNOCCHI MIT BROKKOLI, TOMATEN UND LINSEN

Zubereitungszeit
35 Minuten plus
Garzeit ca. 10 Minuten

Gnocchi
1 kg mehligkochende Kartoffeln (geschält 840 g), in 2-cm-Würfel geschnitten
Salz
160 g Hartweizengrieß (eventuell etwas mehr)
20 g Speisestärke
1 gute Prise frisch geriebene Muskatnuss
2 EL Olivenöl (16 g)

Gemüsemischung
1 Zwiebel (geschält 50 g), fein gewürfelt
1 Knoblauchzehe, fein gewürfelt
150 g Brokkoli, in 3-cm-Röschen geschnitten
2 EL Olivenöl (16 g)
12 Kirschtomaten (240 g), geviertelt
200 g gekochte rote Linsen
Salz
schwarzer Pfeffer aus der Mühle
eventuell 1–2 EL Zitronensaft (10–20 ml)

Topping
2 EL Würzhefeflocken (10 g)
2 EL Kürbiskerne (25 g), geröstet und fein gehackt
10 Basilikumblätter, zerzupft

Für die Gnocchi die **Kartoffelwürfel** in 2 l leicht **gesalzenem** Wasser etwa 10 Minuten gar kochen (aus den 840 g geschälten Kartoffeln sollten 760 g gekochte Kartoffelwürfel entstehen, denn sie verlieren Wasser beim Kochen). Abgießen, das Kartoffelkochwasser auffangen und 200 ml davon beiseitestellen. Die Kartoffeln durch die Presse in eine Schüssel drücken und 5 Minuten ausdampfen lassen. • **Grieß, Stärke** und **Muskatnuss** zum Püree geben, locker mischen und kurz kneten. ***Wichtig:*** Nicht zu viel kneten, sonst wird die Masse schleimig! Der Gnocchiteig sollte gut formbar sein, falls er zu feucht ist, noch etwas **Grieß** einarbeiten. 10 Minuten ruhen lassen. • Den Gnocchiteig zu einer 3 cm dicken Rolle formen, in 3 cm dicke Stücke schneiden und mit einer Gabel das typische Gnocchimuster eindrücken. Eine beschichtete Pfanne erhitzen, die Gnocchi vorsichtig hineingeben, das **Öl** darüberträufeln und bei mittlerer Hitze 10 Minuten rundum knusprig goldbraun braten. • In der Zwischenzeit für die Gemüsemischung eine zweite Pfanne erhitzen, **Zwiebeln, Knoblauch** und **Brokkoli** hineingeben, mit dem **Öl** beträufeln und scharf anbraten. Mit dem abgemessenen Kartoffelkochwasser ablöschen und einkochen, bis nur noch wenig angedickte Flüssigkeit in der Pfanne ist. **Kirschtomaten** und **Linsen** dazugeben, kurz durchschwenken und mit **Salz** und **Pfeffer** sowie nach Belieben mit **Zitronensaft** abschmecken. • Wenn die Gnocchi schön goldbraun sind, zur Gemüsemischung geben und kurz durchschwenken. Auf zwei Teller verteilen und mit dem Topping bestreuen.

TIPP

Die Gnocchi sind in dieser Version nicht so teiglastig, sondern eher leicht und kartoffelig. Ein toller Geschmack! Und sie sind vielseitig verwendbar – auch als süße Variante, zum Beispiel mit Aprikosenkompott und gerösteten Mandeln.

FÜR 2 PERSONEN

SELLERIE-KARTOFFEL-RÖSTI MIT SPINAT UND JOGHURT-SELLERIE-CREME

Zubereitungszeit
35 Minuten

Rösti
500 g vorwiegend festkochende Kartoffeln (geschält 430 g)
1 kleine Sellerieknolle (600 g, geschält 450 g)
1 große Prise Salz
1–2 TL Speisestärke (4–8 g)
etwas Olivenöl

Creme
1 kleine Zwiebel, gewürfelt
1 EL Olivenöl (8 g)
200 g ungesüßter Sojajoghurt
Salz
schwarzer Pfeffer aus der Mühle

Spinat
1 kleine Zwiebel, gewürfelt
1 TL fein geriebener Ingwer
1 EL Olivenöl (8 g)
240 g gekochte weiße Bohnen
1 Knoblauchzehe, gewürfelt
300 g TK-Blattspinat
100 ml Gemüsebrühe
Salz
schwarzer Pfeffer aus der Mühle

Topping
1–2 TL Zitronensaft (5–10 ml)
3 EL Turbo-Seeds
(siehe Seite 69)

Von den Zutaten der Rösti 50 g geschälte **Kartoffel** und 150 g geschälten **Sellerie** für Creme und Topping beiseitelegen. Für die Rösti restliche **Kartoffeln** und **Sellerie** grob in eine Schüssel raspeln und das **Salz** zugeben. Gut durchkneten und 10 Minuten Wasser ziehen lassen. • Inzwischen für die Creme beiseitegelegte Kartoffel (50 g) und 50 g des beiseitegelegten Selleries fein würfeln und mit **Zwiebeln** in eine kleine Pfanne geben. 300 ml Wasser angießen, aufkochen und sanft köcheln, bis die Gemüsewürfel weich sind. Dann mit 100 ml Kochflüssigkeit und dem **Öl** im Mixer zu einer glatten Creme mixen. Auf einen Teller geben und im Kühlschrank auskühlen lassen. • Die Flüssigkeit aus der Röstimasse ausdrücken, 1 TL **Stärke** einarbeiten, sodass die Masse gut zusammenhält. Bei Bedarf restliche **Stärke** hinzufügen. Eine große beschichtete Pfanne erhitzen, mit etwas **Öl** auspinseln, die Masse hineingeben und glatt streichen. Auf mittlerer Hitze etwa 6 Minuten knusprig goldbraun braten. Mithilfe eines Tellers stürzen, wenden und auf der anderen Seite ebenfalls knusprig braten. • Inzwischen für den Spinat eine Pfanne erhitzen, **Zwiebeln** und **Ingwer** zugeben, das **Öl** darüberträufeln und goldbraun anrösten. **Bohnen** und **Knoblauch** hinzufügen und 2 Minuten mit anbraten. Den **Spinat** dazugeben, mit der **Brühe** ablöschen, verkochen lassen und mit **Salz** und **Pfeffer** abschmecken. Warm halten. • Den **Joghurt** in die ausgekühlte Sellerie-Kartoffel-Creme rühren und mit **Salz** und **Pfeffer** abschmecken. • Für das Topping die restlichen 100 g **Sellerie** in sehr feine Julienne (Stifte) schneiden und mit dem **Zitronensaft** marinieren. • Den Rösti vierteln und je zwei Stücke versetzt auf zwei große Teller legen. Den Spinat mittig anrichten und die Joghurt-Sellerie-Creme auf einer Seite angießen, sodass ein schöner halbmondartiger Saucenspiegel entsteht. Mit Selleriejulienne und **Turbo-Seeds** garnieren.

TIPP

Wenn man einen Spiralschneider hat, empfiehlt es sich, Kartoffeln und Sellerie zu dünnen Spaghetti zu drehen und die Reste zu hobeln. Dann salzen. So entsteht ein wunderschön gemusterter Rösti.

TIPP

Dazu passen Vollkornnudeln oder ein schönes Vollkornbaguette hervorragend.

FÜR 2 PERSONEN

RICOTTABÄLLCHEN IN SUGO AUF BLUMENKOHLSTEAK

Zubereitungszeit 35 Minuten

Bällchen
400 g Tofu Natur
50 g ungesüßter Sojajoghurt
1 EL Olivenöl (8 g) plus 1 EL mehr zum Braten (8 g)
1 TL Zitronensaft (5 ml)
50 g Semmelbrösel plus 2 EL mehr zum Wälzen (20 g)
1 EL Speisestärke (10 g)
1 EL Würzhefeflocken (10 g)
abgeriebene Schale von ½ Zitrone
½ TL getrockneter Thymian
20 g Rucola, gehackt
1 TL Salz (3 g)
schwarzer Pfeffer aus der Mühle

Sugo
1 Zwiebel (geschält 70 g), fein gewürfelt
1 Knoblauchzehe, fein gehackt
1 EL Olivenöl (8 g)
1 kleine Stange Staudensellerie, fein gewürfelt (40 g)
1 kleine Karotte (geschält 40 g), fein gewürfelt
50 ml Orangensaft
75 ml Gemüsebrühe
500 g gewürfelte Tomaten aus der Dose
25 g Tomatenmark
1 TL getrockneter Oregano
Salz
schwarzer Pfeffer aus der Mühle

Blumenkohlsteaks
2 Scheiben Blumenkohl (Steaks; à 120 g)
1 EL Olivenöl (8 g)
Salz
schwarzer Pfeffer aus der Mühle

Garnierung
1 EL Würzhefeflocken (5 g)
10 Basilikumblätter

Für die Ricottabällchen **Tofu, Joghurt, Öl** und **Zitronensaft** fein pürieren. In eine Schüssel geben, die restlichen **Zutaten** zufügen und gut verkneten. Nach Bedarf mit **Salz** und **Pfeffer** abschmecken, zwölf Knödel (à etwa 40 g) formen und in **Semmelbröseln** wälzen. • Für die Sugo eine beschichtete tiefe (!) Pfanne erhitzen, **Zwiebeln** und **Knoblauch** zugeben, das **Öl** darüberträufeln und 2 Minuten anrösten. **Sellerie** und **Karotten** hinzufügen und 3 Minuten anbraten. Mit **Orangensaft** ablöschen, **Brühe, Tomaten, Tomatenmark** und **Oregano** einrühren und 10 Minuten sanft köcheln lassen. Mit **Salz** und **Pfeffer** abschmecken. • Währenddessen eine beschichtete Pfanne erhitzen, die Ricottabällchen mit dem **Öl** zum Braten hineingeben und rundum knusprig anbraten. Dann vorsichtig in die Sugo setzen und abgedeckt 10 Minuten auf niedriger Stufe sanft köcheln lassen. • In der Zwischenzeit für die Steaks die Bällchen-Pfanne auswischen und erhitzen. Die **Blumenkohlscheiben** hineingeben, das **Öl** darüberträufeln und 2–3 Minuten pro Seite anbraten. Mit **Salz** und **Pfeffer** würzen. • Die Blumenkohlsteaks mit der Sugo auf zwei Tellern anrichten, die Ricottabällchen daraufgeben, mit den **Hefeflocken** bestreuen und mit **Basilikum** garnieren.

TIPP

Von diesem Gericht kann man direkt die doppelte Menge zubereiten. Die Sugo schmeckt zu Nudeln großartig und die Bällchen sind auch kalt der Knaller.

FÜR 2 PERSONEN

BLITZ-KOTU-ROTTI MIT APRIKOSEN-CURRYSAUCE UND RÜHRTOFU

Zubereitungszeit 35 Minuten

Currysauce
2 Knoblauchzehen, fein gewürfelt
1 EL Olivenöl (8 g)
1 EL Tikka-Currypaste (20 g; siehe Seite 70)
½ TL schwarzer Pfeffer aus der Mühle
1 gute Prise gemahlener Zimt
100 ml Gemüsebrühe
1 große Aprikose, entsteint und in Scheiben geschnitten
2 EL Limettensaft (20 ml)
1 Bund Koriandergrün (20 g), fein gehackt

Rührtofu
300 g Tofu Natur, grob zerkrümelt
2 EL Olivenöl (16 g)
1 EL Sojasauce (10 ml)
100 ml Sojadrink + Calcium
1 EL Würzhefeflocken (5 g)
1 Prise gemahlene Kurkuma
1 TL Kala Namak (nach Belieben)
1 gute Prise schwarzer Pfeffer aus der Mühle
1 Prise Salz

Kotu Rotti
4 Weizenvollkorn-Tortillas (à ca. 60 g), in 2-cm-Streifen geschnitten
2 EL Olivenöl (16 g)
Salz
1 Karotte, in feine Julienne (Stifte) geschnitten
10 g Ingwer, fein gewürfelt
1 Zwiebel, halbiert und längs in Streifen geschnitten
2 Knoblauchzehen, fein gewürfelt
180 g Rotkohl oder Spitzkohl, in Streifen geschnitten
3 EL Tikka-Currypaste (60 g; siehe Seite 70)

Für die Currysauce eine kleine Sauteuse (oder kleine Pfanne) erhitzen, den **Knoblauch** mit **Öl** und **Tikka-Currypaste** hineingeben und 1 Minute goldbraun rösten. **Pfeffer** und **Zimt** einrühren und mit der **Brühe** ablöschen. Gut mischen, **Aprikose, Limettensaft** und **Koriander** dazugeben und 1 Minute einkochen, bis die Sauce leicht andickt. Vom Herd nehmen und ziehen lassen. • Für den Rührtofu eine große beschichtete Pfanne erhitzen, den zerkrümelten **Tofu** dazugeben, das **Öl** darüberträufeln und bei mittlerer Hitze 3 Minuten anbraten, bis sich Röstaromen entwickeln. Währenddessen die restlichen **Zutaten** glatt verrühren und über den Tofu geben. Etwas einkochen lassen, bis der Rührtofu schön saftig und schlotzig ist. In eine Schüssel geben und abgedeckt warm halten. • Für das Kotu Rotti die Pfanne auswaschen und wieder erhitzen. Die **Tortillastreifen** hineingeben, 1 EL **Öl** darüberträufeln und leicht goldbraun braten, sodass sie nur leicht knusprig sind. Mit **Salz** würzen und in eine Schüssel geben. • **Karottenjulienne, Ingwer, Zwiebeln** und **Knoblauch** in die gleiche Pfanne geben, das restliche **Öl** darüberträufeln und anbraten, bis sich schöne Röstaromen entwickeln. Den **Rotkohl** dazugeben und 1 Minute mitrösten. Mit 100 ml Wasser ablöschen und die **Tikka-Currypaste** einrühren. Dann einkochen, bis die Flüssigkeit verkocht ist. Mit **Salz** abschmecken. • Die Tortillastreifen dazugeben, grob durchmischen, sodass die Brotstreifen nur teilweise mit der Gemüsemischung benetzt sind. • Das Kotu Rotti auf zwei Teller verteilen. Den Rührtofu mittig daraufsetzen, etwas Aprikosen-Currysauce darüberträufeln und die restliche Sauce separat dazu servieren.

TIPP

Anstelle der Aprikosen kann man auch Pfirsich, Apfel, Mango oder Birne verwenden.

FÜR 2 PERSONEN

WEISSE-BOHNEN-FRIKASSEE MIT KNUSPRIGEM PFANNENREIS

Zubereitungszeit
30 Minuten

Frikassee
1 Zwiebel (geschält 70 g), fein gewürfelt
1 ½ EL Olivenöl (12 g)
2 Stangen Staudensellerie, fein gewürfelt (100 g)
1 große Karotte (geschält 100 g), Hälfte fein gewürfelt, Hälfte schräg in 2-cm-Stücke geschnitten
150 g grüne TK-Erbsen
150 ml Gemüsebrühe
1 EL Apfelessig (10 ml) plus etwas mehr zum Abschmecken
2 EL gehackte glatte Petersilie
1 große Knoblauchzehe, gehackt
400 g gekochte weiße Bohnen
150 g Sojasahne
1 TL mittelscharfer Senf (10 g)
Salz
schwarzer Pfeffer aus der Mühle

Pfannenreis
1 EL Olivenöl (8 g)
400 g gekochter (Vollkorn-)Reis
Salz
schwarzer Pfeffer aus der Mühle

Für das Frikassee eine große, beschichtete Pfanne erhitzen, die **Zwiebeln** hineingeben, mit 1 EL **Öl** beträufeln und glasig anbraten. **Sellerie** und **Karotten** hinzugeben und etwa 3 Minuten anschwitzen. Dann die **Erbsen** einrühren und kurz weiterbraten. Mit der **Brühe** ablöschen und die Hitze auf mittlere Stufe reduzieren. **Essig** und 1 EL gehackte **Petersilie** hinzufügen, gut verrühren und simmern lassen. • Währenddessen eine kleine, beschichtete Pfanne erhitzen, den **Knoblauch** mit dem restlichen **Öl** zugeben, kurz und kräftig anrösten, dann die **Bohnen** hinzufügen, die Hitze reduzieren und 5 Minuten köcheln lassen. Unter das Frikassee rühren und die Hitze auf niedrigste Stufe stellen, sodass die Pfanne lediglich auf Temperatur gehalten wird. Kurz vor dem Servieren **Sojasahne** und **Senf** unter das Frikassee rühren und mit **Salz, Pfeffer** und **Apfelessig** abschmecken. • Für den Pfannenreis das **Öl** in eine kleine (Ø maximal 18 cm), aber tiefe, beschichtete Pfanne geben, den gekochten **Reis** hinzufügen, kräftig andrücken und bei mittlerer Hitze 7–10 Minuten braten. Wenn sich am Pfannenboden eine knusprige Schicht gebildet hat, den Reisfladen auf einen großen Servierteller stürzen, das Frikassee darauf anrichten und mit der restlichen **Petersilie** bestreuen.

TIPPS

Statt Sojasahne kann man auch 60 g Cashewbruch mit 100 ml Wasser und einer Prise Salz glatt mixen und verwenden.

Das Gemüse kann hier nach Belieben ausgetauscht werden und anstelle der Bohnen ist auch angebratener Tempeh sehr lecker in der Kombi.

Für den knusprigen Pfannenreis eignet sich gegarter Reis vom Vortag am besten.

FÜR 2 PERSONEN

TORTILLA ESPAÑOLA MIT CHEEZE UND APFEL-RUCOLA-SALAT

Zubereitungszeit 25 Minuten plus *Backzeit* 30 Minuten

Tortilla

500 g festkochende Kartoffeln (geschält 430 g), in 2-cm-Würfel geschnitten

Salz

1 kleine Zwiebel (geschält 40 g), fein gewürfelt

1 Knoblauchzehe, fein gewürfelt

2 Stangen Staudensellerie, fein gewürfelt (90 g)

½ kleine rote Paprika (80 g, entkernt 60 g), fein gewürfelt

1 TL fein gehackter Rosmarin

2 EL Olivenöl (16 g) plus etwas mehr zum Ausstreichen

schwarzer Pfeffer aus der Mühle

3 Cheeze-Eiswürfel (45 g; siehe Seite 77)

Guss

150 g Tofu Natur

50 g Räuchertofu

250 ml Sojadrink + Calcium

2 EL Speisestärke (15 g)

1 Prise gemahlene Kurkuma

1 TL Salz

1 gute Prise schwarzer Pfeffer aus der Mühle

Salat

50 g Rucola, gewaschen

20 Basilikumblätter

1 EL Kürbiskerne (12 g), geröstet und fein gehackt

1–2 EL Zitronensaft

1 kleiner Bioapfel (100 g), ungeschält in feine Julienne (Stifte) geschnitten

Den Backofen auf 160 °C Umluft vorheizen. • Für die Tortilla die **Kartoffelwürfel** in **gesalzenem** Wasser leicht bissfest kochen und abgießen. • Inzwischen für den Guss alle **Zutaten** im Mixer 1 Minute sehr glatt mixen und nach Bedarf mit **Salz** und **Pfeffer** abschmecken. • Eine große Pfanne erhitzen, **Zwiebeln, Knoblauch, Sellerie, Paprika** und **Rosmarin** hineingeben, das **Öl** darüberträufeln und leicht goldbraun rösten. Die gekochten Kartoffelwürfel hinzufügen und kurz mitrösten. Mit **Salz** und **Pfeffer** würzig abschmecken. • Die **Cheeze-Eiswürfel** vierteln und in die Tortillamischung rühren. Eine kleinere ofenfeste, beschichtete Pfanne (Ø 20 cm) erhitzen, dann mit etwas **Öl** ausstreichen, die Tortillamischung hineingeben und glatt andrücken – die Mischung sollte etwa 3 cm hoch in der Pfanne stehen. Mit dem Guss überziehen und im vorgeheizten Ofen 30 Minuten backen. • Für den Salat alle **Zutaten** mischen. • Die Pfanne aus dem Ofen nehmen, wieder auf den Herd stellen und den Tortillaboden 1 Minute kross anbraten. Die Pfanne sanft rütteln und die Tortilla auf ein großes Küchenbrett stürzen. Mit dem Apfel-Rucola-Salat garnieren und genießen.

TIPPS

Das Gemüse kann man nach Lust und Laune durch andere Gemüsesorten austauschen.

Pur gebraten, ergibt der Guss ein schönes Omelette. Dazu den Guss in eine eingeölte beschichtete Pfanne gießen und bei 160 °C Umluft 20 Minuten backen.

FÜR 2 PERSONEN

ASIA-SPAGHETTIPFANNE MIT SESAMSAUCE UND GLASIERTEM KNUSPERTOFU

Zubereitungszeit 35 Minuten

Spaghettipfanne
Salz
250 g (Vollkorn-)Spaghetti
150 g Lauch (weißer Teil), in Julienne (Stifte) geschnitten
1 Karotte (geschält 100 g), in Julienne (Stifte) geschnitten
1 mittelscharfe rote Chilischote (entkernt 10 g), in feinste Streifen geschnitten
2 EL Olivenöl (16 g)
eventuell etwas Ponzu-Style-Sauce (siehe Seite 74)

Tofu
400 g Tofu Natur
1 EL Olivenöl (8 g)
60 g Ponzu-Style-Sauce (siehe Seite 74)

Sauce
50 g Sesamsamen
1–2-cm-Stück Ingwer (5 g), gehackt
1 Knoblauchzehe, gehackt
10 g Rosinen
1 ½ EL Sojasauce (15 ml)
1 TL Zitronensaft (5 ml)

Garnierung
3 EL fein gehacktes Koriandergrün (10 g) plus einige Korianderblätter
2 TL geröstete Sesamsamen (6 g)
einige Spritzer Ponzu-Style-Sauce (siehe Seite 74)
½ Limette, geviertelt

Für die Spaghettipfanne **gesalzenes** Wasser in einem Topf zum Kochen bringen und die **Spaghetti** darin je nach Sorte 8–12 Minuten bissfest garen. • Inzwischen eine große beschichtete Pfanne erhitzen, **Lauch, Karotten, Chili** und eine Prise **Salz** hineingeben, mit dem **Öl** beträufeln und sanft anbraten, bis das Gemüse etwas weich wird. • Währenddessen den **Tofu** in etwa 2,5 × 2,5 cm große Würfel schneiden und kreuzförmig einschneiden. Eine beschichtete Pfanne erhitzen, den Tofu hineingeben, das **Öl** darübergießen und rundum knusprig braten. Vom Herd nehmen, mit der **Ponzu-Style-Sauce** ablöschen und die Resthitze der Pfanne nutzen, um die Flüssigkeit unter Schwenken zu reduzieren. Warm halten. • Die Spaghetti in ein Sieb abgießen, dabei das Kochwasser auffangen, dann lauwarm abschrecken und abtropfen lassen. Die Hitze für die Gemüsepfanne auf niedrige Stufe reduzieren und die Spaghetti unterheben. • Für die Sauce den **Sesam** in einer tiefen Pfanne goldgelb anrösten. Mit 350 ml Nudelkochwasser ablöschen, **Ingwer, Knoblauch, Rosinen, Sojasauce** und **Zitronensaft** hinzugeben und bei geringer Hitze 10 Minuten simmern lassen. • Die Sauce feinstückig pürieren und unter die Spaghettimischung rühren, eventuell noch etwas Kochwasser hinzufügen, falls die Nudeln zu trocken sind. Mit **Salz, Pfeffer** und nach Belieben etwas **Ponzu-Style-Sauce** abschmecken. • Die Spaghettimischung mit einer Zange aufwickeln und in Nestern auf zwei Tellern anrichten. Mit gehacktem **Koriander** bestreuen und den glasierten Tofu daraufgeben. Dann mit geröstetem **Sesam, Korianderblättern** und einigen Spritzern **Ponzu-Style-Sauce** garnieren sowie die **Limettenstücke** dazugeben.

TIPP

Statt Lauch kann jedes Gemüse verwendet werden. Je feiner und länger dieses geschnitten wird, desto schöner verbindet es sich mit den Spaghetti.

FÜR 2 PERSONEN

SOCCA MIT FENCHEL-SLAW

Zubereitungszeit
30 Minuten plus
Ruhezeit mind. 20 Minuten

Socca
150 g Kichererbsenmehl
350 ml milde Gemüsebrühe
4 EL Olivenöl (32 g)
Salz
schwarzer Pfeffer aus der Mühle

Slaw
1 Fenchel, in 2-mm-Streifen geschnitten (220 g)
220 g Rotkohlblätter, in 2-mm-Streifen geschnitten
20 g Rucola, fein geschnitten
1 gute Prise schwarzer Pfeffer aus der Mühle
100 ml Orangensaft
120 g ungesüßter Sojajoghurt
3 EL Apfelessig (30 ml)
½ TL Salz
1 Prise schwarzer Pfeffer aus der Mühle

Topping
250 g Wassermelonenfleisch, in 2-cm-Würfel geschnitten
1 kleiner Bund glatte Petersilie (20 g), fein gehackt
2 EL Zitronensaft (20 ml)
2 EL Turbo-Seeds (siehe Seite 69)

Für die Socca **Kichererbsenmehl, Brühe** und 2 EL **Öl** im Mixer glatt mixen und mindestens 20 Minuten ruhen lassen. Den Teig noch mal mixen und mit **Salz** und **Pfeffer** würzen. • Eine große beschichtete Pfanne (Ø 32 cm) erhitzen. Das restliche **Öl** hineingießen und sogleich den Teig hinzugeben – er sollte maximal 5 mm dick sein. Abdecken und bei mittlerer Hitze etwa 6 Minuten braten, bis der Teigfladen sichtbar durchgebacken ist. Die Pfanne etwas schütteln, damit sich der Fladen löst. Mithilfe eines flachen Deckels wenden und auf der anderen Seite noch mal 5 Minuten backen. • Während die Socca backt, alle **Zutaten** für den **Slaw** kurz durchkneten und ziehen lassen. • Für das Topping alle **Zutaten** mischen. • Die Socca wieder wenden, die Hitze erhöhen und vorsichtig von beiden Seiten knusprig goldbraun braten. • Den Slaw abschmecken. • Die Socca auf ein großes Küchenbrett geben und in sechs Stücke schneiden. Jeweils drei Stücke leicht überlappend auf zwei Tellern anrichten und den Slaw daraufsetzen. Mit dem Topping garniert servieren.

TIPPS

Man kann zusätzlich noch 5 mm große Räuchertofuwürfel in die Socca streuen, solange der Teig noch flüssig ist.

Die Socca schmeckt auch am nächsten Tag noch großartig.

FÜR 2 PERSONEN

REISPFANNE MIT SEITAN-GYROS UND ZAZIKI

Zaziki

½ Salatgurke (120 g, geschält 75 g), grob geraspelt
½ TL Salz
200 g ungesüßter Sojajoghurt
1 Knoblauchzehe, fein gerieben
1 EL Limettensaft (10 ml)
5 Stängel Dill (10 g), fein geschnitten, plus 2 Stängel Dill zum Garnieren

Reispfanne

2 Karotten (geschält 140 g), in 5-mm-Würfel geschnitten
1 Frühlingszwiebel, fein gewürfelt
1 Knoblauchzehe, fein gewürfelt
1 Rote Bete (geschält 160 g), in 5-mm-Würfel geschnitten
1 EL Olivenöl (8 g)
Salz
schwarzer Pfeffer aus der Mühle
600 g kalter gekochter (Vollkorn-)Reis vom Vortag

Gyros

300 g Seitan (siehe Seite 247), in dünne Gyros-Streifen geschnitten
1 Zwiebel, längs in Streifen geschnitten
2 EL Olivenöl (16 g)
1 EL Gyros-Rub (siehe Seite 69)
Salz
schwarzer Pfeffer aus der Mühle

Zubereitungszeit 30 Minuten

Für das Zaziki die **Gurkenraspel salzen,** kneten und ziehen lassen. Dann die Flüssigkeit ausdrücken und auffangen. Gurkenraspel, **Joghurt, Knoblauch, Limettensaft** und **Dill** in einer Schüssel mischen und ziehen lassen. • Für die Reispfanne eine Pfanne erhitzen, **Karotten, Frühlingszwiebeln, Knoblauch** und **Rote Bete** hineingeben, das **Öl** darüberträufeln und 10 Minuten scharf anbraten. Mit **Salz** und **Pfeffer** abschmecken und in eine Schüssel geben. • Inzwischen für das Gyros die Pfanne auswischen und erhitzen. Dann **Seitanstreifen** und **Zwiebeln** hineingeben, mit dem **Öl** beträufeln und 5 Minuten scharf und knusprig anbraten. Mit **Gyros-Rub** würzen, kurz mitrösten und in eine Schüssel geben. Mit **Salz** und **Pfeffer** abschmecken. • Die Pfanne wieder auswischen und den kalten **Reis** darin 5 Minuten scharf anbraten. Die Gemüsemischung aus der Schüssel dazugeben, gut durchmischen und kurz mitbraten. • Die Reispfanne auf zwei Teller verteilen, mit dem Gyros toppen und mit Zaziki und **Dill** garnieren.

TIPPS

Statt Seitan kann man auch in feine Streifen geschnittenes Soja-Big-Steak oder Tempeh verwenden.

Für den gebratenen Reis am besten immer Reis vom Vortag verwenden, denn erst wenn er abgekühlt ist und dann angebraten wird, bekommt er das besondere Aroma. Wird er frisch zubereitet, einfach die anderen Zutaten anrösten und dann mit dem Reis mischen.

DEFTIGE KLASSIKER REIN PFLANZLICH

In diesem Kapitel dreht sich alles um vegane Versionen bekannter Küchenklassiker. Klassiker, die hier auf gekonnte Art und Weise allen Freunden der deftigen Küche beweisen, wie schmackhaft, sättigend und glücklich machend pflanzliche Küche sein kann. Man muss nur wissen, wie es geht.

SEBASTIAN
COPIEN
KOCHEN NACH DEINER NATUR

TIPPS

Wenn keine Cheeze-Eiswürfel zur Hand sind, schmecken auch Räuchertofuwürfel lecker. Dann sind es „speckige“ Pressknödel.

Knusprig gebratene Räuchertofuwürfel (mindestens 7 Minuten goldbraun braten, bis es in der Pfanne raschelt) kurz vor dem Servieren unter den Kartoffelsalat gehoben, sind ebenfalls unglaublich lecker.

FÜR 2 PERSONEN

VEGANE KASPRESSKNÖDEL MIT KARTOFFEL-VOGERL-SALAT

Zubereitungszeit
45 Minuten

Kartoffelsalat
400 g festkochende Kartoffeln
Salz
½ Zwiebel (geschält 60 g), fein gewürfelt
1 kleiner Bioapfel (100 g)
100 ml Gemüsebrühe
1 TL mittelscharfer Senf (10 g)
3–5 EL Apfelessig (30–50 ml)
2 EL Olivenöl (16 g)
75 g Feldsalat, gewaschen
schwarzer Pfeffer aus der Mühle

Pressknödel
75 g trockenes Knödelbrot
175 ml Sojadrink + Calcium, erhitzt
3 EL Würzhefeflocken (15 g)
½ TL Salz
1 Prise schwarzer Pfeffer aus der Mühle
1 Zwiebel (geschält 70 g), fein gewürfelt
4–5 Stängel glatte Petersilie (10 g), sehr fein geschnitten
40 g Weizenmehl (Type 405)
5 Cheeze-Eiswürfel (75 g; siehe Seite 77)
1 EL Olivenöl (8 g)

Für den Salat die **Kartoffeln** ungeschält in **gesalzenem** Wasser je nach Größe 30–35 Minuten gar kochen. • Parallel dazu für die Pressknödel das **Knödelbrot** mit dem heißen **Sojadrink** übergießen. **Hefeflocken, Salz** und **Pfeffer** unterheben, sobald die Kartoffeln kochen. Ziehen lassen, bis das Brot schön weich ist. • Inzwischen die **Zwiebeln** für den Kartoffelsalat in einer Pfanne leicht glasig dünsten. Den **Apfel** waschen, ungeschält raspeln, mit der **Brühe** dazugeben und kurz aufkochen. **Senf,** 3 EL **Essig, Öl** und ½ TL **Salz** einrühren und das Dressing ziehen lassen. • Die Kartoffeln abgießen und 5 Minuten ausdampfen lassen. Dann schälen, in 2 cm dicke Scheiben schneiden und in eine Schüssel geben. Das Dressing über die heißen Kartoffeln gießen und mit einem Löffel kräftig umrühren. Wenn es die Temperatur erlaubt, mit der Hand hineingreifen, einige Kartoffelscheiben zerdrücken und so lange mischen, bis ein schöner schmatziger Salat entsteht. Ruhen lassen, bis der Salat nur noch lauwarm ist. Dann den **Feldsalat** unterheben und mit restlichem **Essig, Salz** und **Pfeffer** abschmecken. • In der Zwischenzeit die **Zwiebeln** für die Knödel in einer beschichteten Pfanne ohne Öl anrösten und zur Knödelbrotmischung geben. Die **Petersilie** unterheben, das **Mehl** darüberstäuben und locker durchmischen. Die **Cheeze-Eiswürfel** in 1 cm kleine Stücke hacken, unter den Teig heben und zu vier Pflanzerln (Frikadellen) formen – dabei darauf achten, dass die Cheeze-Eiswürfel in der Mitte sind. Eine beschichtete Pfanne erhitzen, die Pflanzerl mit dem **Öl** hineingeben und von beiden Seiten je 3–4 Minuten knusprig goldbraun braten. • Die Pressknödel mit dem Kartoffelsalat servieren.

FÜR 2 PERSONEN

SCHNELLE TEMPEH-BOLOGNESE MIT RIGATONI UND NUSSPARMESAN

Zubereitungszeit
30 Minuten plus
Garzeit mind. 30 Minuten

Bolognese
200 g Tempeh (gute Qualität, siehe Tipp)
3 Karotten (geschält 200 g)
1–2 Stangen Staudensellerie (80 g)
3 EL Olivenöl (24 g)
100 ml trockener Rotwein
2 Zwiebeln (geschält 140 g), fein gewürfelt
2 EL Umamipaste (40 g; siehe Seite 73)
2 Knoblauchzehen, fein gewürfelt
4 EL Orangensaft (40 ml)
180 g stückige Tomaten aus der Dose
1–2 EL Sojasauce (10–20 ml)
1 EL getrockneter Oregano
Salz
schwarzer Pfeffer aus der Mühle
1 Schuss Apfelessig

Nussparmesan
20 g Cashewbruch
2 EL Semmelbrösel (20 g)
1 TL Olivenöl (4 g)
1 Knoblauchzehe, fein gehackt
2 EL Würzhefeflocken (10 g)
½ TL Salz

Pasta
300 g (Vollkorn-)Rigatoni oder andere Pasta
1 EL Salz

Für die Bolognese den **Tempeh** zu Hack zerbröseln. **Karotten** und **Sellerie** grob raspeln, dann 1 Minute durchhacken. Alternativ im Blitzhacker feinkrümelig mixen. • Eine große beschichtete Pfanne erhitzen, Tempehhack hineingeben, mit dem **Öl** beträufeln und bei hoher Hitze 4 Minuten knusprig goldbraun braten. Mit 50 ml **Rotwein** ablöschen, die Röstaromen vom Pfannenboden lösen und einkochen lassen. Eine Handvoll gehacktes **Gemüse** mit **Zwiebeln** dazugeben und 5 Minuten stark anrösten. Mit restlichem **Wein** ablöschen, wieder Röstaromen lösen und verkochen lassen. **Umamipaste** und **Knoblauch** einrühren und 2 Minuten rösten. Mit **Orangensaft** ablöschen, Röstaromen lösen und einkochen. **Tomaten** und restliches **Gemüse** dazugeben, Hitze reduzieren und auf sehr niedriger Stufe abgedeckt mindestens 30 Minuten sanft köcheln lassen. (Noch besser wird die Sauce, wenn sie 3 Stunden ganz langsam köchelt oder nach der 30-minütigen Kochzeit abgekühlt über Nacht im Kühlschrank durchziehen kann.) • Währenddessen für den Nussparmesan die **Cashews** im Mixer zu Pulver mahlen. Mit den **Semmelbröseln** in eine Pfanne geben, das **Öl** darüberträufeln und leicht goldbraun rösten. **Knoblauch** dazugeben und leicht Farbe annehmen lassen. In eine Schüssel geben, **Hefeflocken** und **Salz** untermischen. • Für die Pasta 2 l Wasser in einem Topf zum Kochen bringen. Das **Salz** dazugeben (wichtig!) und die **Rigatoni** darin nach Packungsanleitung bissfest kochen. • Die Bolognese mit **Sojasauce, Oregano,** etwas **Salz, Pfeffer** und nach Belieben **Apfelessig** abschmecken. • Die Pasta abgießen, sofort mit der Bolognese vermengen, in zwei tiefe Teller füllen und mit Nussparmesan bestreuen.

TIPPS

Den Wein kann man durch eine Mischung aus 2 EL Balsamico-Essig und 8 EL Gemüsebrühe ersetzen.

Anstelle von Tempeh funktioniert auch eine Mischung aus Räucher- und Naturtofu super.

TIPPS

Die Qualität des Tempehs ist hier entscheidend. In Bioläden gibt es hervorragende Marken wie die Tempehmanufaktur, aber für die Low-Budget-Küche kann man Tempeh deutlich günstiger auch in den meisten Asia-Läden kaufen.

Das Anrösten und Ablöschen (auch Deglacieren genannt) ist für alle deftigen Zubereitungen essenziell. Diese Technik sorgt für kräftigen, vollmundigen Geschmack.

TIPP

Wenn man Lust auf Germknödel hat, aus dem Teig vier Knödel formen, weniger Salz ins Kochwasser geben, garen, dann Pflaumenmus hineinspritzen und mit Vanillesauce oder zerlassener veganer Margarine und Mohnsamen servieren.

FÜR 2 PERSONEN

GULASCH MIT BÖHMISCHEN KNÖDELN

Knödel
20 g frische Hefe
1 Prise (Vollrohr-)Zucker
150 ml Sojadrink + Calcium (handwarm)
220 g Weizenmehl (Type 550) plus etwas mehr zum Bestäuben
Salz

Gulasch
2 große Zwiebeln (geschält 200 g), halbiert und in 5-mm-Ringe geschnitten
1 Karotte (geschält 100 g), in 3-cm-Rauten geschnitten
200 g Champignons, mit der Hand halbiert oder zerrissen
4 EL Olivenöl (32 g)
1 EL Umamipaste (20 g; siehe Seite 73)
150 ml Gemüsebrühe
150 g Bohnen- bzw. Kichererbsen-Kochwasser (Aquafaba)
3 Knoblauchzehen, fein gewürfelt
2 gehäufte TL Gyros-Rub (siehe Seite 69) plus etwas mehr zum Abschmecken
240 g gekochte weiße Bohnen oder Kichererbsen
1 EL Apfelessig (10 ml)
100 ml Sojadrink + Calcium
Salz
schwarzer Pfeffer aus der Mühle

Topping
100 g ungesüßter Sojajoghurt
4–5 Stängel glatte Petersilie (10 g)
1 Prise Salz

Zubereitungszeit 40 Minuten plus
Ruhezeit 90 Minuten und
Garzeit 50 Minuten

Für die Knödel **Hefe, Zucker** und **Sojadrink** vermischen und 10 Minuten ruhen lassen. **Mehl** und eine Prise **Salz** zugeben und 5 Minuten gut durchkneten. Abgedeckt an einem warmen Ort 60 Minuten gehen lassen. • Inzwischen für das Gulasch einen Topf erhitzen, **Zwiebeln, Karotten** und die Hälfte der **Pilze** hineingeben, das **Öl** darüberträufeln und 5 Minuten goldbraun rösten. **Umamipaste** dazugeben und 1 Minute mitrösten. Mit einem Schuss **Brühe** und **Bohnen-Kochwasser** ablöschen, die Röstaromen lösen und die Flüssigkeit verkochen lassen. Erneut anrösten, **Knoblauch** und **Gyros-Rub** einrühren, 20 Sekunden mitrösten. Restliche **Brühe** und **Bohnen-Kochwasser** angießen, Röstaromen lösen, restliche **Pilze, Bohnen** und **Essig** dazugeben, aufkochen und bei niedriger Hitze abgedeckt 30 Minuten köcheln lassen. Vom Herd nehmen. • Während der Kochzeit den aufgegangenen Teig auf einer leicht **bemehlten** Arbeitsfläche halbieren und jeweils durcharbeiten, dabei mit einem Teigschaber den Teig immer vom Rand zur Mitte ziehen und leicht eindrehen. Dadurch entstehen eine glatte Oberfläche und Spannung im Teig. Mindestens zweimal um den Teig herum wiederholen. Die Kugeln abdecken und 20 Minuten gehen lassen, bis sich deren Volumen verdoppelt hat. • Für das Topping die **Zutaten** im Mixer zu einer glatten grünen Sauce mixen. • Rechtzeitig 3 l Wasser in einem großen Topf aufkochen. 1 TL **Salz** zugeben, die Teigkugeln ins kochende Wasser geben, Deckel auflegen und bei niedrigster Hitze 20 Minuten garen. • Das Gulasch kurz erhitzen, **Sojadrink** zugeben, mit **Salz, Pfeffer** und **Gyros-Rub** abschmecken. • Die Knödel herausheben und auf einem Teller 5 Minuten ausdampfen lassen. In 2 cm dicke Scheiben schneiden. Auf zwei großen Tellern überlappend anrichten und das Gulasch auf sowie neben die Knödel geben. Mit dem Topping garnieren.

FÜR 2 PERSONEN

GRAMMELKNÖDEL MIT KRAUT

Zubereitungszeit
25 Minuten plus
Garzeit 45 Minuten

Sauerkraut
1 große Zwiebel (geschält 100 g), gewürfelt
1 EL Olivenöl (8 g)
1 großer Apfel (geschält, entkernt 150 g), grob geraspelt
2 Wacholderbeeren
2 Lorbeerblätter
250 g Sauerkraut
100 ml Gemüsebrühe
Salz
schwarzer Pfeffer aus der Mühle

Knödel
Salz
450 g mehligkochende Kartoffeln
schwarzer Pfeffer aus der Mühle
60 g Hartweizengrieß
50 g Weizenvollkornmehl plus etwas mehr zum Bestäuben und Wälzen
1 TL Olivenöl (4 g)

Füllung
1 Zwiebel (geschält 75 g), fein gewürfelt
2 Champignons, geraspelt (40 g)
75 g Räuchertofu, zerkrümelt
2 EL Olivenöl (16 g)

Für das Sauerkraut einen kleinen Topf erhitzen. **Zwiebeln** hineingeben, das **Öl** darüberträufeln und leicht goldbraun rösten. **Apfelraspel** dazugeben und kurz mitdünsten. **Wacholderbeeren, Lorbeerblätter, Sauerkraut** und **Brühe** hinzufügen, gut durchmischen und ohne Deckel einmal stark aufkochen. Die Hitze reduzieren und 30 Minuten sanft köcheln lassen. Mit **Salz** und **Pfeffer** abschmecken – es soll leicht süß und schön schmatzig schmecken. Warm halten. • Inzwischen für die Knödel die **Kartoffeln** ungeschält in **Salzwasser** (1 TL Salz) weich kochen. Dann abgießen, schälen, durch die Presse drücken und 3 Minuten ausdampfen lassen – es sollten 370 g sein. • Eine Prise **Salz,** eine gute Prise **Pfeffer, Grieß** und **Mehl** hinzufügen und zu einem homogenen Teig kneten. ***Wichtig:*** Nicht wie einen normalen Teig mit viel Kraft kneten, sondern eher sanft falten, bis der Teig homogen ist, da er sonst schmierig werden kann. Mit leicht nassen Händen halbieren, zu Kugeln rollen und diese auf einem leicht **bemehlten** Küchenbrett flach drücken. **Salzwasser** in einem Topf zum Kochen bringen. • Für die Füllung alle **Zutaten** mischen. • In die Mitte der beiden Knödelkreise je einen großen Löffel Grammelfüllung setzen (die übrige Füllung aufheben) und die Seiten mittig über der Füllung zusammenziehen. Die Knödel in **Mehl** wälzen, überschüssiges Mehl abklopfen und Knödel in das leicht siedende Salzwasser geben. ***Wichtig:*** Es darf nicht sprudeln! Ohne Deckel 15 Minuten gar ziehen lassen. • Das Sauerkraut auf zwei Teller verteilen, je einen Knödel in die Mitte setzen und mit der restlichen Grammelfüllung bestreuen.

TIPP

Selbst mehligkochende Kartoffeln können je nach Sorte und Lagerzeit einen unterschiedlichen Stärkegehalt haben. Um sicherzugehen, dass die Knödel im Wasser zusammenhalten, einfach eine kleine Teigkugel testweise für einige Minuten ins Wasser geben. Zerfällt der Testknödel, dann mit mehr Mehl nacharbeiten.

TIPP

Statt Tofu kann man gekochte Linsen oder Tempeh verwenden.

FÜR 2 PERSONEN (reichliche Portionen)

ROTKOHLROULADEN MIT SEITANFÜLLUNG, SEMMELKNÖDELN UND SAUCE

Zubereitungszeit
40 Minuten plus
Backzeit 60 Minuten

Rouladen
150 g Seitansteak de luxe (siehe Seite 247; alternativ Räuchertofu)
30 g Semmelbrösel oder geraspelte alte Semmel
1 EL Speisestärke (10 g)
2–3 Stängel glatte Petersilie (5 g), fein geschnitten
½ Zwiebel (geschält 40 g), fein gewürfelt
1 TL mittelscharfer Senf (10 g)
1 gestrichener TL Cajun Spice (siehe Seite 69)
1 EL Umamipaste (20 g; siehe Seite 73)
1–2 EL Sojadrink + Calcium (10–20 ml)
Salz
schwarzer Pfeffer aus der Mühle
1 Rotkohl oder Spitzkohl (benötigt werden 4 Blätter, ca. 300 g)
2 EL Olivenöl (16 g)

Sauce
80 g Lauch (weißer Teil), schräg in 2-cm-Stücke geschnitten
1 Stange Staudensellerie, schräg in 2-cm-Stücke geschnitten
1 Karotte (geschält 90 g), schräg in 2-cm-Stücke geschnitten
1 Zwiebel, geschält und geviertelt
1 ½ EL Umamipaste (30 g; siehe Seite 73)
1 l milde Gemüsebrühe
1 TL Speisestärke (4 g)
4 EL Olivenöl (32 g)
1 EL Sojasauce (10 ml)
1 EL Rote-Johannisbeer-Gelee
1 EL Apfelessig (10 ml)
1 TL Senf (10 g)
Salz
schwarzer Pfeffer aus der Mühle

Semmelknödel
250 ml Sojadrink + Calcium (eventuell etwas mehr)
Salz
1 Prise schwarzer Pfeffer aus der Mühle
1 Prise frisch geriebene Muskatnuss
130 g trockenes Knödelbrot
1 Zwiebel (geschält 80 g), fein gewürfelt
1 ½ EL Weizenmehl (Type 405; 15 g; eventuell etwas mehr)
1 EL Sojamehl (10 g)
½ TL Backpulver (2 g)
eventuell etwas Semmelbrösel
½ Bund glatte Petersilie (15 g), fein geschnitten

Außerdem
4 kleine Holzspieße oder Bratgarn

Für die Rouladen das **Seitansteak** grob würfeln und im Mixer feinkrümelig auf niedrigster Stufe mixen. Mit **Semmelbröseln, Stärke, Petersilie, Zwiebeln, Senf, Cajun Spice, Umamipaste** und **Sojadrink** zu einer klebrigen Füllung kneten und mit **Salz** und **Pfeffer** würzen. • Wasser in einem großen Topf zum Kochen bringen. Mit einem kleinen Messer den Strunk des **Rotkohls** trichterförmig herausschneiden, sodass die Blattrippenansätze der ersten äußeren Blätter freiliegen. Ins kochende Wasser geben und 1 Minute blanchieren. Herausnehmen und die äußeren zwei Blätter vorsichtig lösen. Wieder blanchieren und erneut zwei Blätter abziehen. Die vier Kohlblätter noch mal 1 Minute blanchieren, damit sie geschmeidiger werden. Den restlichen Kohl für eine spätere Verwendung wieder in den Kühlschrank geben. • Die Kohlblätter flach auf ein Schneidebrett drücken und die dicken Blattrippen flach schneiden, sodass die Rippe so dünn wie möglich ist, aber das Blatt ganz bleibt. Die Füllung an die Rippenansätze der Blätter setzen, straff eine Umdrehung aufrollen, die Seiten einklappen und dann weiter straff aufrollen. Mit kleinen Holzspießen fixieren, alternativ mit Bratgarn umwickeln. • Den Backofen auf 200 °C Ober-/Unterhitze vorheizen. • Den Bräter erhitzen, die Rouladen hineingeben, das **Öl** zugießen und rundum schön goldbraun braten. Herausnehmen. • Für die Sauce **Lauch, Staudensellerie, Karotten** und **Zwiebeln** in den Bräter geben und 10 Minuten goldbraun braten. **Umamipaste** hinzufügen und 1 Minute gut anrösten. Mit der **Brühe** ablöschen, die Röstaromen lösen und die Rouladen wieder in den Bräter geben. Im vorgeheizten Ofen ohne Deckel 60 Minuten schmoren, dabei alle 20 Minuten die Rouladen wenden. • Währenddessen für die Semmelknödel den **Sojadrink** erwärmen, mit ½ TL **Salz, Pfeffer** und **Muskat** würzen, über das **Knödelbrot** gießen und vollsaugen lassen (das Knödelbrot muss richtig trocken sein, damit das Verhältnis zur Flüssigkeit stimmt). Die **Zwiebel** in einer beschichteten Pfanne ohne **Öl** glasig anschwitzen. • **Weizenmehl, Sojamehl** und **Backpulver** mischen und zum Brot geben. Die Zwiebel hinzufügen, alles locker vermengen und etwas ziehen lassen – je weniger das Knödelbrot gequetscht wird, desto luftiger werden die Knödel. Sollte die Knödelmasse noch zu klebrig sein, etwas **Semmelbrösel** oder **Mehl** einarbeiten, bis eine gut rollbare Konsistenz entsteht. Falls die Masse zu trocken ist, etwas **Sojadrink** dazugeben. • Inzwischen Wasser in einem großen Topf zum Kochen bringen. Gut **salzen** und die Hitze reduzieren, bis es nur noch siedet und nicht mehr sprudelt. Mit leicht nassen Händen einen 5 cm großen Testknödel rollen und ins Wasser geben. Wenn dieser die ersten 10 Minuten zusammenhält, die restlichen Knödel formen und auf ein leicht nasses Schneidebrett setzen. Falls der Testknödel auseinanderfällt, mit **Mehl** und **Semmelbröseln** die Konsistenz nacharbeiten. Die Knödel nun etwa 15 Minuten ohne Deckel im nur leicht siedenden Wasser ziehen lassen und immer darauf achten, dass das Wasser nicht zu kochen beginnt. • Den Bräter aus dem Ofen nehmen, die Rouladen herausheben und die Brühe aus dem Bräter durch ein Sieb in einen Topf seihen. Die Rouladen wieder zum Gemüse in den Bräter geben. Die Brühe auf die Hälfte einkochen. Die Stärke in 50 ml Wasser auflösen, mit dem **Öl** in die Brühe rühren und sanft aufkochen, bis die Sauce die richtige Konsistenz hat. Mit **Sojasauce, Gelee, Essig** und **Senf** würzen und mit **Salz** und **Pfeffer** abschmecken. • Die Rouladen schräg halbieren, mit Gemüse und Knödeln auf zwei Tellern anrichten, mit der Sauce beträufeln und mit **Petersilie** garnieren.

TIPP

Das Blanchieren des ganzen Kohlkopfes ist eine klassische Technik, um die äußeren Blätter ohne Beschädigung vom Kohlkopf lösen zu können.

TIPPS

Das Abschrecken der Spätzle ist essenziell, denn erst dadurch werden sie schön bissfest. Verarbeitet man sie direkt aus dem Topf weiter, werden sie matschig.

Als Variation zwei Handvoll Blattspinat unter die fertigen Spätzle geben und alles mit knusprigem Räuchertofu toppen.

FÜR 2 PERSONEN

VEGANE TIROLER KASSPATZLN MIT GRÜNEM SALAT

Zubereitungszeit 30 Minuten

Spätzle
100 g Tofu Natur
150 g Hartweizengrieß
100 g Weizenmehl (Type 550)
Salz
1 EL Olivenöl (8 g)

Käsesauce
5 Cheeze-Eiswürfel (75 g; siehe Seite 77)
200 ml Sojadrink + Calcium
2 EL Würzhefeflocken (10 g)
1 Zwiebel (geschält 80 g), fein gewürfelt
2 EL Olivenöl (16 g)
Salz
schwarzer Pfeffer aus der Mühle

Topping
1 kleine Zwiebel (geschält 60 g), in feine Ringe geschnitten
90 g Champignons, in dünne Scheiben geschnitten
1 TL Olivenöl (4 g)
etwas glatte Petersilie

Salat
3 EL Apfelessig (30 ml)
1 EL Schnittlauchröllchen
1 EL Olivenöl (8 g)
3 EL Orangensaft (30 ml)
1 TL Senf (10 g)
1 Prise Salz
schwarzer Pfeffer aus der Mühle
100 g grüner Kopfsalat, gewaschen

Außerdem
Spätzlesieb

Für die Spätzle den **Tofu** mit 200 ml Wasser glatt pürieren und in eine Schüssel geben. **Grieß, Mehl,** 1 TL **Salz** und **Öl** hinzufügen und zu einem glatten und klebrigen Teig schlagen. Das geht am besten mit einem Kochlöffel, mit dem man schwungartig rührt und schlägt, bis der Teig Fäden zieht. • **Salzwasser** in einem großen Topf zum Kochen bringen und die Spätzlemasse mit viel Kraft durch ein Spätzlesieb in das leicht kochende Wasser streichen. 30–45 Sekunden kochen, bis die Spätzle an der Oberfläche schwimmen, dann in ein Sieb abgießen, in Eiswasser abschrecken und abtropfen lassen. • Für die Käsesauce die **Cheeze-Eiswürfel** mit **Sojadrink** und **Hefeflocken** in einem kleinen Topf unter Rühren schmelzen. • Für das Topping **Zwiebeln** und **Champignons** in eine beschichtete Pfanne geben, das **Öl** darüberträufeln und scharf goldbraun anbraten. Die Hitze leicht reduzieren und zu Ende garen. Aus der Pfanne nehmen und beiseitestellen. • Für den Salat **Essig, Schnittlauch, Öl, Orangensaft, Senf, Salz** und etwas **Pfeffer** zu einem Dressing mischen. Die **Salatblätter** in mundgerechte Stücke zupfen, auf zwei Schalen verteilen und mit dem Dressing beträufeln. • Eine Pfanne erhitzen, die **Zwiebelwürfel** für die Käsesauce hineingeben, mit dem **Öl** beträufeln und 1 Minute anbraten. Die abgetropften Spätzle dazugeben und 1 Minute scharf anbraten. Die Cheeze-Mischung in die Pfanne geben und bei reduzierter Hitze durchschwenken, bis alles heiß ist. Mit **Salz** und **Pfeffer** abschmecken. • Die Käsespätzle auf zwei Teller verteilen, das Topping darübergeben und mit **Petersilie** garnieren. Dazu den Salat servieren.

FÜR 2 PERSONEN

NORI-AUBERGINEN-SALAT MIT PETERSILIEN-KARTOFFELN

Zubereitungszeit
45 Minuten plus
Garzeit 20–30 Minuten und
Marinierzeit über Nacht
(oder 2 Nächte)

Auberginen
400 g Auberginen (geschält 300 g, ausgedrückt 200 g)
Salz
2 Noriblätter
2 EL Apfelessig (20 ml; eventuell etwas mehr zum Abschmecken)
schwarzer Pfeffer aus der Mühle

Dressing
150 g ungesüßter Sojajoghurt
1 TL mittelscharfer Senf (10 g)
1 ½ EL Dillspitzen
1 EL gehackte glatte Petersilie
1 Noriblatt, pulverisiert
2 Essiggurken, fein gewürfelt (25 g)
½ Selleriestange, fein gewürfelt (20 g)
50 g süßer Bioapfel, ungeschält fein gewürfelt
75 g gekochte Kichererbsen, leicht zerdrückt
1 ½ EL Olivenöl (12 g)
1 gestrichener TL Salz
1 EL Umamipaste (20 g; siehe Seite 73)
½ Zwiebel (geschält 25 g), fein gewürfelt

Kartoffeln
400 g festkochende Kartoffeln
2 EL Olivenöl (16 g)
1 EL gehackte glatte Petersilie
Salz
schwarzer Pfeffer aus der Mühle

Am Abend (oder noch besser zwei Abende) vorher die **Auberginen** schälen, der Länge nach halbieren, längs in etwa 1,5 cm dicke Scheiben schneiden und diese noch mal quer halbieren. Mit 15 g **Salz** in einer Schüssel gut vermengen und 10 Minuten ziehen lassen. • Währenddessen für das **Dressing** alle **Zutaten** bis auf die Zwiebelwürfel vermengen und abschmecken. • Die Auberginenscheiben kräftig durchkneten, abwaschen und ausdrücken. Die **Noriblätter** in eine beschichtete Pfanne legen, die Auberginenscheiben hineingeben und so viel Wasser angießen, dass sie knapp bedeckt sind. **Essig** und ½ TL **Salz** zugeben und bei mittlerer Hitze 7–10 Minuten köcheln, bis das Wasser fast verdampft ist – die Noriblätter lösen sich dabei auf und die Auberginen nehmen den Geschmack an. • Den Pfanneninhalt in eine Schüssel geben, das Dressing darübergießen und vermengen. Abkühlen lassen und abgedeckt über Nacht (besser zwei Nächte) im Kühlschrank ziehen lassen. • Am nächsten (oder übernächsten) Tag die **Kartoffeln** ungeschält je nach Größe 20–30 Minuten gar kochen. Abgießen, abschrecken, dann schälen und vierteln oder halbieren. Eine beschichtete Pfanne erhitzen, Kartoffeln und **Öl** hineingeben, mit der **Petersilie** bestreuen und durchschwenken. Mit **Salz** und **Pfeffer** würzen. • Den Auberginensalat aus dem Kühlschrank nehmen, die **Zwiebelwürfel** untermischen und mit **Salz, Pfeffer** und **Essig** abschmecken. • Die heißen Kartoffeln mit dem kalten Salat servieren und genießen.

TIPPS

Dieses Gericht löst auf jeden Fall ordentlich nordische Emotionen aus. Wer Probleme mit Jod oder dem Meeresgeschmack hat, lässt die Alge einfach weg.

Aubergine ist hier wirklich das Gemüse erster Wahl. Wenn man diese nicht bekommt oder mag, schmeckt das Ganze auch mit Paprika super. Sechs Paprika vorher im Ofen grillen, bis die Haut schwarz wird, in eine verschließbare Box geben und auskühlen lassen. Dann die Haut abziehen und das Fruchtfleisch grob in Stücke schneiden. Mit dem Dressing mischen und ziehen lassen.

TIPP

Statt Tempeh kann man auch gekochte Riesenbohnen oder Kichererbsen verwenden.

FÜR 2 PERSONEN

STROGANOFF MIT KNUSPRIGEN KARTOFFELN

Zubereitungszeit
45 Minuten plus
Garzeit 15 Minuten

Kartoffeln
500 g mehligkochende Kartoffeln
Salz
schwarzer Pfeffer aus der Mühle
1 EL Olivenöl (8 g)

Stroganoff
300 g Tempeh (gute Qualität, siehe Tipp auf Seite 223)
3 EL Olivenöl (24 g)
1 große Zwiebel (geschält 90 g), gewürfelt
200 g Champignons, in Scheiben geschnitten
Salz
schwarzer Pfeffer aus der Mühle
200 g ungesüßter Sojajoghurt
1 EL Umamipaste (20 g; siehe Seite 73)
1 EL mittelscharfer Senf (20 g)
1 EL Apfelessig (10 ml)
2 EL frisch gehackte glatte Petersilie plus etwas mehr zum Garnieren
2 Essiggurken, fein gewürfelt (40 g)
150 ml Gemüsebrühe
50 g Cashewbruch, über Nacht eingeweicht
1–2 TL Sojasauce (5–10 ml)

Den Backofen auf 190 °C Umluft vorheizen. Ein Backblech mit Backpapier auslegen. • Die **Kartoffeln** ungeschält 15 Minuten kochen, dann abgießen, abschrecken und schälen. Mit etwas **Salz** und **Pfeffer** in eine Schüssel geben und vorsichtig schütteln, um die Oberflächen der Kartoffeln aufzurauen. Das **Öl** darüberträufeln und noch mal vorsichtig schütteln. Auf das Backblech geben und im vorgeheizten Ofen 40 Minuten goldbraun backen – für extra Knusprigkeit in den letzten 5 Minuten die Grillfunktion des Ofens hinzuschalten. • Inzwischen für das Stroganoff den **Tempeh** in mundgerechte Streifen schneiden. Eine beschichtete Pfanne erhitzen, Tempehstreifen hineingeben, mit 2 EL **Öl** beträufeln und 4–5 Minuten schön knusprig goldbraun anbraten. Die Hälfte der Tempehstreifen aus der Pfanne nehmen und beiseitestellen. **Zwiebeln,** 100 g **Champignons,** restliches **Öl,** eine Prise **Salz** und **Pfeffer** in die Pfanne geben und bei mittlerer Hitze weiterbraten. Sobald Pilze und Zwiebeln gar sind, den Herd ausschalten, bis die Kartoffeln fast fertig sind. Die restlichen **Pilze** schon mal in die Pfanne geben. • **Joghurt, Umamipaste, Senf, Essig, Petersilie** und **Essiggurken** in einer Schüssel vermengen und bereitstellen. Die **Gemüsebrühe** mit den **Cashewkernen** zu einer glatten und cremigen Sahne pürieren. • Wenn die Kartoffeln fertig sind, die Cashewsahne in die Tempeh-Pfanne geben und bei mittlerer Hitze einmal aufwallen und andicken lassen. Vom Herd nehmen, die Joghurtmischung einrühren und mit **Sojasauce** abschmecken. • Das Stroganoff mit den krossen Kartoffeln und den beiseitegestellten knusprigen Tempehstreifen auf zwei Tellern anrichten und mit gehackter **Petersilie** garnieren.

TIPP

Wenn es schneller gehen soll, schmeckt das Stroganoff mit Vollkornnudeln oder Reis auch wunderbar. Für mehr „Grünzeug“ im Essen kann man Spinat, Mangold oder Pak Choi mit der Cashewsahne dazugeben.

PROTEINPOWER SELBST GEMACHT

In diesem Kapitel gibt es vier großartige Rezepte, die günstig tolle Proteinquellen liefern, die man – mit etwas Vorbereitung – für den schnellen, wohlschmeckenden Einsatz immer im Kühlschrank oder Tiefkühlfach parat haben kann. In vielen Rezepten bilden sie die Proteinquelle und sollten daher stets vorrätig sein. Wenn es mal schnellgehen muss, kann man zwar Seitan und Tempeh fertig kaufen, aber die Fertigprodukte sind deutlich teurer. Als weitere Proteinquellen verwenden wir regulären und geräucherten Tofu und dazu eine Menge an Hülsenfrüchten. Die Themen „Soja“ und „Gluten“ werden in diesem Buch aus Platzmangel nicht besprochen, können aber im Detail in Nikos Buch „Vegan-Klischee ade!“ nachgelesen werden. Kurz gesagt: Wer nicht an gewissen Autoimmunerkrankungen oder Allergien leidet, kann beides regelmäßig ohne negative Effekte essen.

TIPP

Eine schöne Abwandlung: Einfach eine Handvoll gehackte Zwiebeln und klein geschnittenes Gemüse mit in den Teig geben und das Ganze frisch aus dem Ofen mit etwas Kräuterjoghurt und Salat genießen. Ins Original kommt die vierfache Menge an Olivenöl.

ERGIBT 6–8 PORTIONEN

SELBST GEMACHTE FARINATA AUS KICHERERBSEN

Zubereitungszeit
10 Minuten plus
Ruhezeit mind. 60 Minuten und
Backzeit 25–30 Minuten

Zutaten

700 ml würzige Gemüsebrühe
200 g Kichererbsenmehl
20 g Speisestärke
1 Prise gemahlene Kurkuma
2 EL Olivenöl (16 g) plus etwas mehr zum Einölen
Salz
schwarzer Pfeffer aus der Mühle

Die **Brühe** in den Mixer gießen, **Kichererbsenmehl, Speisestärke, Kurkuma, Öl,** etwas **Salz** und **Pfeffer** hinzufügen und zu einem glatten Teig mixen. Abgedeckt im Kühlschrank mindestens 60 Minuten ruhen lassen. • Den Backofen auf 250 °C Ober-/Unterhitze vorheizen. Ein Backblech mit Backpapier auslegen und mit etwas **Öl** einpinseln. • Den Teig mit **Salz** und **Pfeffer** abschmecken und noch mal kurz mixen. In das vorbereitete Blech gießen und im vorgeheizten Ofen 25–30 Minuten backen, bis der Teig fest und schön goldbraun ist. • Herausnehmen, im Blech auskühlen lassen und dann in sechs bis acht Portionen schneiden. Einen Teil einfrieren und den anderen Teil sofort verbrauchen oder maximal 3 Tage im Kühlschrank lagern.

TIPP

Hier handelt es sich um ein klassisches Farinata-Rezept, eine Art Kichererbsenpizza, die in Italien und Frankreich gern gegessen wird. Wir verwenden es hier als einfache und leckere Proteinkomponente. Man kann die kalte und gewürfelte Kichererbsen-Farinata einfach in der Pfanne kurz knusprig anbraten und würzen – als Topping auf Salat oder Bowls einfach super.

ERGIBT CA. 800 G TOFU-FETA

SELBST GEMACHTER TOFU-FETA

Zubereitungszeit
15 Minuten plus
Ruhezeit mind. 2 Tage

Tofu
70 ml Apfelessig
30 g Salz
800 g mittelfester Tofu Natur, in 1-cm-Würfel geschnitten

Würzmarinade
2 ½ EL ungesüßter Sojajoghurt (50 g)
2 Knoblauchzehen, hauchdünn gehobelt
1 kleiner Zweig Rosmarin oder 1 TL getrocknete Rosmarinnadeln
15 entsteinte grüne Oliven in Lake oder Öl (ca. 100 g), fein gewürfelt
1 TL getrockneter Thymian
1 TL getrockneter Oregano
Saft und abgeriebene Schale von 1 Biozitrone (eventuell etwas mehr Zitronensaft)
20 g Salz
30 g Würzhefeflocken
150 g Olivenöl
1 TL schwarzer Pfeffer aus der Mühle

Außerdem
1 großes Bügelverschlussglas oder 1 verschließbare Box

Für den Tofu in einem Topf 1 l Wasser mit **Essig** und **Salz** aufkochen. • Inzwischen den **Tofu** sanft zwischen zwei Lagen Küchenpapier ausdrücken, sodass er ganz bleibt, aber das Wasser austritt. Dann in 1 cm kleine Würfel schneiden und in den Topf geben. Aufkochen, vom Herd nehmen und 10 Minuten ziehen lassen, sodass der Tofu das Salz aufnimmt. • In ein Sieb abgießen (oder das Kochwasser auffangen und für die nächste Runde Tofu-Feta einfrieren) und den Tofu auskühlen lassen. • Für die Würzmarinade die kalten (das ist wichtig, damit die Joghurtkulturen lebendig bleiben) Tofuwürfel in das Bügelglas geben und den **Sojajoghurt** sorgfältig untermischen. Dann die restlichen **Zutaten** hinzugeben und gut vermengen. Die flüssige Mischung sollte alles gerade so bedecken. Wenn es nicht reicht, noch etwas **Zitronensaft** zugießen. • Das Glas verschließen und mindestens 2 Tage (optimal 1 Woche) im Kühlschrank ziehen lassen. Dann nach und nach verwenden. Der Tofu-Feta hält sich etwa 2 Wochen im Kühlschrank.

TIPPS

Möglichst immer Tofu verwenden, der pur schön mild und ohne unangenehmen Nebengeschmack ist. Hier gibt es große Qualitätsunterschiede. Wir bevorzugen Biotofu oder Tofu aus dem Asia-Markt.

Natürlich schmeckt der Tofu-Feta schon direkt nach der Zubereitung. Die Textur verändert sich aber erst im Laufe der Reifezeit hin zu einer fetaartigen Konsistenz.

ERGIBT CA. 600 G (4–5 Portionen)

SEITANSTEAK DE LUXE

Zubereitungszeit
15 Minuten plus
Ruhezeit 10 Minuten und
Garzeit 40 Minuten

Zutaten
150 ml Gemüsebrühe
20 g Tomatenmark (einfach konzentriert)
200 g Räuchertofu
50 g Olivenöl plus 1 TL zum Anbraten
1 EL Umamipaste (20 g; siehe Seite 73)
1 TL Salz
2 TL Cajun Spice (siehe Seite 69)
2 EL Apfelessig (20 ml)
85 g vorwiegend festkochende Kartoffel (geschält 50 g)
200 g Gluten (Weizenglutenpulver/Weizenkleber) oder Seitan-Fix

Bis auf das Gluten alle **Zutaten** im Mixer zu einer glatten dicken Sauce mixen und in eine Schüssel geben. Das **Gluten** hinzufügen, dann gut und kräftig durchkneten, bis ein fester Teigklumpen entsteht. 10 Minuten ruhen lassen. • Den Teig zu einem 2 cm dicken Fladen drücken. In eine große beschichtete Pfanne 1 TL **Öl** geben und den Fladen darin von beiden Seiten knusprig goldbraun anbraten. Dann so viel Wasser zugießen, dass es etwa 1 cm über dem Fladen steht. Den Deckel aufsetzen, die Hitze so einstellen, dass es sanft köchelt, und 40 Minuten garen. Ab und zu prüfen, ob noch genug Wasser vorhanden ist. • Den Fladen aus der Flüssigkeit heben und auskühlen lassen. Das Seitansteak portionieren und nach Rezept weiterverarbeiten oder kalt stellen. Am besten ist das Steak, wenn es über Nacht im Kühlschrank ruhen kann.

TIPPS

Schmeckt das Seitansteak ähnlich wie Rindersteak? Natürlich nicht. Wie bei anderen Bezeichnungen artverwandter pflanzlicher Produkte mit ähnlichem Namen wie deren tierische Äquivalente geht es in erster Linie darum, durch den Namen zu verdeutlichen, für welche Einsatzmöglichkeiten die veganen Alternativen bestimmt sind. Viele von ihnen lösen außerdem in den fertig zubereiteten Gerichten durchaus ähnliche Geschmackserlebnisse aus.

Luftdicht verpackt, hält sich das Steak locker 1 Woche im Kühlschrank. Portioniert lässt es sich auch bestens einfrieren.

TIPPS

Frisch gekocht, hat der Seitan keinen starken Eigengeschmack. Einen würzigen und proteinreichen Gaumenschmaus erhält man, wenn man zum Beispiel den ausgekühlten Seitan in Gyros-Streifen zupft, diese kräftig und knusprig in der Pfanne anbrät und ganz zum Schluss mit Gyros-Rub, Cajun Spice, Tikka-Currypaste oder Ponzu-Style-Sauce würzt (siehe Seite 69 ff.).

Man kann natürlich auch Weizenmehl (Type 550) für den Seitan verwenden. Dinkelmehl der Type 1050 gibt allerdings eine andere Textur, die wir als deutlich besser erachten – nicht zu fest und nicht zu weich.

ERGIBT CA. 450 G SEITAN

SELBST GEMACHTER FRISCHER SEITAN

Zubereitungszeit
30 Minuten plus
Ruhezeit 1,5–2 Stunden und
Garzeit 40 Minuten

Zutaten
1 kg Dinkelmehl (Type 1050)
1 EL Olivenöl (8 g) plus etwas mehr zum Einölen
2 EL Gemüsebrühepulver
Außerdem
Kunststoff-Nudelsieb (Kunststoff ist besser als Metall, denn der ausgeknetete Seitan klebt extrem gern am Metallsieb)

Das **Mehl** mit 550 ml handwarmem Wasser in eine Schüssel geben und 7–10 Minuten zu einem geschmeidigen Teig kneten – das Kneten ist sehr wichtig, damit sich die Glutenfasern (Klebereiweiß) gut ausbilden. Abdecken und im Kühlschrank 1,5–2 Stunden ruhen lassen. • Die Teigschüssel ins Spülbecken setzen, mit kaltem Wasser füllen und die Teigkugel etwa 2 Minuten sehr kräftig kneten, bis das Wasser von der ausgespülten Stärke ganz milchig ist. ***Wichtig:*** Kräftig hineinkneten, dabei darauf achten, dass der Teigklumpen nicht auseinanderfällt. Wenn man zu sanft arbeitet, zerfällt der Teig später. Abgießen – bei den ersten Durchgängen geht das ohne Sieb, danach durch das Kunststoffsieb abgießen, damit eventuelle Teigfetzen nicht im Spülbecken landen. • Den Knet- und Waschvorgang sechs- bis siebenmal wiederholen. Nach drei bis vier Durchgängen beginnt der Klumpen, sich aufzulösen, deshalb die losen Fetzen beim Kneten einfangen und kräftig zusammenkneten. Das Kneten löst die Stärke aus dem Teig, der sich von einer weißen Teigkugel hin zu einem gelblichen, gummiartigen Klumpen verändert. • Irgendwann wird man denken, dass alles auseinanderfällt. Unbedingt ruhig und kräftig weiterkneten und durch das Sieb abgießen! Ab dem vierten oder fünften Durchgang klebt die Masse wieder super zusammen und das Wasser bleibt immer klarer. Der schöne gelbliche (sehr faserige) Klumpen am Ende des Prozesses ist der Seitan. • Den Teig zu einem 2 cm dicken Fladen drücken. Das **Öl** in eine große beschichtete Pfanne geben und den Fladen darin von beiden Seiten leicht knusprig goldbraun anbraten. Wasser zugießen und etwa 1 cm hoch damit bedecken. **Brühepulver** zugeben, einen Topf (Unterseite leicht einölen) auf den Fladen stellen, damit dieser nicht zu sehr aufquillt, und 40 Minuten sanft köcheln lassen. Ab und zu das Wasser kontrollieren und eventuell nachgießen. • Herausnehmen und auskühlen lassen. Dann portionieren und nach Rezept weiterverarbeiten oder kalt stellen.

TIPP

Portioniert kann man den Seitan auch gut einfrieren.

REZEPTREGISTER

QUELLENANGABEN

1 Targeted! Marktforschung & Markenberatung. (2015). Untersuchung: Vegan – die neue Marketing-Lüge. Zugriff am 1. Juli 2020. Verfügbar unter https://bit.ly/36mQ0Zk

2 Bryant, C. (2019). We Can't Keep Meating Like This: Attitudes towards Vegetarian and Vegan Diets in the United Kingdom. Sustainability, 11(23), 6844.

3 Ahrens, S. (2020). Statista – Anteil veganer Lebensmittel bei Produktlaunches in Deutschland bis 2018. Zugriff am 1. Juli 2020. Verfügbar unter https://bit.ly/3jW0Xa5

4 ProVeg Deutschland e. V. (2019). Vegan-Trend: Zahlen und Fakten zum Veggie-Markt. Zugriff am 1. August 2020. Verfügbar unter https://bit.ly/2ZeG69Q

5 Mintel. (2018). Deutschland dominiert weiterhin bei veganen Produkteinführungen. Zugriff am 1. August 2020. Verfügbar unter https://bit.ly/3cFxZc5

6 Statista. (2019). Anzahl der veganen Gastronomiebetriebe in großen und mittelgroßen Städten in Deutschland von 2013 bis 2018. Zugriff am 1. Juli 2020. Verfügbar unter https://bit.ly/2LMHmKt

7 Zühlsdorf, A., Spiller, A., Gauly, S. und Kühl, S. (2016). Wie wichtig ist Verbrauchern das Thema Tierschutz? Präferenzen, Verantwortlichkeiten, Handlungskompetenzen und Politikoptionen. Zugriff am 1. Juli 2020. Verfügbar unter https://bit.ly/2TuGcaw

8 Forsa. (2017). Meinungen zum Thema Nutztierhaltung. Zugriff am 1. August 2020. Verfügbar unter https://bit.ly/3by3UdP

9 Hartmann, M. (2019). Akzeptanz der Tierhaltung – Ergebnisse der qualitativen und quantitativen Studien. Zugriff am 1. Juli 2020. Verfügbar unter https://bit.ly/2WT3Srd

10 Molter, M. (2020). Mehrheit der Deutschen will Werbung für Billigfleisch verbieten. Zugriff am 1. Juli 2020. Verfügbar unter https://bit.ly/36y57zz

11 Hierbei handelt es sich um einen Schätzwert anhand der verfügbaren Daten für die Schlachtung sowie die durchschnittlich bereits davor verstorbenen „Nutztiere". Die Berechnung samt aller dafür herangezogenen Quellen kann unter www.nikorittenau.com/low-budget abgerufen werden.

12 Hierbei handelt es sich um einen Schätzwert anhand der verfügbaren Daten für die Schlachtung sowie die durchschnittlich bereits davor verstorbenen „Nutztiere". Die Berechnung samt aller dafür herangezogenen Quellen kann unter www.nikorittenau.com/low-budget abgerufen werden

13 Tagesschau. (2020). Ethikrat fordert Umsteuern bei Nutztierhaltung. Zugriff am 1. August 2020. Verfügbar unter https://bit.ly/2GtpDrS

14 Berger, A. (2020). Deutschlandfunk: Billigfleisch – nicht nur ein Tierschutzproblem. Zugriff am 1. August 2020. Verfügbar unter https://bit.ly/320Plwd

15 Ritchie, H. (2017). Global use of antibiotics for livestock. Zugriff am 1. August 2020. Verfügbar unter https://bit.ly/2WUBeWU

16 Royal College of Physicians of Edinburgh. (2010). Antibiotics Voted the Most Important Medical Development in the Last 50 Years. Zugriff am 1. Juli 2020. Verfügbar unter https://bit.ly/36ncadZ

17 Bundesinstitut für Risikobewertung. (o. D.). Zoonosen: gesundheitliche Bewertung. Zugriff am 1. August 2020. Verfügbar unter https://bit.ly/2TuGzCd

18 Shadomy, S.V ., CDC One Health Office, National Center for Emerging and Zoonotic Infectious Diseases, U.S. Centers for Disease Control and Prevention, Animal Health Service & Food and Agriculture Organization of the United Nations. (o. D.). U.S. Centers for Disease Control and Prevention's One Health Zoonotic Disease Prioritization Process. Zugriff am 1. August 2020. Verfügbar unter https://bit.ly/3jQyWjZ

19 Shadomy, S. V., CDC One Health Office, National Center for Emerging and Zoonotic Infectious Diseases, U.S. Centers for Disease Control and Prevention, Animal Health Service & Food and Agriculture Organization of the United Nations. (o. D.). U.S. Centers for Disease Control and Prevention's One Health Zoonotic Disease Prioritization Process. Zugriff am 1. August 2020. Verfügbar unter https://bit.ly/3jQyWjZ

20 Ritchie, H. (2017). Our World in Data – How do we reduce antibiotic resistance from livestock? Zugriff am 1. August 2020. Verfügbar unter https://bit.ly/323zlcP

21 Rosenberg, R. (2015). Detecting the Emergence of Novel, Zoonotic Viruses Pathogenic to Humans. Cell Mol Life Sci, 72(6), 1115–1125.

22 Jared M. Diamond (1999). Guns, Germs, and Steel: The Fates of Human Societies. New York/London, W. W. Norton & Company, S. 206–207.

23 United Nations Environment Programme (2020). Preventing the next pandemic. Zoonotic diseases and how to break the chain of transmission. Zugriff am 1. August 2020. Verfügbar unter https://bit.ly/3bufirh

24 Geisler, A. + Schneider, M. (2020). Stern-Interview – Virologe Christian Drosten: „Wir haben in Deutschland einige Vorteile gegenüber anderen Ländern". Zugriff am 1. August 2020. Verfügbar unter https://bit.ly/2ZrtTzz

25 Food and Agriculture Organization of the United Nations. (2009). The state of food and agriculture – Livestock in the balance. Zugriff am 1. August 2020. Verfügbar unter https://bit.ly/2WUmU0D

26 Westcott, B. + Deng, S. (2020). CNN – China has made eating wild animals illegal after the coronavirus outbreak. But ending the trade won't be easy. Zugriff am 1. August 2020. Verfügbar unter https://cnn.it/3lUq4fc

27 Benatar, D. (2007). The Chickens Come Home to Roost. Am J Public Health, 97(9), 1545–1546.

28 Leibler, J. H., Otte, J., Roland-Holst, D., Pfeiffer, D. U. + Magalhaes, R. S. (2009). Industrial Food Animal Production and Global Health Risks: Exploring the Ecosystems and Economics of Avian Influenza. Ecohealth, 6(1), 58–70.

29 WHO Europa (2015). Weltgesundheitstag 2015 am 7. April. Lebensmittelsicherheit. Zugriff am 1. August 2020. Verfügbar unter https://bit.ly/3237Oby

30 Wissenschaftlicher Beirat für Agrarpolitik beim Bundesministerium für Ernährung und Landwirtschaft (2015). Wege zu einer gesellschaftlich akzeptierten Nutztierhaltung – Gutachten, 119–136. Zugriff am 1. August 2020. Verfügbar unter https://bit.ly/3jSbvHe

31 Rust, N. A., Ridding, L., Ward, C., Clark, B., Kehoe, L., Dora, M. et al. (2020). How to transition to reduced-meat diets that benefit people and the planet. Sci Total Environ, 718, 137208.

32 Mamun, A., Martin, W. + Tokgoz, S. (2019). Reforming Agricultural Subsidies for Improved Environmental Outcomes. Washington D.C: International Food Policy Research Institute, 9f.

33 Bundesministerium für Ernährung und Landwirtschaft (2020). Direktzahlungen. Zugriff am 1. August 2020. Verfügbar unter https://bit.ly/2R0dtJi

34 Umweltbundesamt (2016). Umweltschädliche Subventionen in Deutschland. Zugriff am 1. August 2020. Verfügbar unter https://bit.ly/2GB5255

35 Greenpeace (2019). Feeding the problem. The dangerous intensification of animal farming in Europe. Zugriff am 1. August 2020. Verfügbar unter https://bit.ly/334Y1Rp

36 Springmann, M., Mason-D'Croz, D., Robinson, S., Wiebe, K., Godfray, C. J. (2018). Health-motivated Taxes on Red and Processed Meat: A Modelling Study on Optimal Tax Levels and Associated Health Impacts. PLoS One, 13(11), e0204139.

37 Gaugler, T., Michalkeunter, A., Fitzer, F. + Pieper, M. (2018). How much is the dish? – Was kosten uns Lebensmittel wirklich? Zugriff am 1. August 2020. Verfügbar unter https://bit.ly/32X2ohy

38 Zeit online. (2020). Fleisch, Milch, Käse: Für die Umwelt: Viele Lebensmittel müssten teurer sein. Zugriff am 31. August 2020. Verfügbar unter https://bit.ly/2F9ETJQ

39 Mitteldeutsche Zeitung. (2020). Fleisch dreimal so teuer – warum ein Penny-Supermarkt bald zwei Preise angibt. Zugriff am 1. September 2020. Verfügbar unter https://bit.ly/330jECt

40 Sharma, S., Thind, S. S. + Kaur, A. (2015). In vitro meat production system: why and how? J Food Sci Technol, 52(12), 7599–7607.

41 Sharma, S., Thind, S. S. + Kaur, A. (2015). In vitro meat production system: why and how? J Food Sci Technol, 52(12), 7599–7607.

42 Sputnik. (2015). Ausgaben für Lebensmittel: Europäische Länder im Vergleich. Zugriff am 1. August 2020. Verfügbar unter https://bit.ly/2TuwsgA
43 Specht, L. (2019). Why Plant-Based Meat Will Ultimately Be Less Expensive Than Conventional Meat. Zugriff am 1. August 2020. Verfügbar unter https://bit.ly/2WUKTfY
44 Johnson, G. R. (2020). UK diet trends 2020 – 12 million Brits will be meat-free by the end of the year. Zugriff am 1. August 2020. Verfügbar unter https://bit.ly/36sXavh
45 Islam, S. + Colonescu, C. (2019). Data on retail price differential between organic and conventional foods. Data Brief, 27, 104641.
46 Stumm, C. (2004). Preisvergleich – wie „teuer" sind Biolebensmittel? Ökologie & Landbau, 132(4), 45–46.
47 Gaugler, T., Michalke, A., Fitzer, F. + Pieper, M. (2018). How much is the dish? – Was kosten uns Lebensmittel wirklich? Zugriff am 1. August 2020. Verfügbar unter https://bit.ly/3abdxi8
48 Stumm, C. (2004). Preisvergleich – wie „teuer" sind Biolebensmittel? Ökologie & Landbau, 132(4), 45-46.
49 Stumm, C. (2004). Preisvergleich –wie „teuer" sind Biolebensmittel? Ökologie & Landbau, 132(4), 45-46.
50 Stumm, C. (2004). Preisvergleich – wie „teuer" sind Biolebensmittel? Ökologie & Landbau, 132(4), 45-46.
51 Poore J & Nemecek T (2018) Reducing food's environmental impacts through producers and consumers. Science, 360 (6392): 987–992.
52 Sanders, J. + Heß, J. (2019). Thünen Report 65 – Leistungen des ökologischen Landbaus für Umwelt und Gesellschaft. Zugriff am 1. August 2020. Verfügbar unter https://bit.ly/3h258iD
53 Miller, H. I. (2017). National Review – How College Students Are Being Misled About „Sustainable' Agriculture". Zugriff am 1. August 2020. Verfügbar unter https://bit.ly/35hGgkW
54 Paudyal, R. (2019). Talkplant – Organic farming cannot feed the world. Zugriff am 1. August 2020. Verfügbar unter https://bit.ly/2ZeUYoK
55 Meier, M. S., Stoessel, F., Jungbluth, N., Juraske, R., Schader, C. + Stolze, M. (2015). Environmental impacts of organic and conventional agricultural products –are the differences captured by life cycle assessment? J Environ Manage, 149, 193–208.
56 Boone, L., Roldán-Ruiz, I., Van Linden, V., Muylle, H. + Dewulf, J. (2019). Environmental sustainability of conventional and organic farming: Accounting for ecosystem services in life cycle assessment. Sci Total Environ, 695, 133841.
57 Umweltbundesamt. (2002). Nachhaltige Entwicklung in Deutschland – Die Zukunft dauerhaft umweltgerecht gestalten. Berlin: Erich Schmidt Verlag, 111.
58 Von Koerber, K., Männle, T. + Leitzmann, C. (2012). Vollwert-Ernährung (11. Aufl.) Stuttgart: Karl F. Haug Verlag, 155 f.
59 Roser, M. + Ritchie, H. (o. D.). Our World in Data – Food Supply. Zugriff am 1. August 2020. Verfübar unter https://bit.ly/3jTZjpk
60 Muller, A., Schader, C., Scialabba, N. E., Brüggemann, J., Isensee, A., Erb, K. H. (2017). Strategies for feeding the world more sustainably with organic agriculture. Nat Commun, 8, 1290.
61 Niggli, U. (2015). Sustainability of organic food production: challenges and innovations. Proc Nutr Soc, 74(1), 83–88.
62 Tuomisto, H. L., Hodge, I. D., Riordan, P., Macdonald, D. W. (2012). Does organic farming reduce environmental impacts? – A meta-analysis of European research. J Environ Manage, 112, 309–320.
63 National Research Council. (2010). Toward Sustainable Agricultural Systems in the 21st Century. Washington, DC: The National Academies Press.
64 Reganold, J. P. + Wachter, J. M. (2016). Organic agriculture in the twenty-first century. Nat Plants, 2, 15221.
65 Meier, M. S., Stoessel, F., Jungbluth, N., Juraske, R., Schader, C. + Stolze, M. (2015). Environmental impacts of organic and conventional agricultural products – are the differences captured by life cycle assessment? J Environ Manage, 149, 193–208.
66 Savage, S. D. (2014). The Organic Yield Gap – An independent analysis comparing the 2014 USDA Organic Survey data with USDA-NASS statistics for total crop production. Zugriff am 1. August 2020. Verfügbar unter https://bit.ly/334BMeu
67 Niggli, U. (2015). Sustainability of organic food production: challenges and innovations. Proc Nutr Soc, 74(1), 83–88.
68 Niggli, U. (2015). Sustainability of organic food production: challenges and innovations. Proc Nutr Soc, 74(1), 83–88.
69 Stolze, M., Piorr, A., Haering, A. M. + Sabbert, S. (2000). The Environmental Impacts of Organic Farming in Europe. In: Organic Farming in Europe: Economics and Policy (Volume 6). Stuttgart: Universität Hohenheim, Stuttgart
70 Husaini, A. M. + Sohail, M. (2018). Time to Redefine Organic Agriculture: Can't GM Crops Be Certified as Organics? Front Plant Sci, 9, 423.
71 Europäische Union. (2007). Verordnung (EG) Nr. 834/2007 des Rates vom 28. Juni 2007 über die ökologische/biologische Produktion und die Kennzeichnung von ökologischen/biologischen Erzeugnissen und zur Aufhebung der Verordnung (EWG) Nr. 2092/91. Zugriff am 1. August 2020. Verfügbar unter https://bit.ly/2PD3xVg
72 Husaini, A. M. + Sohail, M. (2018). Time to Redefine Organic Agriculture: Can't GM Crops Be Certified as Organics? Front Plant Sci, 9, 423.
73 Hefferon, K. L. (2015). Nutritionally Enhanced Food Crops; Progress and Perspectives. Int J Mol Sci, 16(2), 3895–3914.
74 Newell-McGloughlin, M. (2008). Nutritionally Improved Agricultural Crops. Plant Physiol, 147(3), 939–953.
75 Ronald, P. C. + Adamchak, R. W. (2018). Tomorrow's Table. (2. Aufl.). Oxford: Oxford University Press.
76 Europäische Kommission (2008). Verordnung (EG) Nr. 889/2008 der Kommission vom 5. September 2008 mit Durchführungsvorschriften zur Verordnung (EG) Nr. 834/2007 des Rates über die ökologische/biologische Produktion und die Kennzeichnung von ökologischen/biologischen Erzeugnissen hinsichtlich der ökologischen/biologischen Produktion, Kennzeichnung und Kontrolle. Zugriff am 1. August 2020. Verfügbar unter: https://bit.ly/2IWW03
77 European Commission. (2010). Directorate-General for Research and Innovation Biotechnologies, Agriculture, Food – A decade of EU-funded GMO research (2001–2010). Zugriff am 1. August 2020. Verfügbar unter https://bit.ly/3fOzrcc
78 American Association for the Advancement of Science. (2012). Statement by the AAAS Board of Directors On Labeling of Genetically Modified Foods. Zugriff am 1. August 2020. Verfügbar unter https://bit.ly/2DSBFtt
79 Union of the German Academies of Science and Humanities. (2006). Are There Health Hazards for the Consumer from Eating Genetically Modified Food? Zugriff am 1. August 2020. Verfügbar unter https://bit.ly/2Fh1LHq
80 Biology Centre of the Academy of Sciences of the Czech Republic. (2009). White Book genetically modified crops – Scientific opinion of Czech researchers working with GMO. Zugriff am 1. August 2020. Verfügbar unter https://bit.ly/3hfqLMx
81 Callaway, E. (2010). Nature Newsblog – GM crops gets blessing of Pontifical Academy of Science members. Zugriff am 1. August 2020. Verfügbar unter https://go.nature.com/3kcXG6v
82 Tindale, S. (2015). Centre for European Reform – Genetically modified crops: Time to move on from theological dispute. Zugriff am 1. August 2020. Verfügbar unter https://bit.ly/3h9G7SR
83 British Medical Association. (2004). Genetically modified foods and health: a second interim statement. Zugriff am 1. August 2020. Verfügbar unter https://bit.ly/3haIDbd
84 The American Phytopathological Society. (2013). APS Position Statement on the Compulsory Labeling of Plants and Plant Products Derived from Biotechnology. Zugriff am 1. August 2020. Verfügbar unter https://bit.ly/3392Izn
85 Government of Canada. (2020). The safety of genetically-modified (GM) foods. Zugriff am 1. August 2020. Verfügbar unter https://bit.ly/35eWRF
86 Australian Academy of Science. (2007). Statement – Gene technology and GM plants. Zugriff am 1. August 2020. Verfügbar unter https://bit.ly/32ddmQJ
87 Paul Vincelli, P. (2018). Consumption of Genetically Engineered (= GMO) Crops: Examples of Quotes from Position Papers of Scientific Organizations. Zugriff am 1. August 2020. Verfügbar unter https://bit.ly/338TTAc
88 Academy of Science of South Africa. (2010). GMOs for African agriculture: Challenges and opportunities. Zugriff am 1. August 2020. Verfügbar unter https://bit.ly/3bEq5Pu
89 Roberts, R. J. (2018). The Nobel Laureates' Campaign Supporting GMOs. Journal of Innovation & Knowledge, 3(2), 61–65.

90 Support Precision Agriculture. (2020). 155 Laureates Supporting Precision Agriculture (GMOs). Zugriff am 1. August 2020. Verfügbar unter https://bit.ly/2F8fzE7
91 Wikipedia. (2020). Liste der Nobelpreisträger. Zugriff am 1. August 2020. Verfügbar unter https://bit.ly/3ipLDBS
92 Support Precision Agriculture. (2020). 155 Laureates Supporting Precision Agriculture (GMOs). Zugriff am 1. August 2020. Verfügbar unter https://bit.ly/2F8fzE7
93 World Health Organization. (2019). Ten threats to global health in 2019. Zugriff am 1. Juli 2020. Verfügbar unter https://bit.ly/3imBFRC
94 Mie, A., Andersen, H. R., Gunnarsson, S., Kahl, J., Kesse-Guyot, E., Rembiałkowska, E. (2017). Human health implications of organic food and organic agriculture: a comprehensive review. Environ Health, 16, 111.
95 Tang, K. L., Caffrey, N. P., Nóbrega, D. B., Cork, S. C., Ronksley, P. E., Barkema, H. W. et al. (2017). Restriction in the use of antibiotics in food animals and antibiotic resistance in food animals and humans – a systematic review and meta-analysis. In: World Health Organization, Hrsg.: WHO Guidelines on Use of Medically Important Antimicrobials in Food-Producing Animals. Geneva: World Health Organization, 54f.
96 Mie, A., Andersen, H. R., Gunnarsson, S., Kahl, J., Kesse-Guyot, E., Rembiałkowska, E. (2017). Human health implications of organic food and organic agriculture: a comprehensive review. Environ Health, 16, 111.
97 Smith-Spangler, C., Brandeau, M. L., Hunter, G. E., Bavinger, J. C., Pearson, M., Eschbach, P. J. (2012). Are organic foods safer or healthier than conventional alternatives? A systematic review. Ann Intern Med, 157(5), 348–366.
98 Smith-Spangler, C., Brandeau, M. L., Hunter, G. E., Bavinger, J. C., Pearson, M., Eschbach, P. J. (2012). Are organic foods safer or healthier than conventional alternatives? A systematic review. Ann Intern Med, 157(5), 348–366.
99 Von Koerber, K., Männle, T. + Leitzmann, C. (2012). Vollwert-Ernährung (11. Aufl.) Stuttgart: Karl F. Haug Verlag, 159.
100 Baranski, M., Srednicka-Tober, D., Volakakis, N., Seal, C., Sanderson, R., Stweard, G.B. & Benbrook, C. et al. (2014). Higher antioxidant and lower cadmium concentrations and lower incidence of pesticide residues in organically grown crops: a systematic literature review and meta-analyses. Br J Nutr, 112(5), 794–811.
101 Baranski, M., Srednicka-Tober, D., Volakakis, N., Seal, C., Sanderson, R., Stweard, G. B. + Benbrook, C. et al. (2014). Higher antioxidant and lower cadmium concentrations and lower incidence of pesticide residues in organically grown crops: a systematic literature review and meta-analyses. Br J Nutr, 112(5), 794–811.
102 Watzl, B. + Leitzmann, C. (2005). Bioaktive Substanzen in Lebensmitteln (3. Aufl.). Stuttgart: Hippokrates Verlag.
103 Olsson, M. E., Andersson, C. S., Oresson, S., Berglund, R. H. + Gustavsson, K. E. (2006). Antioxidant levels and inhibition of cancer cell proliferation in vitro by extracts from organically and conventionally cultivated strawberries. J Agric Food Chem, 54(4), 1248–1255.
104 Huber, M., Rembialkowska, E., Srednicka, D., Bugel, S., van de Vijver, L. P. (2011). Organic food and impact on human health: Assessing the status quo and prospects of research. NJAS – Wageningen Journal of Life Sciences, 58(4), 103–109.
105 Kesse-Guyot, E., Péneau, S., Méjean, C., de Edelenyi, S. F., Galan, P., Hercberg, S. + Lairon, D. (2013). Profiles of organic food consumers in a large sample of French adults: results from the Nutrinet-Santé cohort study. PLoS One, 8(10), e76998.
106 Mie, A., Andersen, H. R., Gunnarsson, S., Kahl, J., Kesse-Guyot, E., Rembiałkowska, E. (2017). Human health implications of organic food and organic agriculture: a comprehensive review. Environ Health, 16, 111.
107 Umweltinstitut München e. V. (2019). 100 Mal höhere Pestizidrückstände in konventionellem Obst. Zugriff am 1. August 2020. Verfügbar unter https://bit.ly/2FbilbK
108 Umweltinstitut München e. V. (o. D.). Pestizidrückstände – mit bio auf der sicheren Seite. Zugriff am 1. August 2020. Verfügbar unter https://bit.ly/3ixBO4V
109 Verbraucherzentrale Niedersachsen. (o. D.). Schadstoffe – welche Lebensmittel sind mit Pestiziden belastet? Zugriff am 1. August 2020. Verfügbar unter https://bit.ly/3fS8ggF
110 Verbraucherzentrale Niedersachsen. (o. D.). Schadstoffe – welche Lebensmittel sind mit Pestiziden belastet? Zugriff am 1. August 2020. Verfügbar unter https://bit.ly/3fS8ggF
111 Verbraucherzentrale. (2018). Gesetzliche Bestimmungen für den Einsatz von Pestiziden. Zugriff am 1. August 2020. Verfügbar unter https://bit.ly/3iwelB3
112 Baranski, M., Srednicka-Tober, D., Volakakis, N., Seal, C., Sanderson, R., Stweard, G. B. + Benbrook, C. et al. (2014). Higher antioxidant and lower cadmium concentrations and lower incidence of pesticide residues in organically grown crops: a systematic literature review and meta-analyses. Br J Nutr, 112(5), 794–811.
113 Hyland, C., Bradman, A., Gerona, R., Patton, S., Zakharevich, I., Gunier, R. B. + Klein, K. (2019). Organic diet intervention significantly reduces urinary pesticide levels in U.S. children and adults. Environ Res, 171, 568–575.
114 Lu, C., Toepel, K., Irish, R., Fenske, R. A., Barr, D. B. + Bravo, R. (2006). Organic diets significantly lower children's dietary exposure to organophosphorus pesticides. Environ Health Perspect, 114(2), 260–263.
115 Mostafalou, S. + Abdollahi, M. (2013). Pesticides and human chronic diseases: evidences, mechanisms, and perspectives. Toxicol Appl Pharmacol, 268(2), 157–177.
116 Oates, L., Cohen, M., Braun, L., Schembri, A. + Taskova, R. (2014). Reduction in urinary organophosphate pesticide metabolites in adults after a week-long organic diet. Environ Res, 132, 105–111.
117 Forman, J. + Silverstein, J. (2012). Organic foods: health and environmental advantages and disadvantages. Pediatrics, 130(5), 1406–1415.
118 The Environmental Working Group. (2020). EWG's 2020 Shopper's Guide to Pesticides in Produce™. Zugriff am 1. August 2020. Verfügbar unter https://bit.ly/33KrAd7
119 Verbraucherzentrale Niedersachsen. (o. D.). Schadstoffe – welche Lebensmittel sind mit Pestiziden belastet? Zugriff am 1. August 2020. Verfügbar unter https://bit.ly/3fS8ggF
120 Verbraucherzentrale Niedersachsen. (o. D.). Schadstoffe – welche Lebensmittel sind mit Pestiziden belastet? Zugriff am 1. August 2020. Verfügbar unter https://bit.ly/3fS8ggF
121 Rawn, D. F., Quade, S. C., Sun, W. F., Smith, M., Fouquet, A. + Bélanger, A. (2008). Effects of postharvest preparation on organophosphate insecticide residues in apples. J Agric Food Chem, 56(3), 916–921.
122 Krol, W. J. (o. D.). Removal of Trace Pesticide Residues from Produce. Zugriff am 1. August 2020. Verfügbar unter https://bit.ly/3ahgduv
123 Rawn, D. F., Quade, S. C., Sun, W. F., Smith, M., Fouquet, A. + Bélanger, A. (2008). Effects of postharvest preparation on organophosphate insecticide residues in apples. J Agric Food Chem, 56(3), 916–921.
124 Zhang, Z. Y., Liu, X. J. + Hong, X. Y. (2007). Effects of home preparation on pesticide residues in cabbage. Food Control, 18(12), 1484–1487.
125 Verband für Unabhängige Gesundheitsberatung. (2008). Lohnen sich spezielle Waschmittel für Obst und Gemüse? Zugriff am 1. August 2020. Verfügbar unter https://bit.ly/31EZIVb
126 Yang, T., Doherty, J., Zhao, B., Kinchla, A. J., Clark, J. M. + He, L. (2017). Effectiveness of Commercial and Homemade Washing Agents in Removing Pesticide Residues on and in Apples. J Agric Food Chem, 65(44), 9744–9752.
127 Baranski, M., Srednicka-Tober, D., Volakakis, N., Seal, C., Sanderson, R., Stweard, G. B. + Benbrook, C. et al. (2014). Higher antioxidant and lower cadmium concentrations and lower incidence of pesticide residues in organically grown crops: a systematic literature review and meta-analyses. Br J Nutr, 112(5), 794–811.
128 Linden, A., Andersson, K. + Oskarsson, A. (2001). Cadmium in organic and conventional pig production. Arch Environ Contam Toxicol, 40(3), 425–431.
129 Soil Association. (2001). Organic farming, food quality and human health: A review of the evidence (S. 49). Zugriff am 1. August 2020. Verfügbar unter https://bit.ly/30OyBrv
130 Reiss, R., Johnston, J., Tucker, K., De Sesso, J. M. + Keen, C. L. (2012). Estimation of cancer risks and benefits associated with a potential increased consumption of fruits and vegetables. Food Chem Toxicol, 50(12), 4421–4427.
131 Greger, M. (2015). Nutritionfacts.org – Are the Benefits of Organic Food Underrated or Overrated? (4:31–4:37) Zugriff am 1. August 2020. Verfügbar unter https://bit.ly/30JgnHX

132 Winter, C. K. (2012). Pesticide residues in imported, organic, and „suspect" fruits and vegetables. J Agric Food Chem, 60(18), 4425-4429.
133 Verbraucherzentrale Niedersachsen. (o. D.). Schadstoffe – welche Lebensmittel sind mit Pestiziden belastet? Zugriff am 1. August 2020. Verfügbar unter https://bit.ly/3fS8ggF
134 Rawn, D. F., Quade, S. C., Sun, W. F., Smith, M., Fouquet, A. + Bélanger, A. (2008). Effects of postharvest preparation on organophosphate insecticide residues in apples. J Agric Food Chem, 56(3), 916–921.
135 United Against Waste e. V. (2017). Zwischenbilanz 2017: Fakten und Messergebnisse zum deutschlandweiten Lebensmittelabfall in der Außer-Haus-Verpflegung. Zugriff am 1. August 2020. Verfügbar unter https://bit.ly/3hfTVMj
136 Verbraucherzentrale. (2020). Lebensmittel: Zwischen Wertschätzung und Verschwendung. Zugriff am 1. August 2020. Verfügbar unter https://bit.ly/34e92lH
137 WWF Deutschland. (2018). Unser täglich Brot: Von überschüssigen Brotkanten und wachsenden Brotbergen. Zugriff am 1. August 2020. Verfügbar unter https://bit.ly/2Qlez1X
138 Schmidt, T., Schneider, F., Leverenz, D. + Hafner, G. (2019). Thünen Report 71 – Lebensmittelabfälle in Deutschland (Baseline 2015). Zugriff am 1. August 2020. Verfügbar unter https://bit.ly/3iYTneq
139 Universität Stuttgart. (2019). Neue Forschungsergebnisse der Universität Stuttgart zu Lebensmittelabfällen – Knapp sieben Millionen Tonnen Lebensmittelabfälle jährlich in Haushalten. Zugriff am 1. August 2020. Verfügbar unter https://bit.ly/3aD6Bu6
140 Schmidt, T., Schneider, F., Leverenz, D. + Hafner, G. (2019). Thünen Report 71 – Lebensmittelabfälle in Deutschland (Baseline 2015). Zugriff am 1. August 2020. Verfügbar unter https://bit.ly/3iYTneq
141 Verbraucherzentrale. (2020). Lebensmittel: Zwischen Wertschätzung und Verschwendung. Zugriff am 1. August 2020. Verfügbar unter https://bit.ly/34e92lH
142 Universität Stuttgart. (2019). Neue Forschungsergebnisse der Universität Stuttgart zu Lebensmittelabfällen – Knapp sieben Millionen Tonnen Lebensmittelabfälle jährlich in Haushalten. Zugriff am 1. August 2020. Verfügbar unter https://bit.ly/3aD6Bu6
143 Bundesministerium für Ernährung und Landwirtschaft. (2015). Jedes achte Lebensmittel, das wir kaufen, werfen wir weg – du kannst das ändern. Zugriff am 1. August 2020. Verfügbar unter https://bit.ly/3gjwiBq
144 Schmidt, T., Schneider, F., Leverenz, D. + Hafner, G. (2019). Thünen Report 71 – Lebensmittelabfälle in Deutschland (Baseline 2015). Zugriff am 1. August 2020. Verfügbar unter https://bit.ly/3iYTneq
145 Hoffmann, S. (2019). Zero Waste Küche. München: ZS Verlag, 8.
146 Kern, E. (o. D.) Leaf to Root – Nose to Tail for Veggies. Zugriff am 1. August 2020. Verfügbar unter https://bit.ly/2FvhDpN
147 WWF Deutschland. (2018). Unser täglich Brot: Von überschüssigen Brotkanten und wachsenden Brotbergen. Zugriff am 1. August 2020. Verfügbar unter https://bit.ly/2Qlez1
148 Stadt Wien. (o. D.) Lebensmittelabfälle: Zahlen, Daten und Fakten. Zugriff am 1. August 2020. Verfügbar unter https://bit.ly/2Em63wU
149 GfK. (2017). Systematische Erfassung von Lebensmittelabfällen der privaten Haushalte in Deutschland – Schlussbericht zur Studie. Zugriff am 1. August 2020. Verfügbar unter https://bit.ly/3hdzks2
150 Verbraucherzentrale Nordrhein-Westfalen. (2018). 10 häufige Lagerungsfehler, die leicht zu vermeiden sind. Zugriff am 1. August 2020. Verfügbar unter https://bit.ly/3aGLAyP
151 Bundesministerium für Wirtschaft und Energie. (o. D.). Den Kühlschrank richtig einräumen. Zugriff am 1. August 2020. Verfügbar unter https://bit.ly/2Q5QZpt
152 Verbraucherzentrale Bayern. (2019). Die richtige Lagerung von Lebensmitteln. Zugriff am 1. August 2020. Verfügbar unter https://bit.ly/3gaYeY1
153 Utopia. (2020). Vorräte richtig lagern und die optimale Kühlschrank-Temperatur einstellen. Zugriff am 1. Juli 2020. Verfügbar unter https://bit.ly/3iRj3th
154 Max Rubner Institut. (2008). Nationale Verzehrsstudie II – Ergebnisbericht, Teil 2. Zugriff am 1. August 2020.Verfügbar unter https://bit.ly/2C6k0lt
155 Greenberg, J. A., Bell, S. J., Guan, Y. + Yu, J. H., (2011). Folic Acid Supplementation and Pregnancy: More Than Just Neural Tube Defect Prevention. Rev Obstet Gynecol, 4(2), 52–59.
156 Schüpbach, R., Wegmüller, R., Berguerand, C., Bui, M. + Herter-Aeberli, I. (2017). Micronutrient status and intake in omnivores, vegetarians and vegans in Switzerland. Eur J Nutr, 56(1),283–293.
157 Sobiecki, J. G., Appleby, P. N., Bradbury, K. E. + Keya, T. J. (2016). High compliance with dietary recommendations in a cohort of meat eaters, fish eaters, vegetarians, and vegans: results from the European Prospective Investigation into Cancer and Nutrition-Oxford study. Nutr Res, 36(5), 464–477.
158 Skerrett, P. J. + Willett, W. C. (2010). Essentials of Healthy Eating: A Guide. J Midwifery Womens Health, 55(6), 492–501.
159 Fletcher, R. H. + Fairfield, K. M. (2002). Vitamins for chronic disease prevention in adults: clinical applications. JAMA, 287(23), 3127–3129.
160 Marra, M. V. + Boyar, A. P. (2009). Position of the American Dietetic Association: nutrient supplementation. J Am Diet Assoc, 109(12), 2073–2085.
161 Russell, R. M., Rasmussen, H. + Lichtenstein, A. H. (1999). Modified Food Guide Pyramid for people over seventy years of age. J Nutr, 129(3), 751–753.
162 Harvard T. H. Chan School of Public Health. (o. D.). Nutrition Insurance Policy: A Daily Multivitamin. Zugriff am 1. August 2020. Verfügbar unter https://bit.ly/3en4yfa
163 European Food Safety Authority. (2018). Food Supplements. Zugriff am 1. August 2020. Verfügbar unter https://bit.ly/3aaVjeR
164 Starr, R. R. (2015). Too Little, Too Late: Ineffective Regulation of Dietary Supplements in the United States. Am Public Health, 105(3), 478–485.
165 Europäische Kommission (2004). Verzeichnis der zugelassenen Futtermittel-Zusatzstoffe. Zugriff am 1. August 2020. Verfügbar unter https://bit.ly/2vlakG9
166 Richter, M., Boeing, H., Grünewald-Funk, D., Heseker, H., Kroke, A., Leschik-Bonnet, E., Oberritter, H., Strohm, D. + Watzl, B. (2016). Position der Deutschen Gesellschaft für Ernährung e. V. (DGE) – Vegane Ernährung. Ernährungs Umschau, 63(04), 92–102.
167 Institute of Medicine. (2003). Dietary Reference Intakes: Guiding Principles for Nutrition Labeling and Fortification – Overview of Food Fortification in the United States and Canada. Zugriff am 1. August 2020. Verfügbar unter https://bit.ly/36uuOQl
168 Government of Canada. (2012). Prohibition against the sale of unenriched white flour and products containing unenriched flour. Zugriff am 1. August 2020. Verfügbar unter https://bit.ly/35mznuM
169 Aro, A., Alfthan, G. + Varo, P. (1995). Effects of supplementation of fertilizers on human selenium status in Finland. Analyst, 120(3), 841–843.
170 Deutsche Gesellschaft für Ernährung, Österreichische Gesellschaft für Ernährung, Schweizerische Gesellschaft für Ernährung. (2015). Referenzwerte für die Nährstoffzufuhr – Selen (2. Aufl.). Bonn: Neuer Umschau Verlag, 5.
171 Ward, E. (2014). Addressing nutritional gaps with multivitamin and mineral supplements. Nutr J, 13, 72.
172 Kornsteiner, M., Singer, I. & Elmadfa, I. (2008). Very low n-3 long-chain polyunsaturated fatty acid status in Austrian vegetarians and vegans. Ann Nutr Metab, 52(1), 37–47.
173 Rosell, M. S., Lloyd-Wright, Z., Appleby, P. N., Sanders, T. A., Allen, N. E. + Key, T. J. (2005). Long-chain n-3 polyunsaturated fatty acids in plasma in British meat-eating, vegetarian, and vegan men. Am J Clin Nutr, 82(2), 327–34
174 Rizvi, S.S., Zoellner, C. & Sikin, A.M. (2013). Current Intervention Strategies for the Microbial Safety of Sprouts. Journal of food protection, 76(12), 2099–2123
175 Hill, N., Fallowfield, J., Price, S. + Wilson, D. (2011). Military nutrition: maintaining health and rebuilding injured tissue. Philos Trans R Soc Lond B Biol Sci, 366(1562), 231–240.
176 Oliver, M. H. (1973). Germinated Seeds as Antiscorbutics: Western Use of an Ancient Chinese Botanical Medicine. Economic Botany, 27(2), 204–209.
177 Rico, D., Peñas, E., García, M., Martínez-Villaluenga, C., Rai, D. K., Birsan, R. I. et al. (2020). Sprouted Barley Flour as a Nutritious and Functional Ingredient. Foods, 9(3), 296.
178 Lier, A., Zeisler, M. + Teips, J. (2017). Superfood Assistant (1. Aufl.). Aalen: Cell Garden, 16.
179 Lier, A., Zeisler, M. + Teips, J. (2017). Superfood Assistant (1. Aufl.). Aalen: Cell Garden, 19.

180 Benincasa, P., Falcinelli, B., Lutts, S., Stagnari, F. + Galieni, A. (2019). Sprouted Grains: A Comprehensive Review. Nutrients, 11(2), 421.
181 Márton, M., Mándoki, C., Csap´o-Kiss, Z. + Csapó, J. (2010). The role of sprouts in human nutrition. A review. Acta Univ Sapientiae Alimentaria, 3, 81–117.
182 Santos, C. S., Silva, B., Valente, L. M., Gruber, S. + Vasconcelos, M.W. (2020). The Effect of Sprouting in Lentil (Lens culinaris) Nutritional and Microbiological Profile. Foods, 9(4), 400.
183 Mehta, M. B., Mehta, B., Bapodra, A. H. & Joshi, H. D. (2007). Effect of sprouting and heat processing on protein, riboflavin, Vitamin C and niacin content in peas, cowpea, redgram and wheat. Asian J Home Sci, 2(1&2), 34–38.
184 Watzl, B. + Leitzmann, C. (2005). Bioaktive Substanzen in Lebensmitteln (3. Aufl.). Stuttgart: Hippokrates Verlag.
185 Yashin, Y. I., Nemzer, B. V., Ryzhnev, V. Y., Yashin, A. Y., Chernousova, N. I. + Fedina, P. A. (2010). Creation of a databank for content of antioxidants in food products by an amperometric method. Molecules, 15(10), 7450–7466.
186 Wallentinson, L. (2017). Sprossen, Keimlinge, Mikrogrün. München: BLV Buchverlag, 26
187 Fürstler, A. (2015). Sprossen und Mikrogrün: Die ultimativen Superfoods aus dem eigenen Küchengarten. Roßdorf: Hans-Nietsch-Verlag.
188 Nöcker, R. M. (1992). Das große Buch der Sprossen und Keime. München: Heyne.
189 Wallentinson, L. (2017). Sprossen, Keimlinge, Mikrogrün. München: BLV Buchverlag.
190 Diefenbach, K., Donath, F., Bauer, S., Arold, G., Maurer, A., Patz, B. et al. (2002). Einschätzung eines phototoxischen Risikos bei Buchweizenkraut. Phytopharmaka VII, 181–187.
191 Benković, E. T. + Kreft, S. (2015). Fagopyrins and Protofagopyrins: Detection, Analysis, and Potential Phototoxicity in Buckwheat. Journal of Agricultural and Food Chemistry (Review). 63(24), 5715–5724.
192 Arbour, G. (2004). Are Buckwheat Greens Toxic? Zugriff am 1. August 2020. Verfügbar unter https://bit.ly/34VB45M
193 Lee, E. + Kim, C. J. (2008). Nutritional Changes of Buckwheat During Germination. Journal of the Korean Society of Food Culture, 23(1), 121–129.
194 Dreißig, K. (2020). Warum Sojasprossen (meist) gar nicht aus Soja sind. Zugriff am 1. August 2020. Verfügbar unter https://bit.ly/2EG5P4f
195 Suslow, T. V. + Harris, L. J. (o. D.). Growing Seed Sprouts at Home. Zugriff am 1. August 2020. Verfügbar unter https://bit.ly/3brBvWY
196 Mahon, B. E., Pönkä , A., Hall, W. N. + Komatsu, K. K. (1997). An International Outbreak of Salmonella Infections Caused by Alfalfa Sprouts Grown from Contaminated Seeds. The Journal of Infectious Diseases, 175(4), 876-882.
197 Whitworth, J. (2018). Food Safety News – Alfalfa sprouts linked to Salmonella infections in Australia. Zugriff am 1. Juli 2020. Verfügbar unter https://bit.ly/2GenYX0
198 Eisenbrand, G. + Schreier, P. (2006). RÖMPP Lexikon Lebensmittelchemie (2. Aufl.). Stuttgart: Georg Thieme Verlag, 54 f.
199 Akaogi, J., Barker, T., Kuroda, Y., Nacionales, D. C., Yamasaki, Y., Stevens, B. R. et al (2006). Role of non-protein amino acid L-canavanine in autoimmunity. Autoimmun Rev, 5(6), 429–435.
200 Newgent, J. (2019). Are Sprouts Safe to Eat? Zugriff am 1. August 2020. Verfügbar unter https://bit.ly/3hMVS34
201 Eisenbrand, G. + Schreier, P. (2006). RÖMPP Lexikon Lebensmittelchemie (2. Aufl.). Stuttgart: Georg Thieme Verlag, 54f.
202 Oregon Public Health Division. (2020). A food production wiki for public health professionals – Sprouts. Zugriff am 1. August 2020. Verfügbar unter https://bit.ly/3hlVuTo
203 Newgent, J. (2019). Are Sprouts Safe to Eat? Zugriff am 1. August 2020. Verfügbar unter https://bit.ly/2QBZ7OYn
204 Oregon Public Health Division. (2020). A food production wiki for public health professionals – Sprouts. Zugriff am 1. August 2020. Verfügbar unter https://bit.ly/3hlVuTo
205 Centers for Disease Control and Prevention. (2014). E. coli (Escherichia coli) – Questions and Answers. Zugriff am 1. August 2020. Verfügbar unter https://bit.ly/3bh0e00
206 Burkholder, J., Libra, B., Weyer, P., Heathcote, S., Kolpin, D., Thorne, P. S. + Wichman, M. (2007). Impacts of Waste from Concentrated Animal Feeding Operations on Water Quality. Environ Health Perspect, 115(2), 308–312.
207 Suslow, T. V. + Harris, L. J. (o. D.). Growing Seed Sprouts at Home. Zugriff am 1. August 2020. Verfügbar unter https://bit.ly/3brBvWY
208 Wallentinson, L. (2017). Sprossen, Keimlinge, Mikrogrün. München: BLV Buchverlag, 20 f.
209 Hu, H., Churey, J. + Worobo, R. W. (2004). Heat Treatments To Enhance the Safety of Mung Bean Seeds. Journal of food protection, 67(6):, 1257–1260.
210 Society for General Microbiology. (2009). Hot Solution To Bean Sprout Safety. Zugriff am 1. August 2020. Verfügbar unter https://bit.ly/2EYWBQ2
211 Świeca, M. + Baraniak, B. (2014). Nutritional and Antioxidant Potential of Lentil Sprouts Affected by Elicitation with Temperature Stress. J Agric Food Chem, 62(14), 3306–3313.
212 Jia, X., Zhong, L., Song, Y., Hu, Y., Wang, G. + Sun, S. (2016). Consumption of citrus and cruciferous vegetables with incident type 2 diabetes mellitus based on a metaanalysis of prospective study. Prim Care Diabetes, 10(4), 272–280.
213 Pollock, R. L. (2016). The effect of green leafy and cruciferous vegetable intake on the incidence of cardiovascular disease: A meta-analysis. JRSM Cardiovasc Dis, 5, 2048004016661435.
214 Higdon, J. V., Delage, B., Williams, D. E. + Dashwood, R. H. (2007). Cruciferous Vegetables and Human Cancer Risk: Epidemiologic Evidence and Mechanistic Basis. Pharmacol Res, 55(3), 224–236.
215 Tian, M., Xu, X., Hu, H., Liu, Y. + Pan, S. (2017). Optimisation of enzymatic production of sulforaphane in broccoli sprouts and their total antioxidant activity at different growth and storage days. J Food Sci Technol, 54(1), 209–218.
216 Ferrarini, L., Pellegrini, N., Mazzeo, T., Miglio, C., Galati, S., Milano, F. et al. (2012). Anti-proliferative activity and chemoprotective effects towards DNA oxidative damage of fresh and cooked Brassicaceae. Br J Nutr, 107(9), 1324–1332.
217 Gu, Y., Guo, Q., Zhang, L., Chen, Z., Han, Y. + Gu, Z. (2012). Physiological and biochemical metabolism of germinating broccoli seeds and sprouts. J Agric Food Chem, 60(1), 209–213.
218 Eine detaillierte Darstellung zum Rechenweg der Speisenkalkulation gibt es unter www.nikorittenau.com/low-budget
219 Deutsche Gesellschaft für Ernährung, Österreichische Gesellschaft für Ernährung, Schweizerische Gesellschaft für Ernährung. (2015). Referenzwerte für die Nährstoffzufuhr – Selen (2. Aufl.). Bonn: Neuer Umschau Verlag
220 Aro, A., Alfthan, G. + Varo, P. (1995). Effects of supple mentation of fertilizers on human selenium status in Finland. Analyst, 120(3), 841–843.
221 Zeisel, S. H. + da Costa, K. A. (2009). Choline: an essential nutrient for public health. Nutrition reviews, 67(11), 615–623.
222 Eine detaillierte Darstellung zum Rechenweg der Nährwertkalkulation gibt es unter www.nikorittenau.com/low-budget
223 Deutsche Gesellschaft für Ernährung. (2015). New Reference Values for Energy Intake. Ann Nutr Metab, 66, 219–223.
224 Tang, G. (2010). Bioconversion of dietary provitamin A carotenoids to vitamin A in humans. Am J Clin Nutr, 91(5), 1468–1473.
225 Grillo, A., Salvi, L., Coruzzi, P., Salvi, P. + Parati, G. (2019). Sodium Intake and Hypertension. Nutrients, 11(9), 1970.
226 Cook, N. R., Appel, L. J. + Whelton, P. K. (2014). Lower levels of sodium intake and reduced cardiovascular risk. Circulation, 129(9), 981–989.
227 D'Elia, L., Rossi, G., Ippolito, R., Cappuccio, F. P. + Strazzullo, P. (2012). Habitual salt intake and risk of gastric cancer: a meta-analysis of prospective studies, Clin Nutr, 31(4), 489–498.
228 Sämtliche Detailinformationen und Quellen zu den aufnahmehemmenden und -fördernden Stoffen gibt es in den jeweiligen Mineralstoffkapiteln im Vorgängerwerk „Vegan-Klischee ade!".
229 Sämtliche Detailinformationen und Quellen zu den aufnahmehemmenden und -fördernden Stoffen gibt es in den jeweiligen Mineralstoffkapiteln im Vorgängerwerk „Vegan-Klischee ade!".
230 Aro, A., Alfthan, G. + Varo, P. (1995). Effects of supple mentation of fertilizers on human selenium status in Finland. Analyst, 120(3), 841–843.

IMPRESSUM

Originalausgabe Becker Joest Volk Verlag GmbH & Co. KG
Bahnhofsallee 5, 40721 Hilden, Deutschland

2. Auflage November 2020
ISBN 978-3-95453-202-5

WWW.MENGENRECHNER.DE
UNSER KOSTENLOSER SERVICE

Ausführliche Infos
Seite 2

TEXT Niko Rittenau
REZEPTE Sebastian Copien
FOOD-FOTOGRAFIE Matthias Hoffmann
FOODSTYLING Maik Schacht
ASSISTENZ UND HANDMODEL Ronald Perera
PEOPLE-FOTOGRAFIE Hansi Heckmair
PROJEKTLEITUNG Johanna Hänichen
LEITUNG GRAFIK Justyna Schwertner
KOORDINATION FACHLEKTORAT Valerie Mayer
ILLUSTRATIONEN Melanie van Bentum
LAYOUT, BUCHSATZ Caroline Mohr
BILDBEARBEITUNG, LITHOGRAFIE
Ellen Schlüter und Makro Chroma Joest & Volk GmbH & Co. KG, Werbeagentur
LEKTORAT Doreen Köstler
FACHLEKTORAT REZEPTE Şebnem Yavuz
DRUCK Firmengruppe Appl, aprinta druck GmbH

Haftungsausschluss
Aus Rechtsgründen wird darauf hingewiesen, dass der Inhalt dieses Buches keinen Ersatz für eine Ernährungsberatung oder einen ärztlichen Rat darstellt. Sämtliche Aussagen in diesem Buch wurden sorgfältig recherchiert und nach bestem Wissen und Gewissen ausgewählt, um objektive Darstellungen der jeweiligen Sachverhalte zu liefern. Wissenschaftliche Erkenntnisse können sich im Verlauf der Zeit allerdings ändern und trotz des aktiven Bemühens, alle Inhalte des Buches stets auf dem neuesten Stand zu halten, kann dafür keine Gewährleistung übernommen werden. Ergänzungen, Korrekturen und Updates der Buchinhalte auf dem aktuellsten Stand finden sich unter **www.nikorittenau.com/low-budget.**

AUTORENDANK

Wir danken dem gesamten Team des BJV-Verlags und allen externen Mitarbeitern für die großartige Zusammenarbeit und Umsetzung des vorliegenden Buches. Im Besonderen gilt unser Dank auch den beiden Fotografen Matthias Hoffmann und Hansi Heckmair, die für die großartigen Fotos im vorliegenden Buch verantwortlich sind. Ein besonderer Dank geht darüber hinaus an Benjamin Ploberger, der während des gesamten Buchprozesses viel Unterstützung geleistet und wertvollen Input gegeben hat. Auch Tobias Kochseder gilt unser herzlichster Dank für seine unschätzbare Mithilfe während des Prozesses der Rezeptentwicklung.
Die Informationen aus dem Theorieteil dieses Buches bauen auf den Erkenntnissen einer Vielzahl von Wissenschaftlerinnen und Wissenschaftlern auf und so gilt all diesen Personen der größte Dank und Respekt für ihre Arbeit. Unser großer Dank geht abschließend noch an alle Personen, die sich für unsere Arbeit interessieren und diese mit dem Kauf dieses Buches unterstützen. Gemeinsam können wir eine positive Veränderung in der Welt bewirken und wir fühlen uns geehrt, dass wir mit unseren Büchern einen kleinen Teil dazu beitragen dürfen.

VERLAGSDANK

Ganz herzlichen Dank an Niko Rittenau für die hervorragenden Texte und an Sebastian Copien für die außergewöhnlichen Rezepte. Danke an Hansi Heckmair für die People-Fotos. Danke an Matthias Hoffmann für die Food-Fotos, an Maik Schacht für das Foodstyling und an Ronald Perera für die Mithilfe. Melanie van Bentum, Danke für die Illustrationen. Vielen Dank an Doreen Köstler für das Lektorat und an Şebnem Yavuz für das Rezeptlektorat. Danke allen weiteren Beteiligten, die durch ihre Mithilfe und Unterstützung zum Gelingen dieses Buches beigetragen haben.